Viktoria Raith, geboren 1951 in Ottobeuren/Allgäu, arbeitet als freie Journalistin und ist in München im Kultur- und Musikmanagement tätig. Ihre Liebe gehört fernen Ländern und fremden Sprachen – sie spricht sechs Fremdsprachen.
Cathleen Naundorf, geboren 1968 in Weißenfels/Saale, lebt als freie Fotografin in München.

Dieses Buch wurde auf chlor- und säurefreiem Papier gedruckt.

Originalausgabe Juni 1994

Umschlaggestaltung: Siegfried Schiller
Umschlagfoto: Cathleen Naundorf
Satz: DTP im Verlag
Druck und Bindung: Elsnerdruck, Berlin
Printed in Germany
ISBN: 3-426-77116-0
5 4 3 2 1

Steppen, Tempel und Nomaden

Zwei Frauen entdecken die Mongolei

Viktoria Raith (Text)
Cathleen Naundorf
(Fotos und Illustrationen)

Knaur®

Inhalt

ᠮᠣᠩᠭᠣᠯ

MONGOLEI

I

Ulaanbaatar – der erste Blick über den Zaun mitten in die Mongolei

Peking international

Peking Airport: Wir fielen uns in die Arme – nur noch umsteigen und dann mitten in der Mongolei sein. Wir streunten durch den Flughafen, wo wir der chinesischen Basketball-Nationalmannschaft begegneten: eine Gruppe wandelnder Spargel, registrierte ich für mich. Wir wollten Geld wechseln, telefonieren, Briefe aufgeben. Lächelnd wurden wir mißverstanden und liebevoll fehlgeleitet. Da wir sichergehen wollten, daß unser Gepäck uns bis Peking gefolgt war, standen wir jetzt mit den ausgecheckten Koffer- und Rucksackbergen da. In der Gepäckaufbewahrung wurde alles registriert und der Empfang mit wundersamen gemalten Belegen bestätigt. Wir bummelten ein bißchen um den Flughafen und setzten uns in der schweißtreibenden Hitze auf eine Grünfläche, über die große Spruchbänder gespannt waren, die für eine Vergabe der Olympiade an China warben: A more open China is waiting for you. Ich entschloß mich, ein bißchen in einem Buch über die Mongolei zu blättern, als Cathleen zerknirscht zugab, daß sie es im Flugzeug vergessen hatte. Entgegen meiner sonstigen Gewohnheit blieb ich ruhig und gelassen. Unsere Reisepartnerschaft war ja auch ein Experiment, das man nicht gleich durch ungezähmte Gefühlsäußerungen gefährden sollte.

Cathleen und ich kannten uns nur flüchtig aus München, wir waren uns auf Anhieb sympathisch gewesen. Unsere Temperamente waren ähnlich überschäumend, obwohl zwischen uns ein erheblicher Altersunterschied bestand. Cathleen, eine junge Fotografin, die schon vor einem Jahr anfing, die Reise in die Mongolei vorzubereiten, kam eines Tages zu mir und fragte, ob ich nicht jemanden wüßte, der den journalistischen Part übernehmen wolle, da ihre Freundin abgesprungen sei. Ich war sofort begeistert und sagte spontan zu, diesen Teil selbst zu übernehmen. Cathleen war stark inspiriert von ihrem Vater, der seit langem von diesem Land fasziniert war.

Wie wir uns später gestanden, hegten wir beide unsere kleinen Ängste, was diese Reisegemeinschaft betraf. Ich dachte, hoffentlich kann ich es mit der Energie und dem Optimismus einer 25jährigen aufnehmen, während Cathleen fürchtete, mir in puncto Erfahrung und Sportlichkeit unterlegen zu sein. Im Flughafencafé saß am Nebentisch eine Gruppe amerikanischer Mittzwanziger. Wir beobachteten sie und überlegten, was die wohl hier machten. Sie waren konservativ gekleidet mit karierten Jacketts und Halstuch nach Art des englischen Jägers, die Frauen ordentlich und praktisch. Diplomatenkinder, die am Flughafen ein bißchen internationale Luft schnuppern wollten? Wir machten uns auf zum Einchecken nach Ulaanbaatar und mußten unsere zweite Schlacht schlagen gegen die Unsummen von Übergepäcksberechnung. In München hatten wir die Dame am Eincheckschalter auf die Hälfte des Preises herunterhandeln können, unter vehementem Verweisen auf unser eigenes geringes Körpergewicht. Gott sei Dank stand da neben uns ein bayrischer Esser, der unsere Argumente mit seinem Genußbauch untermauerte. In Peking jedoch umgaben uns nur Schlanke; wir zeigten unsere Münchner Quittung und versicherten, das Übergepäck bis Ulaanbaatar bezahlt zu haben. Hier half uns nur der Zeitfaktor. Die Schalterbedienstete schenkte unseren Aussagen schließlich zwangsläufig Glauben, als das Flugzeug schon fast »ready for take-off« war. Ich nehme an, daß sie uns ein leicht erbostes »schleicht's euch« auf chinesisch hinterherrief.

Ein Basislager in Ulaanbaatar

Im Flugzeug traf sich alles, was einem im Laufe der kommenden Monate im Hotel »Ulaanbaatar« wieder über den Weg laufen sollte. Unter anderen die Männer von einer Naturschutzorganisation, die verschiedene Schutzparks für die Mongolei planten – als wir sie später in der Deutschen Botschaft wiedersahen, waren sie in feines Tuch gehüllt und erkannten uns nicht mehr. Jetzt im Flugzeug mit Cowboyhut lächelten sie über unsere Fragen, die wir zutraulich stellten, und gaben gönnerhaft Auskunft über das Land, das sie schon zu DDR-Zeiten als Berater bereist hatten.

Daß wir in ein Land flogen, in dem die übliche postsozialistische Lebensmittelknappheit herrschte, wurde an der Bordküche offenbar, aber uns war vor Übermüdung und Vorfreude sowieso der Appetit vergangen. Tief unter uns flog die Gobi vorbei, lila-braune Hügel mit erstaunlich viel glitzernden Gewässern und erstaunlich vielen Grünflächen. Cathleen, die noch nie eine Wüste gesehen hatte und sie sich als eine permanente Ansammlung von Sanddünen vorgestellt hatte, war ein bißchen enttäuscht. Als wir die Gobi dann später durchqueren sollten, waren wir froh, daß wir nicht dauernd im Sand steckenblieben (dafür im Sumpf, aber davon später). Wir setzten zur Landung an, unter uns der Flugplatz voller Doppeldecker. Wir sahen uns schon in einer

dieser rostig-weißen Sowjetreste in die Luft gehen – wie immer man das auffassen will. Ulaanbaatar, auf einem Plateau auf 1350 m Höhe gelegen, von Bergen umgeben – nun sind wir also in der Stadt, die Freunde in Moskau immer nannten, um mir etwas zu bezeichnen, das »ganz weit ab vom Schuß« sei. Und dabei lachten sie sich immer halb tot.
Viele Leute stehen auf der Aussichtsplattform, winken, und plötzlich setzt Blasmusik ein. Da haben sich unsere Freunde aber wirklich was einfallen lassen. Nun aber stellen sich die amerikanischen Reisenden auf und marschieren Teddybären schwenkend auf die Musik zu. Wie wir jetzt erfahren, sind sie Mitglieder des Friedenscorps, die sich für zwei Jahre verpflichtet haben, zu einem eher symbolischen Gehalt in der Mongolei zu unterrichten. Also keine dieser Jagdgesellschaften, die wir später noch kennenlernen sollten, Westbürger auf der staatlich geförderten Dollar-Pirsch nach den letzten Wildschafen, Bären und Steinböcken.
Unsere Freunde Urna und Turgi begrüßen uns herzlich, im Hintergrund stehen noch andere Familienmitglieder und begutachten uns schüchtern, dann geht's im Lada-Konvoi der Stadt entgegen. Kurz nachdem wir eines der im sozialistischen Stil erbauten Stadttore durchfahren, zieht Turgi verschämt die Bremse und Polizisten kommen auf uns zu. Urna flüstert, daß ihr Bruder gar keinen Führerschein besitze. Er erklärt der Miliz, daß er ihn verlegt habe. Zur Strafe wird ihm das Nummernschild abgeschraubt, dann setzen wir unsere Fahrt fort. Das Schilderabschrauben ist so gedacht, daß der Delinquent am nächsten Tag bei Vorlage des Führerscheins seine Schilder wiederbekommt. Wie jemand diese wiedererlangen kann, der gar keinen Führerschein hat, kann ich nur ahnen. Unser »Basislager« liegt im sogenannten Breschnew-Rayon in einem hellblauen Hochhaus mit der Leuchtreklame:

»Demokratie« auf dem Dach. Unser Zimmer war frisch gestrichen und die Polstermöbel neu bezogen. Da Cathleen und ich nun praktisch drei Monate immer zusammen sind, legen wir unsere Matratzen jeweils an die diagonal entgegengesetzten Enden unseres Zimmers, um einer eventuell drohenden Übernähe entgegenzuwirken.
»Archi«, der mongolische Wodka, fließt reichlich und Urnas Geschwister, Cousinen, Nichten und Neffen kommen vorbei, um uns zu begrüßen und Glück zu wünschen. Wir fühlen uns sehr wohl und sind schon gespannt, am nächsten Tag die Stadt kennenzulernen, vor der man uns so gewarnt hatte, in der man angeblich keinen Schritt unberaubt, unbehelligt und als Frau schon gar nicht tun kann. Ulaanbaatar, 1639 als Urga von dem Feudalherren Tušet Chan Gombodorž gegründet, war über einhundertvierzig Jahre eine Nomadenstadt, deren Standort sich ständig verschob. Ihre ehemaligen Namen waren auch Nomyn Ich Churee, Da Churee, Bogdin Churee und Niislel Churee. Nach der Revolution wurde die Stadt 1924 in Ulaanbaatar (Roter Held) umgetauft.

Wir unternehmen unsere ersten Schritte zu einer mongolischen Bushaltestelle. Am Ende der Straße, die durch hellblaue Hochhäuser führt, leuchten golden die Dächer des Gandan-Klosters, eines der ältesten Klöster der Mongolei und eines der wenigen buddhistischen Bauwerke, das die kommunistischen Säuberungen der dreißiger Jahre überlebt hat. Außerhalb der Klostermauern liegt eine Jurtensiedlung. Diese malerischen weißen Filz-Zelt-Hütten hatten wir in der Steppe erwartet, aber nicht mitten in der Großstadt. Die meisten waren von hohen Bretterzäunen umgeben, durch die wir unauffällig spähten, nicht dezent genug für die Hunde, die sich bellend gegen die Bretter warfen. Urna warnte uns öfter, daß in der Mongolei alles wilder sei, so auch die Hunde. Das Wildeste für uns war zunächst die Busfahrt ins Zentrum. Wir warteten an der Haltestelle und betrachteten unauffällig die mongolischen Frauen und Männer, von denen viele den traditionellen Deel, eine Art Mantelkleid mit breiter bunter Schärpe, trugen, andere waren europäisch gekleidet, einige Jugendliche amerikanisch mit umgedrehter Schirmmütze. Auf dem Grünstreifen in der Mitte der Straße graste eine Kuh, von einer alten Frau bewacht. Wie kam das Tier dahin? Der Grünstreifen war nahtlos eingegittert, um das Grasen zu verhindern und einigen windgebeutelten Bäumchen eine Chance zu geben. Da kam der Bus! Und jetzt begann eine Prozedur, an die wir uns nie gewöhnen konnten. Das schon übervolle Fahrzeug wurde nicht bestiegen, sondern gestürmt – während wir zu diesem Zeitpunkt noch höflich lächelnd den Weg freigaben: »Bitte nach Ihnen.« Aber es gab kein Entrinnen, die nachrückenden Passagiere stopften uns hinein. Von der bekannt geringen Bevölkerungsdichte in diesem Land konnte hier keine Rede sein. Ein Mongolengesäß lag mir schwer am Magen, während meine rechte Hand unanständig zwischen Körperteilen eingekeilt war, die linke hielt den kleinen Rucksack. Eine solche Enge mußte sich auf das Handwerk eines Taschendiebes doch eher lähmend auswirken. Ich beobachtete die einheimische Art des Aussteigens und versuchte sie nachzumachen. Es wirkt wie stehendes Vorwärtsrobben oder Armschaufeln mit ausgestellten Ellenbogen. Ein bißchen verstört begaben wir uns zur Deutschen Botschaft, um dort von unseren Plänen zu berichten und uns zu informieren über Expeditionen und deutsche Projekte in der Mongolei. Falls wir bei einer unserer Reisen in die Provinzen verschollengingen, sollte die Botschaft nach uns suchen lassen. Wir deponierten unser Geld bei einer älteren Dame mit resolutem Auftreten und weißen Söckchen. Auch dem Hausmeister war ein beherztes Auftreten zu eigen. Er schien vorzusortieren, wer ein Visum oder eine Audienz verdiente und wer nicht. Vor der Türe stand immer eine Menschenschlange, die den Wunsch hegte, nach Deutschland zu reisen. Eine solche Schlange hat ein organisatorisches Eigenleben. Um zu vermeiden, vor der Botschaft übernachten zu müssen, mit dem Ziel, am nächsten Morgen einen günstigen Platz vor dem Einlaß zu ergattern, oder täglich zu den unempfangenen letzten Sieben zu gehören, geben sich die Leute selbst Nummern aus. Trotzdem erfolgte auch hier der vorher beim Autobus beschriebene Sturm, wenn der mongolische Portier die Tür öffnete, um jeweils eine Person eintreten zu lassen. Wir beobachteten dieses Vorwärtsdrängen später auch in Flugzeugen und überall, wo es eng wurde.

Auf den Wegen der Demokratie

Eng ist es keinesfalls auf Ulaanbaatars Wegen. 1990 war die vormalige kommunistische Volksrepublik Mongolei zur Demokratie konvertiert. Die breiten, oft baumlosen Straßen und Plätze der Innenstadt erinnern noch an die Ära der Aufmärsche und Panzerparaden. Zur Zeit des politischen Umbruchs 1989 waren sie Schauplatz von Hungerstreiks und riesigen Demonstrationen für Demokratie. Die damalige Regierung unter Sambyn Batmunch soll einen Schießbefehl erwogen haben, wurde aber zum Rücktritt gezwungen. Um den riesigen Süchbaatar-Platz liegen Regierungsgebäude – auch eine kleinere Nachbildung des Moskauer Lenin-Mausoleums fehlt nicht, auf der Ostseite das Opernhaus im neoklassischen Stil. In dem Säulenbau des ehemaligen Kindertheaters befindet sich heute die Börse. Wir schauen uns um, und plötzlich sprengt eine Menge Reiter über den Platz und nimmt Aufstellung vor dem Mausoleum. Die Männer sind wie Krieger des Čingis Chan gewandet, manche tragen Pelzmützen mit langem Nackenschutz, der Anführer hält einen langen Holzstab, an dem sieben weiße Pferdeschwänze hängen. Weiß für Frieden, schwarz für Krieg. Sie sehen wirklich zum Fürchten aus, und wir beobachten starr ihr Exerzieren. In einigen Tagen wird das Naadam-Fest stattfinden, bei dem die berühmtesten Kämpfer des Landes zusammenkommen, um sich in den drei klassischen mongolischen Sportarten, Reiten, Ringen und Bogenschießen, zu messen. Zwei Tage lang währen die Feierlichkeiten, und draußen vor der Stadt, wo die kühnsten Reiter mit den flinkesten und ausdauerndsten Pferden ermittelt werden, entsteht ein eigenes Jurten- und Zeltlager. Naadam (eigentlich Eriyn gurvan naadam, bedeutet die »Drei männlichen Spiele«) wurde schon von den Feudalherren ausgerichtet, etwa zur Geburt eines Erben oder bei Hochzeiten, und war immer begleitet von kriegerischen Aufzügen. Čingis Chan ließ diese Feste nach erfolgreichen Schlachten feiern, eine Art mongolische Truppenbetreuung. Nach der Machtergreifung durch die Kommunisten im Jahre 1921 wurde der 11. und 12. Juli zum »Tag der Revolution« erklärt, und die martialischen Rahmenhandlungen von einst wurden beibehalten in Form von mächtigen Panzerparaden. Wir haben während unseres dreimonatigen Aufenthalts in der Mongolei nur einen einzigen Panzer erblickt, und dieser stand einbetoniert auf einer der südlichen Ausfallstraßen. Er hatte sich diese Ehrung verdient durch seinen Einsatz im

Zweiten Weltkrieg, wo er zur Unterstützung der Sowjetunion von Ulaanbaatar bis nach Berlin gerollt war.

Der wundersame Lebensmittelschwund

Da wir so bald wie möglich in die Provinzen fahren wollten, begannen wir sofort mit den Vorbereitungen. Wichtig war uns ein mongolischer Presseausweis, da wir hörten, daß die maßgebenden Personen in den Bezirksstädten immer noch der alten Garde angehörten und die alten Methoden anwendeten. Im Außenministerium wurden wir von einem sehr feinen Herrn empfangen, das Gespräch führte er auf russisch und französisch. Trotz seines entgegenkommenden Wesens schickte er uns weiter ins Justizministerium, dort wiederum waren angeblich die Zollbehörden für uns zuständig. Nach erneutem Vorsprechen im Außenministerium wurde uns das begehrte Dokument dann plötzlich innerhalb von fünf Minuten gegen Zahlung von fünf Dollar ausgestellt. Diese Art des umständlichen Umgeleitetwerdens, um dann ganz einfach ans Ziel zu kommen, kannte ich schon aus der Sowjetunion. Man erreichte es nur mit stoischem Warten und stetigem Wiederauftauchen oder natürlich durch Nennung klingender Namen. Unsere Beziehungen in der Mongolei beschränkten sich auf unsere Freundin Urna, die eine Weile bei Cathleen in München gewohnt hatte. Cathleen hatte allerdings vor einem Jahr angefangen, Ämter und Museen anzuschreiben, um jetzt die nötige Unterstützung zu bekommen. Wir wurden immer sehr freundlich empfangen, aber an die Briefe erinnerte sich niemand so recht.

Da wir von der schwierigen Versorgungslage wußten, hatten wir schon vor sechs Monaten in einem Waggon mit Ledernähmaschinen Lebensmittel und Geschenke mitgeschickt. Nun wollten wir diese Waren sehen und einteilen. Wir blickten in betretene Gesichter: Man bringe uns die Sachen morgen, sie seien irgendwo auf dem Land und es sei doch gar nicht soviel Schokolade gewesen. Bald begriffen wir, daß die freie Sicht auf unsere Sardinendosen und Nudelpäckchen wohl eine zu große Verlockung gewesen war und den Familien derer, die den Waggon entladen hatten, für einige Zeit Abwechslung in den Speiseplan gebracht hatten. Das Problem war weniger das Geld, das wir bezahlt hatten, sondern die Wiederbeschaffung. Die Geschenke waren wichtig, wenn man aufs Land reiste. Man war in den mongolischen Steppen nicht interessiert an irgendeinem Geldschein, den man einfacherweise für die Bewirtung hätte liegen lassen können. Der Austausch von Geschenken hat Tradition, ist Ritual. Man ist neugierig auf das, was der Gast mitbringt, und freut sich vor allem auch über so rare Artikel wie Seife oder Zahnpasta. Deshalb ergriff uns jedesmal ein leichter Groll, wenn wir den Kindern, die uns immer zahlreich vor den Jurten erwarteten, ziemlich üble chinesische Bonbons anbieten mußten, die wir selbst nur lutschten, wenn der Zuckerspiegel sich in einer ganz prekären Lage befand.

Die Meistersinger von Ulaanbaatar

Auf einem unserer Spaziergänge durch Ulaanbaatar steckten wir unsere Nasen auch beim Bühneneingang des Opernhau-

ses hinein. Man sagte uns, daß ein Wettbewerb mit den besten Sängern und Musikern der Mongolei stattfände. Da wollten wir unbedingt hinein, aber der Portier winkte ab, es sei ausverkauft. Schon bekannt mit den Mechanismen der Unlust, standen wir herum, bis eine Garderobiere uns an der Hand nahm und in den halbvollen Saal schob. Auf der Bühne wurden die Teilnehmer vorgestellt, die alle prachtvolle Trachten ihres Bezirks oder Stammes trugen, die Männer mit unterschiedlichen Spitzhüten und fellbesetzten Kappen, die Frauen mit schwerem Kopfputz und Perlenschnüren, die das Gesicht wunderschön einrahmten. Die populärsten Sänger wurden mit lauten Rufen empfangen, der Heimvorteil derjenigen aus Ulaanbaatar war unüberhörbar. Der Sprecher stellte jeden einzelnen nicht nur mit Namen vor, sondern nannte wichtige Lehrer, Ahnen, Preise und besondere Fertigkeiten. Obwohl Sänger ein großes Repertoire haben müssen, sind sie oft berühmt für die Interpretation nur eines speziellen Liedes, dafür, daß sie es »lebendig machen«.
Wir hatten bisher keine Vorstellung von mongolischer Musik und ließen sie jetzt einfach auf uns wirken. So fremd sie im ersten Augenblick war, so sehr ergriff sie mich schon nach kurzer Zeit. Man ahnte und spürte die Steppe. Der Sänger setzte in einem endlos langen gutturalen Ton Schluchzer und Schnörkel und wechselte öfter von der Hals- zur Falsettlage, der Rhythmus schien frei. Je länger und voller der Ton gehalten wurde, desto mehr raste das Publikum.
Wie ich später erfuhr, beschwört das Langton-Lied (urtin duu) in der Tat die endlose weite Steppe, daher die ausgedehnten langsamen Tempi mit langen melodischen Linien. Der Ton neigt zum Lyrischen, und häufigster Inhalt der Lieder sind die drei mongolischen Aspekte der Liebe: die Liebe zum Menschen, zum Pferd und zum Land. Langtonlieder sind

Ein mongolischer Sänger in Stammestracht

oft Einleitungslieder für Familienfeiern oder öffentliche Feste, wo sie auch im Wechselgesang von zwei Gruppen gesungen werden. Andere Lieder begleiten bestimmte traditionelle Ereignisse wie Bogenschießen und Pferderennen oder in der Landwirtschaft (zum Beispiel das Trainieren eines Pferdes fürs Rennen oder das Zähmen einer Stute, damit sie zum ersten Mal gemolken werden kann).
Die Sängerinnen trugen phantasievolle Namen von Blumen oder Kristallen. Die Senkrechtstarterin des Abends war eine anmutige, temperamentvolle Frau mit dem Namen Steinblume (Čolon Ceceg) in rotem bestickten Brokat mit dunklem Lammfellhut und Silberschnüren. Die Begeisterung im Publikum war so groß, daß sie ihr Lied mehrmals vortragen

mußte. Eine andere mongolische Diva namens Goldblume (Altan Ceceg) war strohblond mit mongolischen Augen und einem schmalen Gesicht. Sie wurde nicht nur wegen ihres exotischen Aussehens und ihres Vortrags gefeiert, sondern weil sie aus der Inneren Mongolei, im »Feindesland« China gelegen, angereist war. Die meisten Sänger ließen sich von einem Musiker auf der morin chuur (Pferdekopfgeige) begleiten. Die Pferdekopfgeige ist das typischste mongolische Instrument und wird nur von Männern gespielt. Sie hat einen trapezförmigen Körper, dessen hölzerner Rahmen mit einer Ziegenhaut bespannt ist. Ganz oben sitzt ein geschnitzter Pferdekopf (manchmal auch ein Drachenkopf), an dessen beiden Seiten wie Pferdeohren zwei große Wirbel zum Saitenspannen angebracht sind. Auf so einer Geige mit nur zwei Saiten aus Pferdehaaren, eine dick und tief, die andere dünn und hoch, hörte ich später einmal Schuberts »Quartettsatz« virtuos gespielt.
An diesem Abend lernten wir noch andere Instrumente kennen, die höfischer Herkunft sind und auch heute nur in prunkvollerem Rahmen von Frauen gespielt werden: die gekrümmte Brett-Zither jatag, das Hackbrett joochin, die langhalsige Laute sudraga, das Krummhorn ewir buré und die Flöte, biškur genannt.
Cathleen und ich waren die einzigen Europäer im Saal. Verstärkt wurden die Fernsehkameras auf uns gerichtet, und da das mongolische TV einige Mängel in der Programmfülle aufweist, konnten wir uns in den folgenden Tagen mehrmals ausgestrahlt sehen. Einmal wurden wir von der Kamera erwischt, als wir uns vor Lachen kaum mehr halten konnten. Es war der Moment, in dem wir die einzigartige, urmongolische Stimmtechnik des chöömly kennenlernten. Ich Unkundige nannte sie Speiseröhrenjodler, und trotz meiner Re-

ferenz an diese ihre Kunstfertigkeit berührte sie meine Neugierde mehr als die Seele. Chöömly ist eine imitative Vokaltechnik, die ausschließlich Männern vorbehalten ist. Sie findet »im zwischen Speiseröhre und Mund beziehungsweise Nasenhöhle liegenden Abschnitt der oberen Luftwege statt«. Der Sänger stößt gleichzeitig zwei Noten aus. Die eine Note ist das Fundament, die andere macht die Harmonien und wird erzeugt durch Veränderung der Mundhöhle, ohne die Lippen zu bewegen. Quasi ein virtuos singendes Pendant zu unserem Bauchredner.

In der mongolischen Musik werden häufig Töne, die in der Natur vorkommen, imitiert: Vogelrufe, das Sprudeln einer Quelle oder das Galoppieren von Pferden. Es stellt eine symbolische Reise in die übernatürliche Welt dar. Da Vögel die Fähigkeit besitzen, den Himmel zu erreichen, und Quellen die Unterwelt, da die Natur generell von Geistern bewohnt und regiert wird, kann man durch das Imitieren solcher Töne selbst Kontakt mit diesen Welten aufnehmen.

Obwohl es bestimmte Instrumente schon seit langer Zeit gibt, ist die mongolische Musik hauptsächlich eine gesungene. Instrumente haben nur Begleitfunktion, außer in der religiösen Musik. Instrumentalensembles gab es traditionell nur in der höfischen Musik. Seit dem Zusammenbruch des mongolischen Reiches sind sie immer seltener geworden, und zu Beginn des 20. Jahrhunderts waren sie völlig verschwunden. Heute existieren sie nur als folkloristische Ensembles. In den letzten Jahren jedoch geradezu aus dem Boden geschossen sind Popgruppen. Viele üben sich dabei in der »Imitationstechnik« westlicher Weisen und Rhythmen. Es gibt jedoch immer mehr Gruppen, denen eine Mischung aus traditioneller und neuer Musik gelingt. Das berühmteste dieser Art von Ensembles ist der »Schwarze Wolf« (Char Čon). Für die Mongolen ist Musik ein wichtiges Kommunikationsmittel, und an musikalischen Aktivitäten kann und soll jeder teilnehmen. Früher wurde man ernsthaft gerügt oder bestraft, wenn man nicht ein Lied zum besten geben oder auf der Geige spielen konnte. Dann setzte es Schläge mit Schafsrippen oder man wurde gezwungen, enorme Mengen Stutenmilch zu trinken. (Heutzutage bestraft sich mancher mongolische Mann selbst mit dem Trinken von Unmengen vergorener Stutenmilch, was trotz des sehr geringen Alkoholgehalts dann doch zu einem gewaltigen Rausch führen kann).

Unser erstes Zusammentreffen mit der mongolischen Musik dauerte mindestens fünf Stunden. Am Ende wurden die Sieger gekürt, die ihr Lied noch einmal vortrugen, und jeder Teilnehmer erhielt einen Glücksschal (Chadak) überreicht. Wir wurden hinter die Bühne eingeladen, und Cathleen mußte kräftig Fotos schießen, da jeder wichtige Mensch aus Kultur und Politik mit jedem Künstler abgelichtet werden wollte, aber auch wir waren als Fotomodelle gefragt. Einladungen und Hilfsangebote für unser Vorhaben wurden ausgesprochen und ein wichtiges gesellschaftliches Requisit – die Visitenkarte – wurde ausgetauscht; die meisten unserer Gesprächspartner schienen Generaldirektoren zu sein.

Der Chefredakteur einer neugegründeten Zeitung, der andeutete, über geheimes Material von den politischen Säuberungen in den dreißiger Jahren zu verfügen, wollte uns unbedingt nach Hause bringen, vorher sollten wir aber noch auf ein Schlückchen zu ihm kommen. Wir bestanden auf der nächtlichen Busfahrt, und er ließ uns schließlich ziehen, nicht ohne uns vor dem mongolischen Mann an sich gewarnt zu haben. Aber deswegen wollten wir ja auch ohne ihn heimfahren.

Sonntagsmahlzeit

Am Sonntag früh half ich Tuja in der Küche beim Zubereiten mongolischer Teigtaschen namens chuušuur. Zwei meiner großen Leidenschaften sind Kochen und Essen, bei beiden mußte ich in der Mongolei ein paar Abstriche machen. Ich knetete nach Anweisung einen Teig aus Mehl und Wasser, den man ein bißchen gehen läßt und dann zu drei Zentimeter dicken Walzen rollt. Davon werden kleine Medaillons abgeschnitten, die einzeln mit einem Rundholz ausgerollt werden. Unseres hatte für meine Handfertigkeit eine ziemliche Überlänge und maß mindestens 60 cm, weshalb es mir mehrmals auf die Zehen fiel und mir enorm erschwerte, das Teigstückchen rund und an den Rändern dünner als in der Mitte auszurollen. Es gelangen mir zunächst vierblättrige Kleeblätter und Phantasieblumen. Den ersten perfekten Fladen legte Tuja mir auf die linke Hand; ich zog ihn oval um die Hackfleisch-Zwiebel-Füllung hoch, was jetzt stark nach Ravioli oder Maultaschen klingt, jedoch auf ganz eigene Art verschlossen wird. Tuja dirigierte auf russisch meine Finger »Ost, West, Ost, West«, was bedeutete, ich solle die Teigenden links, rechts, links, rechts zusammenplissieren. Das Ergebnis war eine wunderschön modellierte ovale Nocke, die flachgedrückt ins heiße Fett gelegt wurde. Eine andere mongolische Teigtasche nennt sich buuds, sie ist rund und wird im Dampf gegart, und bei der Fältelung wird ein kleines Loch eingebaut.

Picknick auf dem Lande

Wir packten unser chuušuur ein, kochten gesalzenen Milchtee, den wir in große Thermoskannen füllten und brachten alles in unseren Lada, um mit Urnas Familie einen Ausflug nach Terelz im Osten von Ulaanbaatar zu unternehmen. Zuerst fuhren wir die Verwandtschaft ab. Bei dieser Gelegenheit trafen wir auf den legendären »Kirner Schorsch« aus München, der sein Hauptquartier bei Urnas Onkel aufgeschlagen hatte. In Deutschland war er schon mehrmals zum »Abenteurer des Jahres« gewählt worden, und jetzt wollte er auch Mittelasien entdecken. Vor einem Jahr hatte ich ihn zufällig in Moskau getroffen, wohin er auf einer Friedensfahrt von Deutschland aus geradelt war. Bei jeder Familie, die wir abholten, wurde zunächst Tee getrunken. Dann ging's mit drei Autos zur Stadt hinaus. Turgi fuhr wegen des Führerscheins im Schutz der beiden anderen Fahrzeuge. Er hatte den Mut gehabt, das seinerzeit in Polen gekaufte Fahrzeug bis Ulaanbaatar zu steuern. Wir fahren durch ein düsteres Industriegebiet, vorbei an einer Kaschmirfabrik – ein prosperierender Industriezweig – und an dem riesigen Heizkraftwerk, das Ulaanbaatar überragt und überschattet. Bald schon beginnt eine tiefgrüne Hügellandschaft mit noch tiefer grünen Falten. Überall stehen in Flußnähe die für uns so märchenhaften weißen Jurten. Wir überqueren mehrmals den Fluß Tuul, der auch durch Ulaanbaatar fließt. Er ist in breiten Talabschnitten weitverzweigt mit riesigen Sandbänken, auf denen halb überschwemmt Weidensträucher wachsen, die mit ihren elastischen Zweigen dem Hochwasser des Flusses keinen starren Widerstand entgegensetzen und dadurch die Ufer vor Erosion schützen. Von den ursprünglichen Pappelwäldern

sind nur noch an wenig zugänglichen Stellen parkartige Baumgruppen oder einzelne Bäume übriggeblieben. Sie haben stark beweidetem Rasen weichen müssen.
Am Tuul entlang führt auch heute noch eine wichtige Nomadenroute. Im Umkreis von Ulaanbaatar gibt es noch Brücken, allerdings fehlen ihnen oft Holzplanken in Reifenbreite, die die forsche Fahrt abrupt drosseln. Endlich sehen wir zum ersten Mal einen Owoo. Diese Steinanhäufungen findet man immer an Wegkreuzungen, auf Hügeln oder Paßübergängen. Sie werden verehrt als Wohnsitz örtlicher Schutzgötter und Erdherren. Der Owoo-Kult geht zurück auf schamanistische Traditionen, die später von der lamaistisch-buddhistischen Religion einverleibt wurden. Wir stiegen aus und machten es unseren Freunden nach, die mehrere Steine vom Boden aufhoben, um dann beim dreimaligen Umkreisen des Owoos pro Runde einen Stein auf den Hügel zu werfen. Man bittet die Götter dabei um Glück und eine gute Reise – ich habe diese Tradition gerne angenommen.
Bei näherer Betrachtung war der Owoo nicht nur eine Anhäufung von Steinen, es lag vieles darauf, was für die Leute eine wichtige Bedeutung hat: Tierschädel, Hörner, verwitterte Felle, ungerauchte Zigaretten, leere Archi-Flaschen, Zündhölzer, an Holzstecken hingen Gebetsfahnen, Fäden und Zettel.
Irgendwann fragen wir nach dem Weg zum Schildkrötenfelsen. Eine Gruppe mongolischer Schüler, die ihre russischen Staffeleien hinter einer Brücke aufgeschlagen hatte und sich im Landschaftsmalen übte, gab Auskunft. Unter ihnen entdeckten wir einen Europäer. Er war sogar Deutscher und hatte die Attitüde, die Deutsche im Ausland manchmal zu Tage legen: Er will nichts mit Deutschen zu tun haben. Der Schildkrötenfelsen ist ein riesiger Findling inmitten eines

lieblichen Tales und soll angeblich die Form einer Schildkröte haben. Wir steigen hoch und werden bei jedem Tritt gewarnt, doch aufzupassen. Unsere männlichen Begleiter sind ganz Kavalier, sie helfen uns über jede Bodenunebenheit, so daß es schwierig ist, ihnen zu vermitteln, daß wir schon ziemlich hohe Berge erklommen haben und auch die Mongolei nicht als feine Damen bereisen wollten.
Am Fuße der »Schildkröte« läßt eine alte Frau ihren Yak weiden. Er ist fast schneeweiß mit schwarzumrahmten Augen, das Bauchfell hängt bis auf die Wiese. Wir sind ein bißchen schüchtern, aber die Frau spricht uns an, Urna übersetzt ins Deutsche. In der Nähe befanden sich Höhlenmalereien, die wir anschauen wollten, aber die Alte erzählt uns, daß erst kürzlich Männer mit einem Lastwagen dagewesen seien, die die Malereien abgeschlagen und abtransportiert hätten. Eine traurige Nachricht, die sich noch mehrmals bestätigte. Seit die Autorität des Landes zerbröckelt, treten Kulturfledderer auf, die durch Verkäufe an Ausländer und ins Ausland den schnellen Dollar machen. Dies gilt auch für die Schmuggler von Dinosaurierknochen und -eiern.
Die Frau ist eine richtige Geschichtenerzählerin, und sie spricht offen über die Verfolgungen der dreißiger Jahre. Sie erinnert sich daran, wie sie ihre buddhistischen Statuen und Gebetbücher in einer Höhle versteckte, wie die »kleinen« (weniger wichtigen) Lamas abgesetzt wurden und verkümmerten und die »großen« getötet oder nach Sibirien verschickt wurden.
Die Gegend ist voll von Höhlen, manche der felsigen Hügelketten sehen aus wie Schweizer Käse. In einer dieser Höhlen seien Hunderte von Buddhas entdeckt worden, die von Zanabazar, einem Oberhaupt der lamaistischen Kirche und berühmten Künstler, geschaffen worden waren. Er war ein

begnadeter Bildhauer, dessen Skulpturen man heute im Bogdo-Gegeen-Museum in Ulaanbaatar bewundern kann.
Die alte Mongolin erzählt uns noch die Geschichte von der chinesischen Fürstin, die gut war (ich habe hier sonst nie jemanden von einem guten Chinesen sprechen hören), und deren Leiche vollständig erhalten ausgegraben wurde mit einer glänzenden Perle im Mund. Wir werden eingeladen, im August wiederzukommen, um mit ihr Pilze und Beeren zu sammeln und viele, viele Geschichten zu hören.

Im mongolischen »Dinoland«

Wir wandern über die Hügel ins mongolische »Dinoland«. Mitten in den Wiesen stehen in Originalgröße sechzehn verschiedene Sauriertypen, einige kämpfen miteinander. Auf Eisengestellen sind die Tierformen aufbetoniert, manch einer ist durch die schweren Winde schon ein bißchen invalid geworden, aber unsere Freunde fürchten sich nicht vor Betonschlag. So nehmen wir unter dem Bauch eines solchen Urtiers Platz und machen eine schöne Brotzeit mit unserem chuušuur und dem Milchtee, ich steuere eine Ottobeurer Bauernsalami bei. Als alle einen Verdauungsschlummer machen, klettere ich auf die umliegenden Hügel, über eine Ameisenstraße mit eineinhalb Zentimeter großen schwarzen Tieren hinweg. Über dem Tal kreisen Greifvögel – ich kann durch das Fernglas Schmarotzermilane (Milvus migrans) erkennen, die sich vom Wind tragen lassen. Auf der gegenüberliegenden Seite des Tales herrscht ein wahres Murmeltiertreiben. Die im Sommer recht feisten Tiere kommen aus

Jurassic Park auch in der Mongolei

ihren Löchern, stellen sich starr auf die Hinterpfoten und verschwinden flink in einem anderen Loch. Später kündigt mir Turgi an, daß er uns einmal zur Murmeltierjagd mitnehmen wolle, aber wir winken ab. Probiert haben wir das Fleisch dann aber doch. Nur noch sehr selten bekommt man die klassische mongolische Art der Murmeltierjagd zu Gesicht, bei der sich ein auffällig bunt gekleideter Jäger im Tanze wiegt und damit die Aufmerksamkeit des von Natur aus neugierigen Murmels erweckt. Fasziniert starrt dieser auf den Tanzenden, der in einer Hand ein Gewehr hält und in der anderen ein Büschel mit Roßhaaren schwingt. Der Anblick ist für das Tier so fesselnd, daß es ihm das Leben kostet.
Die Luft ist auffallend weich und klar, so ist sie selbst in der Hauptstadt, falls nicht gerade der rauhe Steppenwind bläst oder man hinter einem rauchenden Omnibus steht. Wir fahren nach Terelž weiter, einem Kurort, bestehend aus ein paar Häusern im Bäderstil. Das Wort Terelž bedeutet auf

mongolisch Rhododendron oder Alpenrose, von denen es in der Mongolei mehrere wildwachsende Arten gibt. Hier bei Terelž wächst strauchförmig im Unterholz des Lärchenwaldes der violettblühende Daurische Rhododendron (Rhododendron dahuricum). Vorher hatten wir wieder den Tuul überquert, der hier in seiner Aue, vor allem auf einigen kleinen Flußinseln, noch dichtwüchsige Pappelwäldchen mit Rosen, Weißdorn, Strauch-Fingerkraut (Dasiphora fructicosa) und wilden Johannisbeeren aufweist. Auch in der Aue des Terelž-Flusses beim Kurort stehen noch schöne Pappelwälder. Sie sind eine größere Augenweide als die neoklassischen Bauwerke, die eher bedrückend wirkten.
In der Nähe befindet sich auch ein »Pionier-Lager«, von dem laute Marschmusik herüberschallt. Solche Camps waren als Ferienlager für Kinder eingerichtet. Die kleinen Teilnehmer mußten sich in allem üben, was ein Pionier so können sollte. Auf meine besorgte Frage an Freunde, ob das nicht schrecklich gewesen sei in ihrer Kindheit, sagte man mir, man hätte einen Riesenspaß gehabt beim Zusammensein mit anderen Kindern, mit denen man im Wald Partisan spielen durfte und Pilze zu Minen erklärte. Der sanfte Aufbau eines Feindbilds wurde dabei gar nicht wahrgenommen.

Der Duft der großen weiten Mongolei

Wir wanderten durch die buntblühende Wiesensteppe, bei jeder Bewegung stieg eine Wolke von Wermut und Beifuß auf. Dieser Duft begleitete uns auf Schritt und Tritt, und er wird für mich für immer mit der Mongolei verbunden sein.

Es war unglaublich, wieviel unterschiedliche Kräuter auf einem winzigen Fleck wuchsen. An steinigeren Orten fand ich Mengen von wildem Rhabarber (Rheum undulatum), an dessen Heilwirkung schon die handeltreibenden Deutschen des 18. Jahrhunderts interessiert waren. Die Mongolen kauen ihn roh zur Erfrischung.

Was mich aber zunächst am meisten begeisterte, waren Tausende von Edelweiß, die in der Wiesensteppe wuchsen. Ein mongolischer Jüngling brauchte also nicht das Genick zu riskieren, um seiner Liebsten ein Sträußlein darzubringen. Das tut er eher beim tollkühnen Reiten.

Die im Norden der Mongolei auftretenden krautreichen Wiesensteppen sind in der Umgebung von Terelž, am Südrand des Chentej-Gebirges, aber auch in den Randlagen des Bogd-Uul, besonders schön. Ursprünglich waren hier Wälder. Viele Blumen findet man auch in den lichten Lärchenwäldern, besonders prächtig leuchten zwischen den Gräsern die lachsrote schmalblättrige Lilie (Lilium pumilum) und die gelbblühende Taglilie (Hemerocallis minor). Wo es feuchter ist, trifft man die orangeroten kugeligen Blüten der Asiatischen Trollblume (Trollius asiaticus).

Auf dem Rückweg machten wir uns bei Nalajch, im Südosten von Ulaanbaatar, auf die Suche nach den Stein-Babas, die auf einer weitangelegten Kultstätte zu Ehren Tonjükuks errichtet worden waren. Unsere Freunde kannten sie nur vom Hörensagen und fuhren nach Gefühl durch die Steppe, allerdings nicht mit Gefühl, denn jedes Auto pflügte sich seinen Weg durch die Gräser und Blumen und manche Etappe wurde als Autorennen gestaltet. Auf unsere kritische Frage, ob man die Natur nicht schonender behandeln sollte, lachten alle: Wenn es in diesem Land ein Defizit nicht gebe, dann an Natur. Zwischendurch hielten wir an einer Jurte, um nach

dem Weg zu fragen. Endlich sahen wir ganz weit hinten graue Steinspitzen aus der Steppe ragen und fuhren darauf zu. Der Ort mit den stehenden und sitzenden Steinbabas, die beide Hände auf die Brust gelegt haben, wirkt magisch. Tonjükuk, Ratgeber des Türkenherrschers Ilteres-Chagan (Vater von Bil'ge Chagan und Kül-Tegin), hatte im Jahr 716 den Bau dieses Monumentes angeordnet, um seine Verdienste zu manifestieren. Später wurde Tonjükuk an diesem Ort, der eigentlich nicht als Grabmal vorgesehen war, beigesetzt. In allen Himmelsrichtungen liegen lange Linien von Steinen, auf der Rückseite der Stelen befinden sich Schriftzeichen, die unsere Freunde nicht entziffern können. Turgi, der sehr erfüllt ist von Furcht und Ehrfurcht vor Göttern und Dämonen, wirft sich vor den Männern in Stein auf den Boden, faltet die Hände und legt seine Stirn an die steinernen Stirnen. Die Steppe hier bei Nalajch ist nicht mehr buntblühende Wiesensteppe, sondern eine Grassteppe, wie man sie in der Ostmongolei weitflächig antrifft. Haarpfriemengräser (Stipa, vor allem Stipa krylorii) und die Kamm-Quecke (Agropyron cristatum) wiegen sich im Wind. Wermut und Beifuß sind ebenfalls stark vertreten, ein Zeichen, daß hier viele Herden durchziehen. Im Abendlicht leuchten Cymbaria dahurica wie große gelbe Löwenmäulchen, gelb blühen auch verschiedene Fingerkräuter und ein kleines Hasenohr (Bupleurum bicaule). Weit und breit ist kein Baum zu sehen in dieser Steppe, die auch in alten Zeiten baumlos war.
Ich fühle mich von einem Punkt angezogen, der dunkel aus der Steppe herausragt. Er wirkt sehr nah, und ich gehe darauf zu. Fast wie eine Fata Morgana weicht das dunkle Etwas vor mir zurück, aber dann erreiche ich es, es sind nur ein paar höher gewachsene, harte Deris-Grasbüschel. Ich stehe weit von den anderen entfernt. Es ist kein Laut zu hören, nur der

Wind nimmt zu. Ich freue mich in diesem Augenblick sehr auf die Zeit bei den Nomaden, ohne Auto, zu Fuß oder Pferd in der windgepeitschten Steppe.
Flott fahren wir in der Abenddämmerung zurück Richtung Ulaanbaatar. Die Straßen eignen sich schlecht für die Stoßdämpfer unseres Lada, trotzdem rasen wir über die Landstraße, knapp bremsend, wenn ein paar Schafe dastehen oder Pferde die Bahn kreuzen. Wir werden ausgelacht wegen unserer Proteste: Die Tiere würden schon richtig reagieren.
Schon auf der Herfahrt wurde unsere Aufmerksamkeit von einem Friedhof gefesselt, der auf einer Anhöhe lag, nun war er lila von der Abendsonne beschienen. Wir wollten gerne dorthinauf gehen und fragten Urna nach mongolischen Bestattungsbräuchen. Sie reagierte sehr zurückhaltend und ließ durchblicken, daß der Tod in der Mongolei kein Thema sei, über das man spreche, sie meinte aber, es sei in Ordnung, wenn Cathleen und ich dorthinauf gingen. Viele Gräber sind ebenerdig mit einer Platte bedeckt, auf die eine kleine Blechjurte gebaut ist, die meisten sind von einer etwa einen Meter hohen Mauer eingefaßt. Ganz oben auf dem Hügel lesen wir russische Namen, daneben steht ein Mausoleum in Jurtenform. Einige Grabplatten sind zersprungen, und die Steppe quillt wieder hervor. Daß der Hügel von Löchern geradezu unterminiert ist, merken wir erst, als ich bis zur Körpermitte in den Boden einbreche. Jetzt wollen wir nur weg von hier und rennen so schnell wir können den Hügel hinunter, wo wir von unseren Freunden weise lächelnd empfangen werden. Diese Lektion sei uns von höherer Stelle erteilt worden.
Wir konnten später doch einiges über mongolische Bestattungstraditionen erfahren, nicht jeder war so verschwiegen wie unsere Freunde, die dieses Thema wirklich mit Furcht erfüllte. Kurz vor Ulaanbaatar kreuzte eine Kamelkarawane

unseren Weg. Die spöttisch lächelnden Tiere mit den feinen Haupthärchen zogen langsam, mit Hausrat und den Teilen einer Jurte bepackt, an uns vorbei. Der Vater ritt voran, neben ihm sein etwa fünfjähriger Sohn auf einem eigenen Pferd. Wir fielen diese Nacht ziemlich überwältigt und steinmüde auf unsere Matratzen, die kleinen Wanzenstiche spürten wir erst am nächsten Tag (das alte Sofa war ihr Heim und wurde auf den Balkon ausgelagert).

Klimakapriolen

Obwohl es Juli ist, ändert sich das Wetter fast stündlich; mal ist es drückend heiß, mal gießt es wie aus Kübeln. Unsere Freunde meinen, es sei ein sehr verregneter Sommer, das Klima habe sich auch hier in den letzten Jahren stark verändert. In der Mongolei herrscht extrem kontinentales Klima mit kurzen, heißen Sommern und eiskalten Wintern bei Temperaturen bis zu minus 50 Grad. Aus diesem Grund war früher die sozialistische Errungenschaft einer Wohnung mit Heizung gerade für viele alte Menschen sehr willkommen. In den letzten Jahren fallen die Fernheizungen mangels Energiezufuhr oft aus, so daß die Leute in den Wohnungen frieren, Ersatzheizungen gibt es nicht. Seitdem besteht der Trend, sich wieder eine Jurte zuzulegen und vor die Stadt zu ziehen. In der Jurte gibt es den traditionellen Herd, der beim Kochen und Heizen unabhängig macht von Fernenergie. Auch Urnas alte Eltern waren aus ihrem Plattenbau ausgezogen und lebten nun wieder mit ein paar Tieren 60 Kilometer von Ulaanbaatar entfernt am Fluß. Diese Entwick-

lung hat wohl auch mit der Suche nach einer neuen politischen und gesellschaftlichen Identität zu tun. Obwohl sich viele der neuen Geschäftsleute und Geschäftemacher westlich geben, ist die Hinwendung zu traditionellen Werten überall spürbar.
In unserer Wohnung herrschte immer ein reges Treiben. Wir wohnten zu siebt in zwei Zimmern, und die beiden Mädchen Kristall (Bolor) und Friedensstrahl (Enchtuja) brachten immer eine Menge Spielgefährten ins Haus. Das Telefon schellte dauernd; wir erhielten Anrufe von uns völlig Fremden, die uns kennenlernen und Geschäfte vorschlagen wollten. Auch das schien uns ein mongolisches Phänomen: die sich schnell verbreitende Kunde von der Ankunft von Menschen, sowohl in der Stadt als auch draußen in der Steppe, und das sofortige Aufgesucht- und Bestauntwerden. Bald schon waren uns die wichtigsten Wörter für die Abnahme des Telefons geläufig: »bänu«, »jug'ne«, »charamsaltaj nj tanyg ojlgochgüj bajna« – hallo, wie bitte, ich verstehe Sie leider nicht. Danach versuchte ich es auf russisch, was zuerst meist auf pikiertes Schweigen stieß, bis klar war, daß ich keine Russin war. Viele Mongolen in der Stadt sprechen russisch, vor allem gebildete, aber heutzutage ist der Widerstand gegen diese Sprache und alles, was russisch erscheint, sehr groß. Ich sollte russisch auf der Straße lieber lassen, um keine Händel zu provozieren, wurde mir empfohlen. In der Tat zuckten die meisten so Angesprochenen entweder zusammen oder drehten sich abrupt weg. Unsere Gastgeber schickten ihre Kinder aber trotzdem auf die Russische Schule, da dort ein höheres Ausbildungsniveau herrsche. Deutsch war kein Problem in der Hauptstadt. Viele haben in der ehemaligen DDR studiert, und von dem Zweimillionenvolk beherrschen etwa 20 000 Menschen unsere Sprache.

Turgi empfahl, uns nach einen Jeep umzusehen, da sein Lada, für den wir ein paar hundert Mark dazugegeben hatten, ungeeignet sei für Fahrten aufs Land. Ein weiteres Mal seit dem wundersamen Lebensmittelschwund schauten wir etwas erstaunt, da wir mit seinem Auto fest gerechnet hatten und er Cathleen versprochen hatte, einen Wagen zu beschaffen, der sich für unsere Zwecke eignete. Es stellten sich nun täglich Fahrer bei uns ein, die ihre Dienste anboten, aber uns wurde schwindlig von den Preisvorstellungen, die Lichtjahre entfernt waren von den Zahlen, die Urna uns kurz vor der Abreise genannt hatte. Handeln, das ich hier als üblich voraussetzte, war nicht drin. Wir sollten es ruhig bei jemand anderem probieren, dann würden wir schon sehen. Und wir sahen, daß niemand diese Preisabsprachen brach und lieber verächtlich spuckend wieder abzog, als nachzugeben. Wir wollten nach dem Naadam-Fest in die Gobi und suchten fieberhaft weiter.
In aller Früh standen wir schon auf dem Süchbaatar-Platz, dem »Platz des roten Helden«, und erwarteten die Reiter zum Naadam-Fest. Gott sei Dank hatte der Regen aufgehört und der Himmel war wolkenlos. Ich bekam Gänsehaut, als die wilde Horde, wohlgeordnet allerdings, in der Dämmerung heranbreschte. Die meisten Reiter trugen Pelzkappen mit langem Nackenschutz oder den traditionellen, fast jurtenförmigen loovuuz-Hut und zum pelzgefütterten Deel die malerisch-martialischen gutuls, schwere, absatzlose Lederstiefel mit bunten Applikationen und nach oben gebogenen Spitzen. Mich hatte schon immer interessiert, warum eine solche Schuhform erfunden worden war, und hier in der Mongolei

erhielt ich zwei Erklärungen dafür. Zum einen eine religiöse; da der buddhistische Glaube verbietet, den heiligen Schlaf der Erde zu stören und ihren Boden zu »öffnen«, verhindert dieser Zuschnitt auch schon den kleinsten Ritzer. Einleuchtend auch die zweite Variante: Man kann nicht aus dem Steigbügel rutschen. Jeder mongolische Stamm kann an Zuschnitt und Applikation seiner Stiefel erkannt werden.

Wir hatten oft ältere Männer schweren Schrittes in solchen Stiefeln, bei denen rechts und links gleich ist, durch die Hauptstadt gehen sehen. Eleganz kam erst auf, wenn ihre Träger sich aufs Pferd schwangen.

Moderne Karawanserei

Die Eröffnung der Spiele war erst in einigen Stunden, deshalb gingen wir auf einen Kaffee ins Hotel »Ulaanbaatar«, dem traditionell ersten Hotel am Platze. In nächster Zeit wird ein konkurrierender Prunkbau namens »Čingis Chan Hotel« eröffnet, ein futuristisches Haus aus Glas, Chrom und Marmor. Das Hotel »Ulaanbaatar« ist Treffpunkt informationshungriger Ausländer, Geschäftsleute, Geschäftemacher, Erdölabenteurer und Expeditionsteilnehmer. Darüber hinaus trifft man auch betuchtere Inländer und Anbieter aller möglicher Dienstleistungen. Hier kann man in der Heimat anrufen, Telefaxe verschicken, Spirituosen auf Dollarbasis kaufen, sich über den Service ärgern, der der Auswahl im ewig gleichen Menu folgt. Man trifft hier jeden unweigerlich wieder, der länger als eine Woche in der Mongolei weilt. Das zunächst Schwierigste ist, den wahren Eingang im riesig angelegten Türkomplex zu finden. Von all den Doppel- und Trippelpforten steht immer (!) nur die schmälste zu öffnende gläserne Einheit offen. Hat man sich durch diese gegen seine Mitbewerber durchgesetzt, muß ein zweites Portälchen passiert werden, das sich natürlich nicht als direkte Fortsetzung gegenüber dem ersten befindet, sondern links oder rechts versetzt liegt. Zum stockenden Fluß des Besucherstroms tragen in diesem Schlauch zusätzlich Schwarzhändler und Ordner bei – uniformierte Fossile der früheren Überwachungslogistik. Geld schwarz zu tauschen war zu unserer Zeit kaum von Vorteil, da die Banken sich täglich dem inoffiziellen Kurs anschlossen. Natürlich waren wir auch ein paarmal auf dem Platz, wo solche Aktivitäten stattfinden. Als wir dann doch mit jemandem ins Geschäft kommen wollten, stand plötzlich ein Milizionär da und hielt unseren Geldgeschäftspartner am Kragen. Nein, nein, wir wollten uns nur ein bißchen unterhalten. Wenn das so sei, meinte der Ordnungsmann, dann sollten wir doch auch unser Geld, das uns aus den Fäusten quoll, wieder einstecken. Um uns standen eng gedrängt mindestens zwanzig Männer und Buben. Niemand hatte die Absicht, uns etwas anzutun. Man war einfach interessiert, was da los war.

Drei Spiele für Männer – Naadam

Es war seltsamerweise schwierig, ins Stadion zu gelangen, obwohl es noch viele freie Plätze gab. Ein japanisches Fernsehteam, Bekannte aus dem Hotel, schleuste uns ein. Die Reiter und die Bogenschützen wurden vom Publikum herzlich begrüßt, aber als die Ringer einliefen, kam Bewegung in die Zuschauer, die nun Freudenschreie ausstießen, Fanfaren ertönten, der Präsident im Deel mit Spitzhut hielt eine Ansprache ans freundlich applaudierende Volk. Vor der Revolution wurden zu diesem Zeitpunkt religiöse Feiern zu Ehren der beiden heiligen Berge Ulaanbaatars, des Chenti und Bogd Uul, abgehalten. Heutzutage gilt Naadam nach Abspielen der Hymne und der Rede des Staatschefs als eröffnet.

Die Bogenschützen begaben sich nun in ein angrenzendes Stadion, die große Arena blieb den ehrenvollsten Sportlern, den Ringern, vorbehalten. Diese waren für hiesige Verhältnisse (und auch unsere) ziemlich leicht geschürzt in einem knappen blauen oder orangefarbenen Höschen (šuudag) aus mehrlagiger, mit Zwirn bestickter Seide und einem Jäckchen, das die Brust kaum bedeckt, aber lange Ärmel hat (zodog). Im krassen Gegensatz zu der leichten Seide standen die beschriebenen aufgebogenen Siebenmeilenstiefel, es war kaum vorstellbar, daß der Ringer sich damit irgendwie flott bewegen könnte. Der Hut wird zum Kampf abgenommen. Jeder Kämpfer bringt seinen eigenen Sekundanten mit, der »Coach«, der sich um seinen Sportler kümmert, ihn anfeuert, auch Schiedsrichterfunktion hat und den Hut während des Kampfes hält. Dieses Huthalten hat auch Symbolcharakter. Da der Kopf als wichtigstes menschliches Körperteil gilt, ist das Ansehen des darauf sitzenden Hutes entsprechend. Sein einziger Nachteil ist, daß die Öffnung nach unten zeigt, das heißt in Richtung Hölle. In dieser Hinsicht haben es Socken, Schuhe oder Stiefel besser, denn ihre Öffnungen zeigen zum Himmel, wo die guten Geister wohnen. Jedenfalls ist es absolut zu vermeiden, über einen am Boden liegenden Hut zu steigen; seine Kopfbedeckung zu verlieren gilt als Unglück.

Der Sekundant, der auf mongolisch zaasul heißt, muß sämtliche Rituale des Kampfes beherrschen. Er kennt die entsprechenden Gesänge, und die dritte und fünfte Runde leitet er mit einem Lied ein, das mit den Worten beginnt: »Hört, ihr Leute vom anderen Flügel«. Danach werden Titel und Rang der Kämpfer ihrer Gruppe gesungen. Beim mongolischen Ringkampf gibt es keinen ersten, zweiten oder dritten Platz, sondern es werden Titel vergeben: Falke, Elefant, Löwe, Titan. Wenn ein Mann den Titel des Titanen erlangt, erhält er bei jedem künftigen Sieg eine weitere Beifügung wie »unbesiegbarer Titan« oder »mächtiger, unbesiegbarer Titan«. Der Ringer mit den meisten Titeln kommt aus dem Bezirk Uvs und darf sich »der das Auge erfreuende, landesweit berühmte, mächtige, unbesiegbare Titan« nennen.

Für uns auf der Tribüne war das Schauspiel, das sich bot, zunächst unverständlich, denn die Ringer umkreisten sich mit seltsam flatternden Bewegungen, verdrehten Hände und Arme, wippten vor- und rückwärts, gingen in die Hocke und schlugen sich auf die Schenkel. Tatsächlich erhielten wir dann die Erklärung, daß jedes Kämpferpaar vor dem Kampf ein kurzes Tanzritual veranstaltet, das den Flug des Geiers imitiert. Früher mußte ein »Falke« sich falkenmäßig bewegen, der »Löwe« und der »Elefant« machten den Adler nach, und nur dem »Titan« war Geiergehabe vorbehalten.

Gewichtsklassen gibt es nicht, und ein wahrer Kämpfer sollte seinen Gegner nicht fürchten. Der beste Weg zum Erfolg sei ein möglichst starker Gegner. Wir sahen ziemlich ungleiche Paare, und mancher fleischige Mann unterlag einem zarter gebauten Kontrahenten. Verloren hat, wer zuerst den Boden mit Knie, Ellenbogen oder Rücken berührt. Es wird im Stehen gekämpft, was der Grund für die starken Schenkel ist, auf die mongolische Ringer besonders stolz sind.

Der Gewinner läßt den Verlierer unter seinem rechten Arm hindurchschlüpfen, dreht flatternd und wippend eine Ehrenrunde um die Nationalflagge und zieht während dieser Zeremonie wieder seinen Hut auf.
Nach der achten Runde sind vier Kämpfer übrig, von denen das zweitbeste Paar dazu ausersehen ist, »auf der Spitze der Pyramide der fünfhundertzehn Verlierer« zu sitzen, so kurz vor dem Sieg natürlich eine schmerzliche Sitzgelegenheit.
Vor dem Endkampf stellen sich alle Sekundanten eines Flügels hinter ihrem Finalisten auf und lassen sich alle in dem Moment zu Boden fallen, wenn dieser den ersten Schritt auf seinen Gegner zu tut. Eine der vielen symbolischen Handlungen, für die wir nicht immer eine so präzise Auskunft erhielten wie beim Ringkampf. Dieser gespielte Schwächeanfall der »zasuuls« bedeutet: Übertragen der eigenen Kraft an den Kämpfer, damit er siege. Beide Finalisten erhalten vom Präsidenten einen Glücksschal und Geschenke, danach stürmen zahllose Gratulanten durch die Arena.
Da wir als Zuschauerinnen blutige Anfängerinnen in Sachen Ringkampf waren, verließen wir ab und zu die Tribüne und schauten dem Treiben außerhalb des Stadions zu. Die meisten Einheimischen, Erwachsene wie Kinder, hatten ihre Festkleidung an – prächtige Deels in dunkelblauer, grüner oder schwarzer Seide, dazu in auffallendem, malerischem Kontrast breite Schärpen in knalligen Farben. Der Schnitt der Deels ist für Frauen und Männer gleich. Es ist eine Art loses Mantelkleid mit Stehkragen und breit überlappendem Vorderteil, das auf der rechten Seite geknöpft wird, überlappend, um Brust und Beine besser vor Kälte und Wind zu schützen. Für traditionelle Knöpfe eines Deels werden schmale Schnüre kunstvoll ineinander verschlungen, eine Technik, die wir später bei den Nomaden auch erlernten.

Für das Landleben ist der Deel einfach unübertroffen. Als Winterkleid besteht er aus vielen weichen Lammfellen, zur Arbeit trägt man robuste Materialien und gedecktere Farben, wie sie von Männern sowieso bevorzugt werden. Gepolstert wird mit Kamel- und Schafwolle. Die breite Schärpe dient nicht nur als Zierde, sondern hat bei langen Ritten eine Stützfunktion für die Wirbelsäule. Als wir zum ersten Mal in einen Deel gesteckt wurden, haben uns die Frauen die ohnehin schmale Taille so eng geschlungen, daß die Schärpe uns zwar sehr aufrecht sitzen ließ, aber Essen nicht mehr möglich war. Einen weiteren Vorzug hat das Mantelkleid beim Gang zur Steppentoilette. Man trägt seinen blickdichten »Paravent« praktisch am eigenen Leib, denn die weite Steppe bietet so oft nicht Baum noch Strauch, noch Hügel, um dahinter zu verschwinden.

Auf dem Festgelände herrscht fröhliche Stimmung. Händler verkaufen von Lastautos und Pferdefuhrwerken herunter Getränke und selbsthergestellte Teigtaschen. Wir stellen uns brav an, eine schlechte Angewohnheit, die zumindest in der Hauptstadt zum sicheren Hungertod führen würde. Man schaut uns interessiert an, vor allem die Kinder sind schüchtern-neugierig. Wo kommt ihr denn her, wo sind eure Männer, wie gefällt euch unser Land, wollt ihr mal aufs Pferd steigen? Die meisten sprechen ein bißchen russisch, manche deutsch, aber wir versuchen die ersten höflichen Worte auf mongolisch, wofür wir herzlich an- und ausgelacht werden. Man lädt uns zum Airak-Trinken ein, vergorene Stutenmilch, die in der Stadt rar ist und zum Fest von der angereisten Landbevölkerung zum Kauf angeboten wurde. Männer mit leeren oder gefüllten Kanistern laufen geschäftig hin und her, und uns wird Stutenmilch nach allen Regeln der Kunst angepriesen, vor allem die Männer deuten die allseits kräftigende Wirkung durch feurige Blicke an. Heute war auch Wodka zu haben, der ewige Katalysator in vieler Hinsicht, aber auch die leicht alkoholische Stutenmilch zeitigt irgendwann ihre Wirkung.

Bogenschießen oder Das Treffen von tausend Zielen

Die Ausscheidungen im Bogenschießen fanden parallel zum Ringen auf einem kleineren, rechteckigen Grasplatz statt, gezielt wurde in südliche Richtung. Pfeil und Bogen, wichtiges Requisit bei der Eroberung fremder Völker und der Jagd, ist heutzutage nur noch Sportinstrument. Die hier benutzten Bögen sind noch wunderschöne Handarbeiten aus Horn und einheimischen Hölzern, an denen glücksbringende Fetische hängen. Diese Bögen besitzen weder Sichtloch, Stabilisator noch andere Vorrichtungen eines Sportbogens, der Schütze kann sich nur auf sein scharfes Auge und eine sichere Hand verlassen. Die Pfeile sind aus langem und dickem Holz mit einer großen Spitze. Milan- oder Habichtfedern stabilisieren den Flug.
Im Gegensatz zum Bogenschießen, wie wir es kennen, schießt man bei mongolischen Wettkämpfen auf »surs«, das sind faustgroße, mit Lederbändern verschnürte Filzbälle, aus denen ganze Mauern gebaut werden, in deren Mitte sich zur Orientierung ein roter Ball befindet. Bei wichtigen Wettbewerben bestehen diese Wände aus bis zu tausend Bällen, die sowohl von einzelnen Schützen als auch von Teams beschossen werden. Jeder Schütze hat vier Pfeile. Die Ballwand

wird von Runde zu Runde kleiner – und somit ein Treffer immer schwieriger –, bis zum Schluß noch ungefähr ein Dutzend Bälle vorhanden sind.
Auch hier praktizierten die Schiedsrichter ein beeindruckendes Ritual. Männer und Frauen standen direkt hinter den Filzballwänden und wurden wie durch Geisterhand nicht getroffen. Die Gruppe teilt der Schützin oder dem Schützen, die den Pfeil aus sechzig beziehungsweise siebzig Metern abgeschossen haben, durch festgelegte, uralte Gesten mit, was im Ziel passiert ist. »Zu kurz«, »übers Ziel hinaus«, »abgedriftet«, für alles gibt es ein klar sichtbares Zeichen. Wurde das Ziel getroffen, so schwenkt die ganze Richtergruppe die Arme hoch und singt in mystischen, windartigen Tönen, »uuchail, uuchail«, was ganz schlicht »Stierauge« bedeutet. Der Sieger erhält wie bei den Ringern einen Ehrentitel, allerdings gibt es nur einen, der da heißt »Ein guter Schuß«. Je nach Anzahl der Siege gibt es dann Attribute, wie »genau«, »immer tadellos« und so weiter.
Bogenschießen (sur charvach) verliert in der Mongolei immer mehr an Bedeutung, und das Handwerk des Bogenmachers ist am Aussterben. In den dreißiger Jahren war sur charvach besonders populär, und an den Ufern des Tuul trafen sich am Wochenende die Leute, um gegeneinander anzutreten und an den Lagerfeuern zu feiern.
Auf unserem Platz wurde eher dezent gefeiert, die Schützen und Schützinnen saßen dichtgedrängt in einer Art Holzpavillon, um sich zu stärken und auszuruhen. Die Bögen wurden von ihren Besitzern wie kleine Heiligtümer behandelt, und Lob für die schönen Arbeiten und Schnitzereien wurde stolz entgegengenommen.
Am Abend waren wir bei Urnas Bruder zur privaten Naadam-Feier eingeladen. Wir hatten schon vor Tagen ein paar

Flaschen »Great Wall« beschafft, ein Wein aus China, dessen Süße am kommenden Morgen in bittere Schwere umschlägt, der aber trotzdem ein verläßlicher Tröster bei besonders tristen Ulaanbaatarschen Abenden war, an denen wir vergebens auf Telefonanrufe von daheim oder zumindest auf internationale Nachrichten im Fernsehen hofften.

Das Fenster zum Hof

An solch einem Abend war uns ein Auftritt gelungen, der die Anwesenheit von uns Ausländern endgültig im ganzen Wohnblock bekannt machte. In unserer Wohnung waren alle ausgeflogen, uns war nach Singen, wir gaben uns gegenseitig Lieder zum besten. Cathleen steppte mir etwas auf dem Küchenboden vor und sang dazu mit ihrer wunderschönen, klaren Stimme »When we walk down the avenue«, ich brachte im Gegenzug den »Kuckucks-Jodler«.

Irgendwann öffneten wir das Küchenfenster weit und schmetterten unsere Lieder ins nächtliche Ulaanbaatar, worauf schlagartig in den Nachbarwohnungen die Lichter gelöscht wurden und im Dunkel um die hundert Köpfe in den Fenstern und auf den Balkonen erschienen. Die Hinterhofakustik spornte uns immer mehr an, und irgendwann wurden wir stürmisch beklatscht. Die Konzertmaschinerie war in vollem Gange, denn nun schallte vom gegenüberliegenden Balkon ein mongolisches Lied herüber, und nach und nach entwickelte sich ein deutsch-mongolischer Wechselgesang. Nach zwei Stunden landete ein Stein auf unserem Küchentisch und gemahnte ans Schlafengehen. Am nächsten

Morgen schauten wir in lächelnde Mienen, und die Kinder kicherten hinter uns her. Wer unsere nächtlichen Gesangspartner waren, sollte allerdings für immer im dunkeln bleiben.

Familienfeier

Der Abend bei Urnas Familie war ebenfalls sehr gelungen. Wir fuhren in die vorstädtischen Hügel, wo ausgedehnte Siedlungen mit Jurten und Holzhütten lagen. Urnas Vater war extra vom Land hereingekommen und trug uns zu Ehren alle Orden auf seinem Deel, die ihm für hervorragende Leistungen als Vorsteher einer landwirtschaftlichen Kolchose verliehen worden waren. Die ganze Familie war versammelt, Tanten, Onkel, Kinder und Kindeskinder begrüßten uns. Der lange Tisch war voll von Speisen, und wir konnten uns nicht vorstellen, wie all diese Leckereien beschafft worden waren, denn in den meisten Geschäften herrschte ja gähnende Leere. Alle Arten von Teigtaschen, gebraten, gedämpft und gekocht, wurden aufgefahren, Käse und Russischer Salat. Im Hof stand der Herd, auf dem eine Fleischsuppe brodelte mit einer dicken Fettschicht. Das würde uns guttun zusammen mit dem Wodka, aber zuerst einmal gab es Milchtee. Dann erhob sich der Vater vor dem Mahl und begrüßte die Freundinnen seiner Tochter aus dem fernen Deutschland, es sei eine große Ehre, daß wir ins Haus seines Sohnes gekommen sind. Er sprach nun viele lobende Worte über unser Heimatland, über Cathleen, die seine Tochter beherbergt hatte, und all das Gute, das über uns erzählt worden war. Eine solche

Begrüßung ist jahrhundertealtes Ritual, das immer noch praktiziert wird, vor allem bei Festlichkeiten. Negative Worte, zum Beispiel über Freunde oder Bekannte, werden in der Mongolei vermieden, da man glaubt, daß sie Unheil bringen. Deshalb wird so viel wie möglich gelobt. Die Frage »wie geht's« muß unbedingt mit bajna uu (gut) beantwortet werden. Unangenehme Dinge werden äußerst taktvoll vermittelt, möglichst nur angedeutet, was es für einen Europäer nicht immer einfach macht, die wahre Botschaft zu verstehen.

Wie uns Urna übersetzte, bediente sich ihr Vater sogar der Gedichtform, er sei ein angesehener Redner und Sänger, dessen Auftritte bei Festen sehr geschätzt sind. Wir bedankten uns mit einer zierlichen Rede, lobten die Schönheiten unseres Gastlandes, die Musik und die Großzügigkeit unserer Gastgeber und bekamen die Schnupftabakdose gereicht, an der wir kurz schnupperten, um sie dann wieder dem Vater zurückzureichen mit der rechten Hand, die linke am rechten Unterarm angelegt – ebenfalls alte mongolische Etikette, die es stets zu wahren gilt, wenn man etwas gereicht bekommt oder etwas zureicht. Wir hatten bayerischen Schmalzler als Gastgeschenk mitgebracht und den chinesischen Wein, der etwas mißtrauisch betrachtet wurde. Zu diesem Zeitpunkt verstanden wir noch nicht, warum, aber später erfuhren wir, daß immer noch eine tiefsitzende historische Abneigung gegen alles Chinesische herrscht und latente Angst, durch Lebensmittel aus China schleichend vergiftet zu werden. Einmal lasen wir in der Zeitung, daß ein Sack vergifteten chinesischen Zuckers abgefangen worden sei.

Während des Essens stand Urnas Vater auf und trug ein altes Volkslied vor. Wieder dieser langgezogene Steppenton mit den wimmernden Schluchzern. Das Lied eines Reiters, der seine weiße Stute besingt, die mit ihrem kleinen scheckigen Fohlen spielt. Ich frage ihn, wie er diese Art zu singen gelernt habe. Da lacht er, das kann man als Viehzüchter einfach, er hat sich damit bei seinen langen Ritten durch die Steppe die Zeit vertrieben.

Danach wurden wir aufgefordert, ein Lied zum besten zu geben. Cathleen erntete große Anerkennung für »Summertime« und ich sang »Die Gedanken sind frei«. Wenn man sich in der Mongolei zu singen traut, hat man schon halb gewonnen.

Der Abend verlief stürmisch, die vorläufigen Ergebnisse des Naadam-Festes wurden diskutiert, Fotos ausgetauscht, man sprach über die Kinder, die in der Mongolei als großes Glück angesehen werden, je mehr, desto besser für eine Familie. Das Bild von der traditionellen mongolischen Familie hat jedoch in der sozialistischen Ära große Risse erhalten. In den Städten gibt es viele zerrüttete Ehen, Verarmung und Alkohol stellen ein großes Problem dar, und in Ulaanbaatar gibt es immer mehr Kinder, die auf der Straße leben. Diese Entwicklung steht allerdings in krassem Gegensatz zu den Nomaden, bei denen sich auch während der letzten sechzig Jahre die alten Familienstrukturen erhalten haben.

Die Gespräche und der Wodka brachten die Köpfe gleichermaßen zum Glühen. Fröhlich ging's dann im Autokonvoi nach Hause. In der Mongolei herrscht absolutes Alkoholverbot.

Pferderennen

Die Busfahrt vor die Tore Ulaanbaatars in Richtung Flughafen war heute, am zweiten Tag des Naadam-Festes, eine fröhliche Angelegenheit. Obwohl eine Wodkawolke über den Passagieren schwebte, war nicht ein Anflug von alkoholbedingter Aggression zu spüren. Wir wurden immer wieder angesprochen, vor allem von Frauen, die uns gleich zu sich nach Hause einluden oder von ihrem Beruf erzählten. Wir gaben Urnas Telefonnummer heraus und wurden in den kommenden Tagen eifrig angerufen. Schon von weitem sahen wir die Jurten- und Zeltstadt, die extra für das Pferderennen entstanden war. Unser Autobus hatte schon Hunderte von Reitern überholt, die aus jeder Himmelsrichtung herbeistrebten, aber wer ein Auto besaß, kam selbstverständlich mit diesem Luxusartikel. Wir wanderten durch die Grassteppe, aus der bei jedem Schritt eine blau- oder rotgeflügelte Heuschrecke aufschwirrte. Als Tierliebhaberin dürfte man hier praktisch keinen einzigen Schritt tun. Weiter oben am Hang – wir sind an der Nordseite des Chenti-Gebirges – liegt die eingezäunte Zielgerade. Die Reiter werden von Westen herbeigaloppieren, und sie werden dann ein »urton« in Höchstgeschwindigkeit hinter sich haben. Ein urton entspricht ungefähr dreißig Kilometern, in früheren Zeiten die Distanz zwischen zwei Poststationen. Damals nahmen an diesen Rennen erwachsene Männer teil, heute reiten vier- bis siebenjährige Buben und Mädchen. In der Mongolei beherrscht man das Reiten schon kurz nach der Krabbelphase.

Alle erwarten aufgeregt den Reiterpulk, aber für uns ist der Anblick der Zuschauer auch sehr spannend. Hoch zu Roß,

Eltern mit Kindern, alte Ehepaare in ihrem festlichen Gewand und natürlich Gruppen junger Männer, die sich vor die Kamera schieben, Cathleens Wunsch nach weniger Pose bleibt unerhört, und es wird wie gebannt ins Objektiv geschaut. Heute, endlich, sieht man auch edles Zaumzeug und wunderschön gearbeitete Sättel mit Silberbeschlägen. Mancher alte Mann hat sein silbergeschmiedetes Messer am Gürtel hängen (das offene Tragen von Messern ist eigentlich verboten, deshalb stellen Händler auf den Märkten nur die Scheide zur Schau), traditionell gehört dazu der Feuerstein, das Tabakdöschen und ein Pfeifenreiniger. Die Pfeife selbst wird immer in den Stiefel gesteckt. Die schönen Messer sind leider immer seltener »am Mann« zu besichtigen, denn die letzten Silberschmiede haben in den sechziger Jahren ihre Werkstätten geschlossen, und die Tradition geht praktisch zugrunde. Früher besaßen selbst arme Viehzüchter schön verziertes Sattelzeug und Gerätschaften für den täglichen Gebrauch oder die Jagd; Frauen hatten prachtvollen Kopfschmuck mit Silber und Halbedelsteinen und Gepränge aller Art. Das ist heutzutage fast nur noch in Museen oder im Theater zu sehen – Messer gibt es natürlich für viel Geld in den Devisenläden der Hotels.

Die Hunnen waren Meister der Metallverarbeitung, und es ist überliefert, daß die Mongolen des dreizehnten Jahrhunderts Eisen und Stahl anbeteten. Damals war das Schmieden von Eisenstreifen ein Neujahrsritual.

Wir schlenderten zum Zelt für die Ehrengäste – Prinzessin Anne aus England ist angereist und bewegt sich völlig entspannt zwischen den Menschen und Pferden. Als sie uns Europäer entdeckt, fragt sie nach unserem Heimatland. »Oh Germany, oh a book about Mongolia, very interesting, indeed.« Hier gibt es alle Arten von Getränken, auch europäische,

Pferderennen

aber die meisten Menschen genießen doch Stutenmilch, Milchschnaps und Wodka. Ein paarmal gibt es falschen Alarm; die Reiter sind immer noch auf ihrem Steppenkurs. Als Klassifizierung für das Rennen gibt es im übrigen mehrere Gruppen, für Zwei-, Drei, Vier- und Sechsjährige. Das Alter der Tiere wird vor dem Rennen anhand der Zähne überprüft, ebenfalls wird das Zaum- und Sattelzeug inspiziert.
Mit dem Training der Pferde wird zwei bis drei Monate vor Naadam begonnen. Jeder Besitzer hat natürlich seine Spezialmethode, die er sehr ungern preisgibt. Bekannt ist, daß man die Tiere auf möglichst saftigen und feuchten Wiesen grasen läßt, da dies zu Gewichtsabnahme führt und das Pferd weniger schwitzt. Das Schwitzen so gering wie möglich zu halten, scheint eines der großen Geheimnisse zu sein. Deshalb wird das Tier beim Training in Schaffelle eingewickelt und viel bergauf geritten. Außerdem muß das Pferd lernen, auf keinen Fall stehenzubleiben. Falls ein kleines Reiterlein

einmal aus dem Sattel fällt, kann sein Tier auch allein den Sieg erringen.
Wir spähen in die Ferne, Staubwolken sind zu sehen – nein, das war nur eine Windhose, aber plötzlich kommt Bewegung auf am Horizont, und im Nu kann man einzelne Silhouetten erkennen. Die ersten Reiter befinden sich weit vor dem großen Pulk, und wir betrachten staunend den zähen Endspurt. Ein etwa Siebenjähriger liegt vorne, im knallgrünen Deel, auf dem Kopf eine Krone aus Silberpapier, die Zügel in einer Hand, schwingt er mit der anderen sein Holzstöckchen und stößt schrille Anfeuerungsrufe aus. Seine Verfolger, unter denen sich ziemlich viele Mädchen befinden, sind nicht minder temperamentvoll, alle reiten in den Steigbügeln stehend unter den wilden Zurufen der brodelnden Zuschauermenge die letzten Meter bis zum »morin baria«, dem Pferdekampfrichter. Links bei der Ziellinie warten schon erwachsene Reiter, die an das jeweils eingerittene Kind heranpreschen, um den rasenden Ritt abzubremsen und sich sogleich um Mensch und Tier zu kümmern. Die Siegerehrung folgt schon bald – Preisträger sind die ersten fünf Pferde. Das Siegerpferd erhält den Titel »tumny ech« – »Führer der Zehntausend«, die anderen vier werden »airagijn tav« genannt – die »Airag-Besprengten«. Ein Sänger tritt auf und singt ein Loblied auf die Pferde, während ihre Kruppe mit Stutenmilch besprengt wird. Die kleinen Reiter und Reiterinnen erhalten Geschenke und werden stolz von ihrer Verwandtschaft in Empfang genommen.
Niemand käme in der Mongolei auf die Idee, den Verlierer zu tadeln. Liebevoll wird das Verliererpferd als »bajan chodood« bezeichnet, das heißt »voller Magen«. Das Pferd kann sowieso nichts dafür, gehänselt wird höchstens der Reiter, der sein Tier nicht anständig trainiert hat. Im Lied des Sängers heißt es dann: Der Reiter war zu jung, die Strecke voll von

Stolpersteinen und Gruben, Pferdchen, dein Ruhm wird beim nächsten Mal aufgehen wie die goldene Sonne.

Die Legende vom zottigen schwarzen Pferd

Vor langer Zeit lebte ein armer Viehzüchter namens Gombo im Lande des Prinzen Uizing. Er hatte nur wenige Pferde und Vieh, mußte hart arbeiten und jagen, um Frau und Kinder zu ernähren. Seine einzige Tochter war sehr eigenwillig, aber klug und tüchtig stand sie ihren Eltern stets zur Seite. Die Nachbarn lobten sie über alle Maßen, und so hörte auch der reiche Balbar von ihr. Eines Tages wurde er bei ihrer Familie vorstellig, obwohl er bis dahin noch nie etwas mit armen Leuten zu tun hatte. Im Namen seines Sohnes hielt er um Gombos Tochter an, und die beiden Väter beschlossen die Heirat. Einige Tage später wurde das vereinbarte Verlobungsgeschenk überbracht, die Tochter fortgeholt, und die Hochzeitsvorbereitungen gemacht. Da Balbar ein reicher Mann war mit riesigen Herden, lud er viele Leute zum Fest. Am Abend der Hochzeit schliefen die Brautmutter und die Schwiegermutter zusammen mit der Braut in der neuen Jurte, die für das junge Paar errichtet worden war. Sie sollten beobachten, wie die junge Frau in der Früh aus dem Bett kam, und ob sie die Zubereitung des Milchtees beherrschte. Balbars kluge junge Schwiegertochter stand noch vor Sonnenaufgang auf, legte dem Brauch gemäß alle Juwelen an und verließ die Jurte. »So ein braves Mädchen, kommt so früh aus den Federn«, dachte die Mutter, während die Schwiegermutter grummelte: »Was muß die denn so früh aufstehen!« Beide Frauen meinten, die Braut sei hinausgegangen, um das Jurtendach wegzuklappen, damit Sonne hereinkäme, aber sie kam nicht zurück. Man sah sie mit geschürzten Röcken durch den Fluß waten, auf dessen jenseitigem Ufer eine Karawane lagerte. Sie redete mit dem Führer und kam dann erst zurück in die Jurte, um flink ein Feuer zu entfachen, auf dem sie wunderbaren, starken Tee bereitete, den sie den beiden Müttern servierte.

»Ich weiß, daß du nicht immer das tun wirst, was ich dir sage«, sprach die Jungvermählte zu ihrem Mann, »aber du solltest jetzt auf mich hören, wenn du wirklich in Zukunft mit mir leben willst. Geh hinüber zur Karawane und kaufe das schwarze einjährige Fohlen!« Der verdutzte Ehemann wollte seiner Frau den Wunsch nicht abschlagen, da er sie über alles liebte. Was er sah, war ein häßliches, schläfriges Fohlen mit schwarzem, zottigem Fell, viel zu klein, um etwas zu taugen. »Ich möchte dieses Fohlen kaufen!« – »Wieso denn dieses?« fragten erstaunt die Karawanenleute. »Bei uns gibt es ein dickköpfiges Kind, das es reiten möchte«, sagte Balbars Sohn. Jetzt nannte der Verkäufer einen ziemlich hohen Preis, da er merkte, daß es seinem Gesprächspartner sehr ernst war. Dieser geriet bei der genannten Summe in arge Verwirrung. Da das Fohlen so teuer war, konnte er es unmöglich ohne Zustimmung seines Vaters kaufen. So ritt er zurück zu seiner Frau und teilte ihr mit, daß er das Fohlen nicht kaufen könne. Da wurde sie ärgerlich und brach in Tränen aus: »Es wird dich schon nicht arm machen, wenn du zwei Stuten dafür eintauschst«, schluchzte sie. Als der Sohn daraufhin mit seinem Vater sprach, war dieser außer sich über den Eigensinn seiner neuen Schwiegertochter. »Da hast du ja was Schönes geheiratet«, jammerte er, »gestern erst hier angekommen, redet sie heute schon beim Kaufen und Verkaufen mit.« Nun bat die junge Frau ihre Mutter, das Fohlen zu kaufen, koste es, was es wolle. Da die Mutter wußte, daß ihr Kind Tiere

liebte und sich gut mit ihnen auskannte, erstand sie das Fohlen gegen zwei Stuten.

Nach drei Tagen kamen die Brauteltern wieder, und der zweite Teil der Hochzeit wurde gefeiert. Als sie in derselben Nacht noch heimreiten und das Fohlen mitnehmen wollten, sprach die junge Ehefrau zu ihrem Mann: »Ein wahrer Mann sollte an den drei Spielen der Männer (Naadam) teilnehmen. Du kannst nicht ringen, du kannst nicht bogenschießen, und du hast kein Rennpferd! Kauf meinen Eltern das Fohlen ab!« Diesmal hörte er auf seine Frau, trotz der Beschimpfungen seiner Eltern: »Was bist du nur für ein Mann, der sich von seiner Frau sagen läßt, was er tun soll!« – »Oh, ich kaufe es trotzdem, weil meine Frau sagt, es wird einmal ein gutes Rennpferd.« – »Ja, ja, ein Rennpferd mit Beinen wie ein Yak, dieses schäbige Vieh taugt doch zu nichts«, mokierten sich die Eltern. Aber der Sohn setzte sich durch und brachte das zottige, kleine Etwas zur übrigen Herde. Das häßliche, schwarze Fohlen blieb immer weit hinter den anderen Pferden zurück. Der Winter und der Frühling vergingen, und die Eltern hatten das Fohlen schon fast vergessen, als es Sommer wurde und alles seine Rösser für »Naadam« zu trainieren begann. »Wir sollten lieber unseren kleinen, zottigen Schwarzen zureiten«, meinte die junge Frau zu ihrem Mann. Er brachte das Tier, und es war unverändert schwarz und zottig. »Tu bloß das Biest von unserem Anbindeplatz weg, da muß man sich ja schämen«, sagten die Eltern und jagten den kleinen Schwarzen fort. »Ein treues Schlachtroß mag sich unter struppigem Haar verbergen«, antwortete die Schwiegertochter, »ein wahrer Held kann auch in einem groben Arbeitskittel aufwachsen!«

Der schwarze Zottige kam zurück und wartete tagelang vor der Jurte. Beim Training der übrigen Pferde wollte keines der

Kinder ihn reiten. Als das Naadam-Fest kam, zogen die Jungvermählten mit ihrem Schwarzen zum Start. Gombos Tochter machte ihren Ring einem armen Mädchen zum Geschenk, auf daß es den zottigen Schwarzen reite. Die Eheleute ritten zum Ziel, wo eine große Menschenmenge versammelt war und lautstark das Rennen verfolgte. »Da kommen sie, da kommen die Pferde«, schrien sie. In einer Wolke aus Staub rasten die kleinen Reiter schreiend und peitschenschwingend in die Zielgerade. Der zottige Schwarze lag an sechster Stelle, holte auf und ganz kurz vor der Ziellinie überholte er das führende Pferd. Das Paar galoppierte hinter seinem kleinen Sieger her außer sich vor Glück. Alles sprach nur noch von dem ungepflegten Fohlen, das das Rennen gewonnen hatte. Dem schwarzen Zottigen wurden goldene Zügel angelegt, und man besprengte ihn mit Airag. Als man ihm den Schweiß von den Flanken streifte, fiel sein struppiges Haar zur Erde, und hervor kam ein schöner Brauner mit einem wundervoll glänzenden Fell. »Ein wahrhafter Sieger«, pries ihn der Preisrichter und nannte ihn »das Pferd mit den goldenen Zügeln«. Von diesem Tag an gewann der zottige Schwarze jedes Naadam-Rennen, und alle lobten die kluge, junge Frau, die ihn erworben hatte.

Der reiche Balbar bat seine Schwiegertochter beschämt, von nun an die Auswahl seiner Rennpferde vorzunehmen, und bald schon hatte er eine stattliche Herde von flinkfüßigen Tieren. In den zwanzig folgenden Jahren konnte jedoch keines den zottigen Schwarzen besiegen. Als die Jahre vergingen, wurde er grau und schwach, aber immer wenn Balbar und sein Sohn ihre Pferde trainierten, galoppierte er hinter ihnen her, zu alt, einen Reiter zu tragen. Eines Tages, als die Rennpferde wieder einmal zum Naadam-Rennen geführt wurden, stolperte der zottige Schwarze hinter den anderen her. Man glaubte, er sei verrückt geworden, und wollte ihn wegführen. Da plötzlich wieherte er laut, Tränen rollten aus seinen großen, runden Augen, und er folgte hartnäckig seinem Herrn. »Ach nimm ihn doch mit!« sprach seine Frau. »Warum sollten wir ihm weh tun.« Ihr Mann gab nach, halfterte das Tier, und als das Rennen der ältesten Pferde begann, galoppierte der zottige Schwarze wie in alten Zeiten vorneweg. Dann jedoch holte eines der Pferde des reichen Balbar auf und überholte ihn schließlich nach einem erbitterten Brust-an-Brust-Rennen. Da wieherte der zottige Schwarze auf, verbiß sich in seines Rivalen Schweif und fiel dann schwer zu Boden. Die Menschen rannten herbei in einer Woge von Sympathie, Balbars Schwiegertochter warf sich weinend über ihr Pferd, und als sie ihm sanft den Kopf streichelte, wieherte der zottige Schwarze ein letztes Mal und starb im blühenden Gras der Steppe. Alle wünschten sich, daß der zottige Schwarze zum letzten Mal Sieger sei, und übergaben seiner Herrin den Preis. Er aber wurde in der gelben Steppe begraben, wo er sein erstes Rennen gewonnen hatte, und das Land des Prinzen Uizing wurde von nun an »Steppe des zottigen Schwarzen« genannt.

II

Amarbayasgalant – die Wiedereröffnung einer prächtigen Tempelanlage

Die »Probefahrt« mit Turgis Lada sollte nach Amarbayasgalant gehen. Wir wollten die Einweihung dieses in den dreißiger Jahren zerstörten und jetzt wiederaufgebauten Klosters erleben, das einmal eines der schönsten und bedeutendsten der Mongolei gewesen war. Keiner wußte genau, wo es liegt, jedenfalls in nördlicher Richtung, vor Darchan links ab nach Erdenet und dann nach der Orchon-Brücke rechts hinein ins Gelände. Bis zu diesem Punkt sollten es etwa 280 Kilometer sein. Wir besaßen zwar Fliegerkarten, aber ein fast geschleiftes Kloster war darauf nicht eingezeichnet. Unser Auto war vollgepackt mit Brot, Wurst, mehreren Thermoskannen Tee, Zelt und Schlafsäcken. Cathleen und ich rechneten für die 220 Kilometer bis Darchan mit einer Fahrzeit von maximal drei Stunden. Nachdem wir die Stadt hinter uns gelassen hatten, rollten wir flott über den Asphalt, vorbei an vielen liegengebliebenen Autos, unter denen jeweils ein Mann lag, umgeben von seinen Mitfahrern, die in mongolischen Autos immer zahlreich sind. Wer einen so seltenen Artikel wie ein Auto besitzt, hegt es, nimmt stets andere darin mit und versucht, außerhalb der Ortschaften auch einmal einen Geschwindigkeitsrekord zu erzielen, wobei gerne längere Zeit auf der Gegenfahrbahn gefahren wird, um den vielen Schlaglöchern – besser Schlaggruben – auszuweichen. Autos, die sich bei so einem Manöver treffen, fahren möglichst lange aufeinander zu. Mir schien, daß alle Fahrer den Belag der Gegenfahrbahn für den besseren hielten. Bald rasteten wir in der Nähe einer Heilquelle. Viele Reisende füllten hier ihre Wasserkanister auf; wir schöpften mit unseren mitgebrachten Schalen. In der Mongolei ist es Brauch, sein eigenes Trinkgefäß mit sich zu führen. Manch einer besitzt noch eine schöne, mit Silber ausgeschlagene Holzschale, die ziemlich flach ist, damit man sie bei Bedarf auch ausschlecken kann. Dies gilt aber nicht für Tee. Wir setzten uns mitten in ein Stiefmütterchenfeld und kauten russische »Brjanikij«, mit Zuckerguß überzogene Mehl-Wasser-Plätzchen, die einem schnell Energie zuführen, dazu tranken wir gesalzenen Milchtee mit Butter. Da Cathleen unter einer Milchallergie leidet, winkte sie immer dankend ab und trank aus ihrer Wasserflasche. Allergie gegen Milchprodukte ist in diesem Land wahrscheinlich selten anzutreffen, und es wäre wohl auch fatal, mit so einer Krankheit geschlagen zu sein im Urland der Milch. So verstand niemand so recht, wenn meine Reisepartnerin lustig gestikulierend ihren Körper voller möglicher Pusteln beschrieb.

Letztlich brauchten wir fünf Stunden bis Darchan, wo sogleich die quälende Frage auftauchte, ob es Benzin gäbe. Turgi hatte sich Bezugsscheine von Freunden besorgt. Es war üblich, sich gegenseitig mit »Talons« auszuhelfen, wenn eine längere Fahrt geplant war. Außerdem wurde ständig ein Vorrat an Benzin angelegt, der dann in Glasballons, Tonnen und Kannen auf dem Balkon aufbewahrt wurde. Unsere Tankstelle war geschlossen, aber ein LKW-Fahrer hatte gehört, daß »Stoff« vorhanden sei. Nach längerem Umherirren fanden wir zunächst den Tankwart, der uns zu seinen Quellen führte. In einem Käfig neben den Zapfsäulen waren Hammer, Sichel und Löschwerkzeuge in Form von zwei Eimern eingeschlossen.

Darchan ist mit 80 000 Einwohnern die zweitgrößte Stadt der Mongolei. Erst 1961 wegen seiner Lage an der Transmongolischen Eisenbahn und Kohle- und Erzvorkommen gegründet, sieht man diesem Ort seine – traurig-verwahrloste – Jugend an:
Sehenswürdigkeiten gibt es keine, die Plattenbauten wirken bedrückend, trotz des Versuchs, sie mit mongolischen Ornamenten zu verschönern. Darchan beherbergt heute viele größere Reparaturbetriebe, ein Fleisch- und Lebensmittelkombinat und einen Pelzbetrieb. Der Platz, auf dem wir anhielten, um nach dem Weg zu fragen, war nicht Marktplatz, nicht Parkplatz, kein Bäumchen weit und breit, zwei Kühe standen knietief in einer Pfütze. Meine Stimmung war so düster wie der Himmel, an dem sich ein Unwetter zusammenbraute. Wir erhielten eine vage Auskunft über den Weg – vor uns habe auch schon ein Jeep voller Lamas aus Ulaanbaatar danach gefragt –, aber man prophezeite uns schlechte Wege und geschwollene Flüsse, die es zu durchfahren galt. Alle hielten es für unmöglich, daß wir mit unserem Auto unser Ziel erreichten. Wir schlugen den Weg Richtung Erdenet ein, der zunächst durch die wunderbaren Auen des Charaa-Flusses führt, die sehr oft überschwemmt zu sein scheinen. Unter der Brücke stehen Hunderte von Pferden im Wasser. Die Asphaltstraße wird nun zur Piste, die auf einem aufgeschütteten Damm verläuft. Dies soll einmal eine gut ausgebaute asphaltierte Landstraße werden in westlicher Richtung bis Ulaangom. Im Augenblick müssen wir von der Piste in die Rasensteppe hinunterfahren, da in regelmäßigen Abständen Betonklötze unseren Weg abschneiden, die uns

zwingen, den steilen, lehmigen Damm hinabzurutschen, hinein in Wasserlöcher, von Lkw-Reifen tief eingegraben. Manchmal muß geschoben werden, es gibt viel zu lachen.

Stolpersteine nach Amarbayasgalant

Irgendwann treffen wir drei junge Männer, im Steppengras liegend. Turgi hält an, um sich des Weges zu versichern. Die drei haben wohl ein bißchen tief in die Schale geschaut, sie kommen zum Auto und starren schweigend zu uns herein. Einer beugt sich ans Fenster, um besser sehen zu können, und schaut uns minutenlang ungeniert an. Wir bieten Zigaretten an, die die Männer, in der Hocke sitzend, schweigend rauchen. Nein, Wodka haben wir leider keinen dabei. Nach zwei Stunden sind wir in den Auen des Orchon-Flusses – überall Vögel. Jungfernkraniche stehen in der Wiese (sie legen ihre Eier ohne jegliches Nistmaterial auf den Schotterbänken eines Flusses ab, wo sie kaum von den rundgeschliffenen Steinen zu unterscheiden sind). Wildenten fliegen auf und lassen sich wieder auf einer Grasinsel nieder. Durch das Fernglas kann ich zwei Kormorane beobachten, die auf einem angeschwemmten Baum sitzen. Der Vogelreichtum ist überwältigend, und ich beschließe, diese Gegend unbedingt irgendwann zu durchwandern. Jetzt gilt es zuerst einmal, die lange, schwankende Holzbrücke zu überqueren, daneben hängt die zusammengebrochene Vorgängerin im reißenden Wasser. In Flußnähe, aber gut geschützt vor plötzlichen Überschwemmungen, stehen mehrere Jurten, gesattelte Pferde davor. Direkt nach der Brücke biegen wir rechts ab, und

es beginnt die gewagteste Etappe unserer Fahrt. Wir sollen nicht den Weg unten am Fluß entlang nehmen, sondern über die Hügel fahren, von wo wir eine grandiose Aussicht auf die Flußlandschaft haben. Die Wege machen einen guten Eindruck, auf festem roten Sand geht es dahin, bald werden wir da sein. Auf der höchsten Erhebung machen wir nochmal eine kurze Teepause inmitten eines Lilienfeldes. Tuja pflückt einen Strauß und bietet uns die schneeweißen Wurzeln zum Essen an. Sie sagt, daß mongolische Frauen daraus auch Kosmetik herstellen. Hellblau- und rotgeflügelte Schnarrschrecken erfüllen die Luft um uns mit ihrem Ton. Urna springt schreiend auf, als eine riesige Heuschrecke an ihr hochklettern will. Sie sieht aus wie eine gepanzerte Languste, jetzt sehen wir Hunderte von ihnen im Gras sitzen.
Schnell packten wir alles zusammen, denn jetzt fielen auch ein paar Regentropfen, aus denen sich ein Tage währender Dauerregen entwickeln sollte, der die Sandwege und Graspisten schon bald in ein Schlamminferno verwandelte. Jetzt schlidderten wir über den anfangs so angenehmen Sandweg, der steil in ein Tal führte, durch das sich ohne Uferböschung ein Flüßchen schlängelte. Bis jetzt war uns noch niemand begegnet, hier in der Ebene aber sahen wir aus allen Richtungen Reiter kommen, einige hatten Militärpelerinen übergeworfen, um sich vor dem Regen zu schützen, die meisten trugen aber ihren Deel und saßen triefend auf ihren Tieren. Alles war unterwegs zum Kloster, um dort den buddhistischen Zeremonien beizuwohnen und am Naadam-Fest teilzunehmen. Wir fragten nach dem Weg, den uns ein völlig durchnäßter Junge in Richtung Nordwesten wies, eigentlich immer am Fluß entlang. Wir schenkten ihm und seinen Freunden ein paar Süßigkeiten, die, wie wir gelernt hatten, mit beiden Händen gegeben werden müssen. Jemandem et-

was mit nur einer Hand hinzureichen gilt als absolut unhöflich. Die Buben waren bester Stimmung und voller Enthusiasmus über das bevorstehende Fest, bei dem sie ihre zweijährigen Pferde ins Rennen bringen wollten. Stolz sprengten sie davon, die lässigsten von ihnen hängten sich mit dem Oberkörper so weit wie möglich nach einer Seite des Pferdes herab. Diese Art zu reiten ist mir oft aufgefallen. Wahrscheinlich entlastet man damit bei langem Ritt jeweils eine Gesäßbacke. Junge mongolische Männer schienen diese Haltung jedoch als besonders männlich zu kultivieren, und es sah wirklich schnittig aus. Wir wurden von einem Jeep überholt, der vollgestopft war mit gelb- und rotgekleideten Lamas. Von Süden her aus den Bergen kamen mehrere Lastwagen auf uns zu. Auf jeder Ladefläche saßen mindestens fünfzig Personen dicht an dicht, Zeltplanen gegen den Regen über sich haltend. Dazwischen waren einige Schafe und Ziegen festgebunden – ihre letzte Fahrt. Die Lkws pflügten sich ihren Weg durch die Piste und hinterließen die für niedrigere Autos so fatalen Furchen in der Erde. Es ging hügelauf und hügelab, und an manchen Stellen entstand ein Stau wegen eines hängengebliebenen Autos. Noch war die Bodenlage so, daß man sich gegenseitig freischieben konnte. Manchmal liefen die Passagiere ein paar hundert Meter neben den Fahrzeugen her, immer zum Schieben bereit. Niemand schien Eile zu haben, oder hatte eine Ahnung, wie lange es noch dauerte, dann kommt man eben morgen an, man stand oder saß in der Hocke und tratschte, stellte Fragen und bot stets etwas von den mitgebrachten Lebensmitteln an. Nie würde in der Mongolei jemand in Gegenwart eines anderen essen, ohne den Anwesenden von den Speisen anzubieten. Ganz Schlaue, die ebenfalls von Ulaanbaatar angereist waren, hatten ihren »Wolga« voller Getränke geladen. Die wollten sie beim Kloster verkaufen, was sich als sehr profitabel herausstellen sollte. Außerhalb von Ortschaften sucht man vergebens nach Geschäften oder Kiosken, um etwa den kleinen Hunger oder Durst zu stillen. Es gibt nur die Möglichkeit, sich in einer Jurte etwas zu erbitten oder dort die mitgebrachten Lebensmittel zuzubereiten. Ganz weit hinten am Ende des Tales entdeckte Cathleen endlich das Kloster. Ich sah nur grünblaue Steppe, da ich trotz der Kontaktlinsen ziemlich kurzsichtig bin. Während unserer Reise erlebte ich allerdings etwas Erstaunliches: Ich sah von Tag zu Tag besser und konnte am Ende meilenweit entfernte Menschen oder Gegenstände erkennen. Ein Lama erklärte dieses Phänomen als typisch für Menschen, die hauptsächlich in der Stadt leben, und deren Sicht durch Häuser oder Mauern buchstäblich abgeblockt wird. Die ungebremste Sicht in der weiten Steppe läßt Gehirn und Sehmuskel freien Lauf.

Den direkten Weg zum Kloster weiter durch die Ebene konnten wir nicht nehmen. Wir sahen einige Autos im Schlamm stecken. Das hieß für uns, noch eine Hügelkette umfahren, einen äußerst steilen, steinigen Weg hinauf. Alle feuerten alle an, jeder schob jeden – Turgi schaffte es beim vierten Versuch. Er neigte zu untertourigem Fahren und ließ jedesmal den Motor absterben, wenn beherztes Gasgeben gefragt war.

Das Kloster war bald zum Greifen nahe, wir sahen die roten Mauern, die es umgaben, und die geschwungenen Pagodendächer. Leider lag jetzt groß und breit das »Flüßchen« vor uns. Eine schmale Brücke, die extra für die Feiertage gebaut worden war, war bereits in die Fluten abgesunken. Wir gingen am Ufer entlang, um die flachste Stelle zu erkunden. Mir erschien ein Durchkommen unmöglich. Ich zog meine Stiefel aus und durchwatete das eisige Wasser, das mich fast umschmiß. Als ich drüben angekommen war, folgte Turgi mit dem Lada. Bitte laß den Motor nicht absterben. In der Flußmitte kurzer Stillstand des Wagens, dann mit aufheulendem Motor die Uferböschung hinauf. Hundert Meter weiter noch einmal über die Flußschleife, wo das Wasser flach und langsam war.

Entspannt fuhren wir jetzt zwischen den weißen Jurten und blauen Zelten hindurch, die speziell für diese Tage errichtet worden waren, um genügend Unterkünfte für die Gäste zu schaffen. Dann lag das Kloster vor uns, das ursprünglich im 18. Jahrhundert erbaut worden war – eine stattliche Anlage, die aus einem Haupttempel und vielen Nebentempeln und sonstigen kleineren Gebäuden bestand. Ich konnte mir nur schwer vorstellen, daß ein Kloster, das so abgeschieden von der Welt gebaut war, eine solche Provokation für die Säuberer der dreißiger und vierziger Jahre gewesen sein sollte.

Kommunistische Säuberungswelle

Diese Säuberungen waren eine Konsequenz der rigoros antireligiös gefärbten Politik der Mongolisch Revolutionären Volkspartei (MRVP), die im Lamaismus eine ausschließlich reaktionäre Lehre sah. Daß die Buddhisten auch Bildung und Gelehrsamkeit verbreiteten, wollte man nicht gelten lassen. Der Einfluß der Religion sollte mit administrativen Mitteln beseitigt und durch die Lehrer des Marxismus-Leninismus ersetzt werden. Als man schließlich damit begann, den Bauern ihr Vieh wegzunehmen und zu vergesellschaften, vertiefte sich die Kluft zwischen Partei und Volk. Allerdings gab

Rekonstruktion eines Tempels

es auch in der Partei Kräfte, die nicht mit diesen Maßnahmen einverstanden waren. Die lamaistische Kirche, die Gefahr ihrer Vernichtung vor Augen, trat in den dreißiger Jahren zum Kampf gegen die Machthaber an. Wachsende Unzufriedenheit der Viehzüchter mit den Übergriffen der Herrschenden, die blindlings das sowjetische Modell in der Mongolei durchdrücken wollten, begünstigte den Ausbruch von Aufständen, die weite Gebiete des Landes erfaßten. Auf beiden Seiten wurde mit äußerster Härte gekämpft. In dieser Zeit versanken die meisten Klöster in Schutt und Asche, jüngere Mönche wurden davongejagt, ältere ermordet oder deportiert. Man erzählt sich von einem Tal, das übersät war von den gelben und roten Kleidern der ermordeten Lamas. Die Kommunisten bezeichneten die buddhistischen Mönche als Schmarotzer, die sich vom Volk ernähren ließen, und in der Tat mag es für manchen ein Ärgernis gewesen sein, daß es damals in diesem Zwei-Millionen-Volk über 120 000 Mönche gegeben hat. Daß sich 1921 ein Fünftel aller Viehherden im Besitz der lamaistischen Klöster befand, verdeutlicht ihre Macht.

»Durch den Buddhismus verbreiteten sich Bildung und Gelehrsamkeit in der Mongolei. Er brachte auch die Kenntnis der großen asiatischen Kulturen: Malerei, Erzählkunst, Musik, Drama, komplizierte Rituale, Theorien über die Natur des Lebens, den menschlichen Körper, Psychologie und Kosmologie, kurz ein universelles System von Glaubensinhalten und Bräuchen, in dem es für fast jedes Problem eine Lösung gab. Daneben aber besaß diese Religion ein breites und differenziertes hierarchisches System, das den größten Teil Nordasiens umfaßte. In vielem war dieses System verläßlicher und wirkungsvoller als die staatliche Verwaltung. Und beide waren eindrucksvoller und mächtiger als die bruchstückhaften, religiösen Systeme des Schamanismus, der ursprünglichen Religion der Mongolen. Der Buddhismus entsprach den Bedürfnissen einer Bevölkerung, die selbst hierarchisch gegliedert war, in hohem Maße. Dazu kam noch, daß es im tibetischen Lamaismus schon immer einige Elemente des Schamanismus gegeben hat, zum Beispiel in den Trance-Séancen der Gurtumba-Lamas. So war die mongolische buddhistische Religion den alten Schamanen in jeder Hinsicht überlegen, und zu Beginn des 20. Jahrhunderts gab es in der Mongolei nur noch in sehr abgelegenen Gegenden einige wenige Anhänger des Schamanismus.

Die Monopolstellung der lamaistischen Religion und die eigennützige, nur am Althergebrachten festhalten-

de Einstellung vieler feudaler Fürsten hatte mit der Zeit den Zusammenbruch der einfachen mongolischen Wirtschaft zur Folge. Immer mehr Besitz wurde verkauft oder gegen Konsumgüter eingetauscht, so daß er sich in den Händen von hohen Lamas, Fürsten und Händlern konzentrierte. Die chinesische Firma Daschenku übernahm jährlich 70 000 Pferde und 500 000 Schafe als Zinsen für mongolische Schulden. Im Jahre 1911 war die Äußere Mongolei mit 11 Millionen Liang verschuldet. Die ärmsten Mongolen waren damals dem Verhungern nahe, und viele versuchten, sich durch Räubereien am Leben zu erhalten.
Konservativismus und die vom Lamaismus verbreitete Lehre, daß es eine Sünde sei, den Boden zu bebauen, hielten die Mongolen davon ab, sich dem Ackerbau als neuer Form des Lebensunterhalts zuzuwenden. Die große Zahl der Lamas, die man gelehrt hatte, daß sie ihre religiösen Verdienste verlören, wenn sie körperliche Arbeit verrichteten, war eine weitere Belastung für die Wirtschaft. Im Jahre 1905 griffen die politischen Unruhen von Rußland auf die Mongolei über. Es kam zu einem Aufstand unter der Führung eines Hirten mit Namen Ayus.
Der Sturz der mandschurischen Ts'ing-Dynastie im Jahre 1922 bedeutete für die Mongolen eine Chance, ihre Freiheit zu gewinnen. Alle Mongolen – arme und reiche – vereinigten sich jetzt gegen die verhaßten Chinesen. Ohne Schwierigkeiten wurden die mandschurischen Verwaltungsbeamten aus Urga vertrieben, und ein Komitee aus Fürsten und hohen Lamas erklärte die Unabhängigkeit der Mongolei. An der Spitze des neuen Staates stand ein Mann, der als ein-

ziger allgemein anerkannt war, der Hohe Lama, Jebtsundamba Chutuchtu von Urga, der den Titel Bogdo Gegen Chan erhielt. Aber nur die Äußere Mongolei war unabhängig geworden, und die neue Regierung erklärte sich als Gegenleistung für die Anerkennung durch China damit einverstanden, daß Außen- und Wirtschaftspolitik weiterhin von China bestimmt wurden.« (Aus: *Bild der Völker*, Bd. 9/II: *Europa und Sowjetunion*, hrsg. v. C. Humphrey, Wiesbaden 1974.)

In den letzten Jahren hat man mit dem Wiederaufbau der Klöster begonnen, finanzielle Hilfe kommt von buddhistischen Gemeinden im Ausland und auch von den Gläubigen, die von dem wenigen, das sie besitzen, etwas abzweigen. Ein großer Teil des Wiederaufbaus von Amarbayasgalant wurde von der nepalesischen buddhistischen Kirche finanziert.

Die rote Jurte

Tujas ehemalige Lehrerin wohnte hier am Ende des Tales mit ihrer Familie, und wir durften unser Zelt zwischen ihren beiden Jurten aufstellen. Es windete und regnete so stark, daß wir unsere Behausung gut festbinden mußten. Unsere mongolischen Gastgeber betrachteten unsere rotes Kuppelzelt anerkennend, und wir übernahmen von nun an den Namen, den sie ihm gaben: »Die rote Jurte«. Wir wollten sogleich beim Oberlama eine Fotografiergenehmigung erbitten, die uns der kleine alte Mann, der in seiner Jurte zwischen

Bergen von Fleisch, Trockenquark und Schmalzgebackenem residierte, nur gegen ein paar Dollar pro Foto erteilen wollte. Da half auch Cathleens Empfehlungsschreiben des Rinpoče Panglung nicht, das bisher fast wie das »Sesam öffne dich«-Prinzip gewirkt hatte. Obwohl wir ablehnten, so viel Geld zu zahlen, wurden wir von den anwesenden Frauen mit einer Schale Kefir bewirtet. Vor der Jurte goß es wie aus Kübeln, und der Lama erklärte uns, daß das vorerst auch so bliebe, da sie im Kloster um Regen gebetet hatten, der alles Übel der vergangenen Jahrzehnte wegspülen sollte. Über die Regenzeremonie wollte er keine Aussage machen, aber ich dachte an die Erzählung eines Bekannten in Ulaanbaatar, der mir den Regenzauber von früher beschrieb, als sich Lamas zusammenfanden, um den Regen »einzuladen«. Sie suchten sumpfiges Gelände auf, wo sie so lange in der Erde gruben, bis sie auf Wasser stießen. Eine Steingutflasche wurde gefüllt und ein weißer, runder Regenstein von der Größe eines Fasaneneis darin versenkt. Einem solchen Stein sagt man nach, daß er den Regen geradezu magisch anziehe. Die Lamas und andere geladene Leute beteten nun drei Tage lang beim Wasserloch, Rauchen, Alkohol- und Fleischgenuß waren währenddessen verboten. Den Regen herbeizubeten war jedoch nur eingeschränkt erlaubt, da zu viel Niederschläge im Sommer die Vermehrung von Insekten und Würmern begünstigt hätte. Im Winter war der Regenzauber völlig verboten, weil Tiere und Pflanzen davon Schaden nehmen könnten, was als Verbrechen galt.

Die erste Nacht in unserem Zelt war unruhig. Der Regen prasselte unaufhörlich herunter und die Nässe kroch nach und nach unerbittlich zu uns herein. Ziegen knabberten an den Zeltschnüren und Pferde stolperten darüber, um dann erschrocken das Weite zu suchen. Den Gang zur Steppentoilette vereitelte der schwarze dünne Hund, der sich nach Einbruch der Nacht in einen feuerspeienden Drachen verwandelt hatte. Als dann in aller Früh die Frauen mit dem Melkeimern zu hantieren begannen, war ich endlich eingeschlafen und träumte, an Bord eines Dampfers durch die Gischt zu fahren, begleitet vom dumpfen Ton unzähliger Nebelhörner. Cathleen rüttelte mich wach: »Komm schnell, wir müssen ins Kloster hinüber, die Zeremonie beginnt! Hörst du nicht die Muschelhörner?« Ich wollte zunächst nur dringend »nach den Pferden schauen« (gängige mongolische Bezeichnung für den Gang zur Toilette), ohne Kontaktlinsen ein Kuhfladenslalom, der vor einem schmalen Loch im Boden endete, das auf drei Seiten von einem etwa halben Meter hohen Fell umspannt war. Der erste Fauxpas: In meiner Blindheit übersah ich, daß über dem Fell schon der Kopf eines Hockenden herausragte. Im letzten Augenblick wurde ich durch akustische Signale gewarnt und drehte beschämt ab. Als ich dann an der Reihe war, hatte ich einen grandiosen Blick auf die hinter den Regenwänden aufgehende Sonne. Daß unablässig Reiterinnen und Reiter vorbeizogen, berührte mich bei diesem ersten Male peinlich, und ich besann mich auf eine kindliche Finte: Wenn du die Augen zumachst, sieht dich keiner.

In den Hügeln zu meiner Rechten wurde ein mindestens hundert Meter langer schwarzweißer Birkenstamm langsam durch das Steppengras gezogen. Hätte ich meine Kontaktlinsen getragen, so hätte ich gesehen, daß der Baum eine riesige Herde schwarzer und weißer Schafe und Ziegen war, die sich dort oben wie eine homogene Masse vorwärtsfutterte.

Die Zeremonie beginnt

Nach einem Milchtee in der Jurte eilten wir ins Klosterinnere, aus dem monotones Gemurmel, unterbrochen von stoßartigen, heiser krächzenden Tönen, drang. Wir schritten die drachenbewehrten Stufen zum Haupttempel hinauf, vor dem ein großer bronzener Weihrauchkessel stand, dessen Duftschwaden sich mit feuchtem Nebel vermischten. Gebete flüsternde Menschen wandelten in ihren leuchtenden Festtagsdeels durch die ochsenblutroten Innenhöfe, legten ihre Stirn an Heiligtümer, ja warfen sich ehrfürchtig dreimal auf den nassen Steinboden. Eine lange Menschenschlange schob sich geduldig auf einen Mönch zu, um ihm Zettel mit Sorgen und Fürbittwünschen zu übergeben. Zwischen den Leuten huschten junge Lamas in dunkelroten Gewändern, trotz der herrschenden Kälte hatten sie eine Schulter frei. Als wir in den Haupttempel eintraten, schlug uns der Duft von Räucherstäbchen und Kerzen entgegen. Die wichtigsten Lamas der Mongolei waren angereist, und saßen nun im Lotossitz rechts und links auf den langen gepolsterten Bänken, die auf den riesigen golden Buddha an der Nordseite des Gebäudes zuführten. Dem Buddha am nächsten saß der Rangälteste, der Oberlama des Klosters. Wir erkannten den Hauptlama des Gandan-Klosters, der auf einem der vier erhöhten brokatbezogenen Prunksessel saß. Auf einem anderen befand sich als einer der Ehrengäste Rinpoče Gangčen, der kahlköpfige Guru der italienisch-deutsch-französischen Buddhistengemeinde, der uns sogleich huldvoll mit den Fingerspitzen grüßte. Der dunkle Singsang der Sutras rezitierenden Betenden, die lautlos die Seiten ihrer Bücher umblätterten, schwoll an und ab und endete immer wieder im schallenden Tosen des

Gongs und den nuschelnd-quäkenden Tönen der verschiedenen Blasinstrumente, darunter lange silberverzierte Gebilde, die unseren Alphörnern nicht unähnlich waren. Der Zeremonienleiter mit der Basra (Donnerkeil) war zugleich Vorbeter, der an bestimmten Stellen die Glocke läutete.
Wände und Decke des hohen rechteckigen Raums waren mit tiefrotem Lack überzogen. Von der goldgeprägten Kassettendecke und den mächtigen Holzsäulen hingen bunte Gebetsfahnen und Tücher herab. Rechts und links der großen Buddhafigur standen tausend kleinere goldene Buddhastatuen. Die prunkvollen Gegenstände konnten jedoch nur auf den ersten Blick darüber hinwegtäuschen, daß sie zumeist Billigkopien aus asiatischen Nachbarstaaten waren, was die allgemeine Freude über den Wiedererwerb und Wiederaufbau aber nicht schmälerte. Auf den Haupt- und Nebenaltären standen sieben silberne Opferschalen mit Reis, Wasser, Blumen und Räucherstäbchen etc. In allen Ritzen und Zwischenräumen steckten Geldscheine, die die Gläubigen nach einem undurchschaubaren System im Raum verteilten. Als ich an einem Holzfaß stehenblieb, wurde ich sofort von einem jungen Mönch gerügt, denn mein Blick hatte zu lange auf der heiligen Opferbutter geruht. Einen Teil davon hatte ich am Vorabend in der Jurte des Oberlamas gesehen, profan abgefüllt in Whisky- und »American Spirits«-Flaschen. Auch in den Nebentempeln drängten sich – von jungen Mönchen unerbittlich bewacht – die Gläubigen. Die Gebäude beherbergten die Statuen von Gottheiten, die für unterschiedliche Bereiche des Lebens zuständig waren. Auf einem der Altäre lag als Speiseopfer der enorm große, fellose Fettschwanz eines Schafes. Da ich so etwas zum ersten Mal sah, konnte ich das Gebilde gelbglänzender Masse zunächst nicht in meine Wissensskala für Körperteile einordnen. Während unserer wei-

teren Reise bekamen wir diese hochgeschätzte Spezialität auch zu essen, sie schien mir als Kalorienbombe aber eher für die kalten mongolischen Winter geeignet.
Auf den grünen Pagodendächern, von denen wahre Sturzbäche auf uns niedergingen, saßen reglos schwarzglänzende Raben, dazwischen tummelten sich Schlangen, Drachen und Pferdchen aus Keramik. Manche der Nebengebäude waren unzerstört geblieben, auch die feinen Schnitzereien der Fenster und Balkone befanden sich noch im Originalzustand. In einem der Tempel, der als Behelfsbibliothek diente, versuchte ein eigens angereister tibetischer Wissenschaftler, Ordnung in die Berge von Büchern und fliegenden Blättern zu bringen, die sich durch schlechte Lagerung zum Teil in desolatem Zustand befanden. Er zeigte uns kostbare Blätter, die beidseitig mit Blockdruck belegt waren. Wichtige Stellen waren manchmal gelb, Namen von Göttern rot hervorgehoben oder reich verziert mit Blumen, Wolken und Köpfen von Untieren. Der Mann, der seine freiwillige Arbeit als Beitrag am Wiederaufbau und an der Neubelebung des Buddhismus in der Mongolei verstand, erzählte, daß das erste Buch der Mongolen wohl im Jahre 1206 entstanden ist, als Čingis zum zweiten Mal den Chan-Titel annahm und befahl, die getroffenen Entscheidungen »auf das weiße Papier in das blaue Buch« zu schreiben. Das Buchdruckerhandwerk und die notwendigen Werkzeuge und Materialien übernahmen die Mongolen von den Chinesen. Viel Geschriebenes ist im Laufe der turbulenten Geschichte verlorengegangen, aber Schriftenfragmente aus der großen Zeit des mongolischen Reiches und Bücher, die zwischen dem 16. und 20. Jahrhundert entstanden sind, zeugen von einer reichen Buch- und Schriftkultur. Auch die Jurtenbewohner besaßen früher so manches Buch. Wenn sie selbst des Lesens nicht mächtig waren, lie-

ßen sie sich gegen Entlohnung von umherziehenden-Mönchen daraus vorlesen. Die Bücher, die wir zu sehen bekamen, waren alle in der indo-tibetischen »Palmblattform« gehalten, schmale rechteckige Papierseiten, die in bunten Baumwoll- und Seidenstoffen diagonal eingewickelt waren. Dem Bibliothekar leistete ein alter Lama Gesellschaft, der am Boden sitzend – ohne uns wahrzunehmen – eifrig Spendengelder zählte. Zwischen den Büchern und in allen Winkeln des Raumes häuften sich geschenkte Speisen, Käse und Gebäck. In einem anderen Tempelchen konnte man pulverisierten Weihrauch erwerben, der gegen eine kleine Spende von Mönchsbuben in winzige Tüten verpackt wurde.
Den Nachmittag verbrachten wir, gut in Regenkleidung eingehüllt, in den Hügeln der Umgebung. Die steileren Stellen waren mit silbiggrauem Wermut (Artemisia rutifolia) bewachsen, weiter oben an den Berghängen wuchsen Wildmandelsträucher (Amygdalus), Spiersträucher (Spiraea) und Felsenmispeln (Cotoneaster). An den Unterhängen konnte man noch Restwäldchen der Kleinblättrigen Ulme (Ulmus pumila) entdecken. Auf steiniggrusigem Untergrund und auf Sand gab es in diesem Tal solche kleine Ulmenbuschwälder, die oft vom Weidevieh so verbissen waren, daß sie als bizarre Gebilde in die Landschaft ragten. Auch im Orchon- und Charaatal sowie in der ganzen Nordmongolei trifft man solche Ulmenwäldchen an. Gegen den Horizont sahen wir Steinplatten dunkel aus der Steppe ragen, Plattengräber, denen wir in der Mongolei unzählige Male begegnet sind. Da wir stundenlang gewandert waren, wollten wir uns den Rückweg sparen und hielten das einzige Fahrzeug weit und breit an: ein Mähdrescher, von dessen Besatzung – einem Ehepaar – wir nach oben gehievt und im winzigen Führerhaus gestapelt wurden.

Die Jurte unserer Gastgeber war nun voll von Familie und Verwandtschaft. Um alle unterzubringen, war eine kleine Behelfsjurte aufgebaut worden. Die Frauen schürten mit trokkenem Dung den kleinen Herd in der Mitte, und es war gemütlich warm in diesem Filzhaus, das seit Jahrtausenden das bewegliche Heim türkischer und mongolischer Nomaden ist. Das von uns gebrauchte Wort Jurte (die Mongolen sagen »ger«) stammt aus dem Türkischen und bedeutet Zelt, Lagerplatz, Wohnort und Heimat zugleich. Nomadisierende

Jurte im fertigen Zustand

Türken bezeichnen als »jurt« die Gegend, die sie im Laufe eines Jahres mit ihren Herden durchwandern.
Die Wände einer Jurte bestehen je nach Größe aus mindestens vier etwa eineinhalb Meter hohen Scherengittern (chana), zwischen die eine Türe eingeschnürt wird. Diese Gitter sind aus elastischen, diagonal gekreuzten Latten gefertigt, die an den Kreuzungspunkten mit kleinköpfigen Nägeln aus Tiersehnen verbunden sind und somit scherenartig auseinander- und zusammengezogen werden können (wie bei uns etwa ein Topfuntersetzer), was für einen platzsparenden Transport und schnellen Auf- und Abbau von großer Bedeutung ist. Auf den Wandgittern sitzen die Dachstangen (uni), die oben in den hölzernen Dachring gesteckt werden, was die typische kegelförmige Silhouette ergibt. Diese Gitter- und Stangenkonstruktion wird mit Filzmatten bedeckt, je nach Jahreszeit können es mehrere Schichten sein.
Die Türschwelle einer Jurte ist ziemlich hoch (um bösen Mächten den Eintritt zu erschweren), so daß bei Unachtsamkeit genau das passieren kann, was man auf jeden Fall vermeiden muß: Man darf niemals darauftreten, sondern muß sie mit einem großen Schritt übersteigen. Darauftreten gilt als Unglücksbotschaft, bedeutet für manche Leute soviel wie auf den Nacken des Besitzers steigen. Zu Zeiten der Chane konnte so ein Fehltritt sogar das Leben kosten. Ein Mitbruder des Franziskanermönchs Wilhelm von Rubruk, der im dreizehnten Jahrhundert die Mongolei bereist hat, ist wegen eines Stolperers über die Türschwelle des Mangu Chan nur mit Mühe dem Tod entgangen. Seine Tölpelhaftigkeit wurde ihm schließlich verziehen, er durfte aber niemals mehr die Jurte des Chans betreten. Eingedenk dessen hoben wir unsere Füße stets wie die Störche und hielten uns auch sonst an die Regeln, die es bei einem Jurtenbesuch zu beachten

gilt. Dafür muß man zunächst etwas über die Raumeinteilung wissen.
Die Jurtentür weist immer in die heilige Himmelsrichtung, Süden, was aber wohl auch etwas mit den Winden zu tun hat, die gewöhnlich aus Nordwesten blasen. Der westliche Teil, links vom Eingang, ist den Männern und Besuchern vorbehalten, der östliche, rechts, ist der Frauentrakt. Die Nordseite gegenüber der Tür ist die vornehmste und gilt als heilig, da sich hier gewöhnlich der Altar mit einer Buddhastatue und allerhand Andachtsgegenständen befindet. Haben die Bewohner ihren Glauben abgelegt, so findet man hier die Ahnengalerie oder Bilder von besonders geehrten Leuten vor. Links daneben stehen Truhen oder Koffer für Kleider, bisweilen auch das Familienvermögen. Man bewegt sich in einer Jurte im Uhrzeigersinn und bleibt als Besucher immer im Männerteil, wobei der wichtigste Besucher oder die geehrteste Besucherin sich auf dem nördlichsten Platz gegenüber der Tür niederläßt. Tritt man ein, so passiert man links vom Eingang den »Alltagsteil« der Männer. Hier befinden sich Sattel, Zaumzeug und Werkzeuge. Meistens hängt dort der lederne Sack für die Stutenmilch, stehen hölzerne Fässer mit Kefir und Joghurt. Zur kalten Jahreszeit werden in diesem Teil auch schwache Jungtiere aufgepäppelt. Auf der gleichen Stelle gegenüber befindet sich die Küche, wo auf Stellagen Koch- und Eßgeschirr und allerlei Kannen zur Milchverarbeitung stehen. Direkt am Eingang ist die große Tonne mit Trinkwasser. In der Mitte, dem heiligsten Platz im Raum, steht der Herd. Vor nicht allzu langer Zeit war das noch ein Drei- oder Vierfuß (tulga), von dem aus der Rauch einfach beim Dachring hinausging. Die Kombination von Rauch und Regenwasser hat den Dachfilz besonders dicht werden lassen. Heute ist die tulga einem runden Blechherd

gewichen, dessen Rauchrohr durch die Dachöffnung Richtung Süden hinausführt. Das heilige Feuer wird in den baumlosen Gegenden mit getrocknetem Dung (Argal) geschürt.
An diesem wichtigen Tag der Klostereröffnung waren viele Freunde der Familie angereist, die sich auf der Männerseite auf den Tierfellen und Häuten niedergelassen hatten. Den Ehrenplatz hatte der älteste Mann inne. Die Wichtigkeit einer Person richtet sich in der Mongolei nach dem Alter, nicht etwa nach dem gesellschaftlichen Rang, es zählt jedoch männlich vor weiblich.
Wir bekamen sogleich gesalzenen Milchtee, den wir – die linke Hand am rechten Ellenbogen – höflich entgegennahmen. Jetzt erlebten wir zum ersten Mal das Schnupftabak-Ritual. Die Männer nahmen schön verzierte Flaschen aus einem fünfmal gefalteten Beutel (fünf für die fünf Erdteile) und tauschten sie untereinander aus, so daß sie nach und nach die Runde machten. Auch wir lupften kurz den Deckel, schnupperten hinein und reichten das Fläschchen mit anerkennenden Worten zurück. Der Alte erklärte, daß sein Tabak aus der Pflanze »Azun« hergestellt wurde, die nur im Hochgebirge wachse, je nach Aimak (Bezirk) wird der mongolische »Schmalzler« mit unterschiedlichen Pflanzen aromatisiert, so mit Thymian (ganga) und mit »arc«, das ist der pulverisierte Weihrauch, den wir im Kloster erstanden hatten. Der Alte schenkte mir ein Stückchen Holz, das er »zaran« nannte, es seit gut für die Durchblutung und das Herz. Wenn man regelmäßig daran röche, weiche alle Traurigkeit und alles Schlechte von einem. Er sagte, daß die Menschen, die in den mongolischen Mittelgebirgen lebten, den Zaran-Baum immer in der Nähe ihrer Jurten pflanzten, da sie nicht nur die Traurigkeit, sondern auch das Ungeziefer vertrieben.
Die Frauen kochten ununterbrochen Tee, säuberten dann

den großen wokartigen Topf mit einem kleinen Reisigbesen und schwenkten ihn aus. Dann wurde darin Schaffleisch gekocht, das man uns mit einer fetten Brühe reichte. Immer wieder machte »šimin archi« die Runde, ein aus Sauermilch destillierter Schnaps, der einen ziemlich niedrigen Alkoholgehalt hat und wie ein dünnes säuerliches Wässerchen schmeckt. Die Stimmung in der Jurte stieg stetig, vor allem als Čimeddorž, ein junger Mann, in die Runde kam und den Ältesten auf der pferdeköpfigen Geige begleitete. Dieser erfreute die Runde mit dem sanft röhrenden Chöömly-Gesang, den wir schon beim Sängerwettstreit in Ulaanbaatar kennengelernt hatten. Der Alte meinte, daß jeder Mann, der in der Steppe aufwachse, diesen Gesang beherrsche, es gibt allerdings besonders begabte Musiker und Epensänger, die von berühmten Lehrern erzogen worden sind und im ganzen Land verehrt werden.

Wie die pferdeköpfige Geige entstand – ein Märchen

Es war einmal in alter Zeit ein kleiner Schäferjunge namens Sucho, der lebte in den Weidegründen der Cachar. Er war ein Waisenkind. Seine Großmutter zog ihn auf. Sie besaßen einige Schafe als ihr eigen. Sucho führte die Schafe auf die Weide und half seiner Großmutter das Essen kochen und das Zelt in Ordnung zu halten. Als er siebzehn Jahre alt wurde, war er bereits ein beliebter Sänger. Alle Schafhirten und Viehzüchter in der Nachbarschaft liebten seinen Gesang.

Eines Tages war die Sonne schon untergegangen und es wurde rasch Nacht, aber Sucho war noch immer nicht nach Hause gekommen. Die Großmutter ängstigte sich um ihn, und dann fingen sich allmählich die Nachbarn auch zu ängstigen an. Endlich kam Sucho nach Hause. In seinen Armen trug er ein weißes, wolliges Ding. Es war ein neugeborenes Fohlen. Sucho sah die erstaunten Gesichter rundherum und sagte lächelnd: »Auf meinem Weg bin ich da auf dieses kleine Ding gekommen, wie es am Boden lag. Von seiner Mutter keine Spur. Es war ganz allein. Ich hatte Angst, daß es die Wölfe fressen würden, und so habe ich es hierher zum Zelt gebracht.«

Die Zeit verging. Das kleine Fohlen wuchs sich zu einem kräftigen Pferdchen aus, dank all der Pflege, die Sucho ihm gab. Es war schneeweiß, gesund und schön. Wer auch immer es sah, liebte es, und Sucho liebte es mehr als alle andern.

Eines Nachts wurde Sucho wach durch aufgeregtes Wiehern. Er sprang in seinem Bett hoch und eilte aus dem Zelt. Jetzt konnte er auch wildes Häh-bäh-Schreien der Schafe in der Hürde nebenan hören. Wie er hinkam, verteidigte das weiße Pony die Herde vor dem bösen Grauwolf. Als Sucho herankam, lief der böse Wolf davon. Sucho stieg auf sein Pony und jagte hinter dem Wolf her. Bald überholte er ihn und fing ihn mit seiner Fangschlinge. Stolz schleppte er den toten Grauwolf zum Zelt zurück. Das weiße Pony war am ganzen Leib schweißnaß. Sucho liebte es mehr als je, weil es die Schafe beschützt hatte. Er tätschelte seinen schweißnassen Leib und liebkoste es. Seither waren Sucho und das weiße Pony enge Freunde, und jede Minute Trennung voneinander schien jedem der beiden zu lange zu sein. Einmal kam im Frühling die Nachricht, der Prinz werde ein Pferderennen abhalten beim Lama-Tempel. Derjenige, der gewänne, würde die Hand seiner Tochter erhalten. Auch Sucho hörte die Nachricht. Seine Freunde redeten ihm zu, sich am Rennen zu beteiligen. Und so ging Sucho mit seinem weißen Pony, das er so sehr liebte, ebenfalls zum Rennen. Alle Nachbarn wünschten ihm Glück und einige begleiteten ihn sogar, um das Rennen zu sehen.

Das Rennen begann. Viele kräftige und gesunde junge Männer nahmen daran teil. Und sie peitschten auf ihre Pferde ein und galoppierten so rasch sie konnten, aber Sucho und sein weißes Pony waren doch die ersten, die den Zielposten erreichten.

»Ruft den Reiter auf dem weißen Pferd herbei!« sagte der Prinz von seinem Zuschauerplatz aus. Als er aber sah, daß der Sieger nur ein einfacher Hirtenjunge war, sagte er nichts mehr von einer Heirat mit seiner Tochter, sondern meinte nur schlau: »Man wird dir drei große Goldstücke für dein Pferd geben, und nun magst du dich entfernen.« Sucho aber wurde wütend. »Was soll das«, sagte er, »glaubt er, ich werde mein liebes weißes Pony verkaufen?« Und so sagte er offen heraus: »Ich bin gekommen, um ein Rennen zu reiten, nicht zu einem Pferdeverkauf!« Der Prinz wurde darüber sehr zornig und befahl seinen Dienern, Sucho mit Prügel zu bestrafen. Von allen Seiten drangen die Diener auf ihn ein, und sie prügelten ihn, bis er das Bewußtsein verlor, und dann warfen sie ihn von den Thronstufen herunter. Der Prinz aber nahm das weiße Pony mit sich nach Hause.

Sucho wurde von seinen Freunden nach Hause gebracht. Seine Großmutter pflegte ihn liebevoll, und nach kurzer Zeit genas er wieder. Dann eines Nachts, gerade als Sucho schlafen gehen wollte, hörte er, wie etwas an die Zelttür schlug. »Wer ist da?« rief er. Niemand gab Antwort, aber es wurde weiter an die Tür geschlagen. Die Großmutter ging und öffnete die Zelttür. Erstaunt rief sie aus: »Oh, es ist das weiße Pony.« Sucho stürzte hinaus. Da stand wirklich das weiße Pony. Der Schweiß fiel in großen Tropfen von ihm. Sieben *oder acht Pfeile steckten in seinem Leib. Sucho biß die Zähne zusammen und meisterte seinen Kummer. Er zog dem Pony die Pfeile heraus, und nun strömte das Blut aus den Wunden. Das Pony war schwer verwundet. Am nächsten Tag verendete es. Was war geschehen?*

Voller Freude, daß er so ein feines Pferd bekommen hatte, hatte der Prinz seine Freunde und seine Familie eingeladen, um dies an einem schönen Tag mit einem Fest zu feiern. Er wollte das Pony vorführen und befahl, daß man es herausführen solle. Aber als er aufsitzen wollte, stieg es und warf den Prinzen ab. Das Pony aber galoppierte holterdipolter durch die versammelten Gäste und die Dienerschaft. »Fangt es, fangt es«, rief der Prinz, der mühsam wieder aufstand, »und wenn ihr es nicht fangen könnt, tötet es!« schrie er zornig. Ein Hagel von Pfeilen regnete auf das Pony. Das aber konnte doch noch nach Hause kommen, um am Orte seines richtigen Herrn zu sterben.

Sucho beweinte es tief. Und Tag und Nacht konnte er keine Ruhe mehr finden. In einer schlaflosen Nacht, als er sich wieder einmal von der einen auf die andere Seite warf, glaubte er sein Pony lebendig vor sich stehen zu sehen. Es kam ganz nahe zu ihm heran, und er streichelte es. »Kannst du dir nicht irgend etwas ausdenken, lieber Herr, daß ich immer bei dir bin und dir Gesellschaft leiste? Mach doch aus meinen Knochen eine Geige«, sagte das Pony.

Am nächsten Morgen schnitzte Sucho aus den Knochen den Kopf seines geliebten Pferdes und setzte es oben auf den Geigenhals, wo die Wirbel sind. Er machte aus den Sehnen des Pferdes die Saiten und nahm das Haar von seinem wehenden Schweif für den Bogen. Und immer wenn er nun seine pferdeköpfige Geige spielte, erinnerte er sich an das herrliche Gefühl, wenn er auf seinem Pony galoppiert war, und er vergaß den bösen Prinzen nicht. Diese Gedanken drückte er nun in seiner Musik aus. Die Geige wurde zur Stimme des Volkes, und all die Leute kamen abends nach der Arbeit, um zuzuhören, wenn er spielte. Und so ist die pferdeköpfige Geige entstanden.

Das Männerspiel auf dem Lande

Während der nächsten Tage konnten wir ein ländliches Naadam-Fest erleben, bei dem die wackeren Ringer, Bogenschützen und Reiter im strömenden Regen ihre Siege errangen. Kälte und Nässe schienen niemand etwas auszumachen. Am Abend besuchten wir den glatzköpfigen Rinpoče Gangčen und seine europäische Gemeinde, die in einem großen Militärzelt nächtigten. Der Rinpoče selbst, der die Reinkarnation eines tibetischen Mönchs des 18. Jahrhunderts ist, wohnte in einer schönen Jurte auf dem Klostergelände, wo alle anwesenden mongolischen Lamas ihm ihre Aufwartung machten und Chadags (weiße oder hellblaue glücksbringende Schals) mit ihm tauschten. Obwohl er seine mit ihm reisende Gemeinde vor allem lehren wollte, wie man friedlich und ohne Hektik in der Gruppe lebt, bereitete anscheinend gerade das Zusammenleben auf dieser Friedensreise auf die Dauer ein Problem. Der Rinpoče seufzte, daß er so mancher Streiterei müde sei. Dann heilte er mich kurzfristig von einem schlimmen Kopfweh, indem er mir die Stirn salbte.
Am nächsten Morgen brachen wir bangen Herzens auf und fragten uns, ob wir es durch den Morast überhaupt zurück schaffen würden. Bei der ersten Furt schleppte uns ein Last-

wagen durch die geschwollenen Fluten. Auf der anderen Seite nahm uns die Polizei, die die Feierlichkeiten durch unerbittliche Präsenz geschützt hatte, in Empfang. Die Ordnungshüter hatten sich schlau an den Stellen postiert, die von allen Autos passiert werden mußten. So kam es, daß Turgi wegen des »vergessenen« Führerscheins eine saftige Strafe entrichten mußte und, da es natürlich keine Quittung gab, wurde die Summe durch dreimalige Flußüberquerung dreimal fällig. Die Rückfahrt war eine Tortur. Aber nicht nur für uns, die wir alle fünf Meter schieben oder schaufeln mußten, sondern vor allem für das Kleingetier, das Jahrzehnte friedlich in diesem Tal gelebt hatte. Die Steppe, bis vor vier Tagen unversehrt grün, war nun in etwa hundert Meter Breite von tiefen Schlammfurchen durchzogen. Jedes Auto hatte auf der frommen Pilgerreise eine eigene Spur gewühlt, und als ich immer wieder vorauslief, um einen geeigneten Pfad durch den Sumpf zu finden, sah ich Hunderte von Ameisenhaufen von Autoreifen geteilt und zerstört, und Abertausende von hellblauen Heuschrecken, die mit ausgebreiteten Plisseeflügelchen tot im Gras lagen. Nach zwei Tagen Schieben und von Kolchos-Mähdreschern-gegen-Wodka-gezogen-werden erreichten wir wieder die Landstraße nach Ulaanbaatar.

Wieder daheim in Ulaanbaatar – bei einem Lama-Heiler

Unsere Kleider standen vor Dreck, die Schlammspritzer hatten wir irgendwann nicht mehr aus dem Gesicht gewischt. Beim Spurt ins Badezimmer wurden wir von der örtlichen

Wasserversorgung ausgebremst, denn um die Industrieanlagen am Laufen zu halten, wurden in Ulaanbaatar fast täglich für mehrere Stunden Wasser und Strom abgeschaltet. Am nächsten Morgen wollten wir unsere hungrigen Mägen mit einer üppigen Nudelmahlzeit füllen, weswegen ich einen großen Topf mit Wasser aufstellte. Als ich es kräftig sprudeln hörte, schickte ich mich an, den Deckel abzunehmen, spürte noch, daß er sich irgendwie am Topf angesaugt hatte, und ehe ich reagieren konnte, flog er mir wie ein Geschoß um die Ohren, gefolgt von einem Schwall brühendheißen Wassers. Ich hatte Glück, denn heute kam kaltes Wasser aus der Leitung, das ich mir lange über das verbrannte Gesicht rinnen ließ. Stirn, Augen und Wangen waren tiefrot; ich stellte mir furchtbare Brandnarben vor und lief hektisch im Schock durch die Wohnung. Wir waren allein und ratlos, Turgi hatte im Augenblick des Geschehens die Wohnung verlassen, eine Ambulanz gab es nicht. Plötzlich fiel mir ein, daß ich ein paar Telefonnummern mongolischer Naturheiler gesammelt hatte, die ich interviewen wollte. Schon beim zweiten Versuch nahm ein Mann ab, der auch noch russisch sprach, und zusagte, sofort zu kommen. Nach einer Stunde stand ein kräftiger Lama vor der Tür. Sein Name war Purevsuren, der, da er kein Auto besaß, den Weg vom Geser-Kloster unterhalb des Gandan-Klosters bis hierher gerannt war. Er besah sich die Wunden genau. Die Stellen um die Augen waren besonders stark verbrannt, aber er beruhigte mich und gab mir eine pulverisierte Wurzel, mit deren Aufguß ich mein Gesicht immer wieder tupfen sollte. Nach einer Woche waren die Brandwunden verschwunden, nichts tat mehr weh, und wir besuchten den Mönch in seiner kleinen Praxis, die wie ein Handelskontor für Spezereien und Gewürze aussah und roch. Alte Leute kamen vorbei und brachten Wurzeln, Hölzer, getrocknete Pflanzen, die ein Schüler wog und bezahlte. Purevsuren stammte aus einer Nomadenfamilie im Gobi-Altai-Aimak, wo ihn sein Vater schon früh mit Heilpflanzen bekanntgemacht hatte. In Prag studierte er herkömmliche Medizin, als Naturheiler praktizierte er die Jahre über heimlich, ab 1958 wieder legal. Nach der Revolution galt nur die westlich orientierte Schulmedizin als fortschrittlich. Die jahrhundertealte traditionelle Heilkunst, die zumeist von Lamas ausgeübt wurde, war verpönt und verboten.

Purevsuren hatte uns zum Kräutersammeln eingeladen, was wir leider ablehnen mußten, denn unsere langwierige und recht lästige Suche nach einem Auto für die Gobi schien plötzlich eine positive Wendung zu nehmen. Ein mongolischer Regisseur wollte in der Wüste einen Film drehen und bot an, uns auf einem Lastwagen zusammen mit den Schauspielern mitzunehmen. Nachdem uns Tag und Stunde durchgegeben wurden, standen wir mit Sack, Pack und gefüllten Wasserkanistern am Straßenrand. Mehrere Tage wiederholte sich dieses Ritual, einmal waren die Lastwagen zusammengebrochen, dann wiederum konnte kein Benzin aufgetrieben werden. Jedoch wurde uns täglich hoch und heilig versprochen, daß es am nächsten Tag garantiert losginge. Wir saßen fest und trösteten uns mit Besuchen in den örtlichen Museen und Tempeln. Vor allem das Staatliche Zentralmuseum gab einen schönen Überblick über die Entstehungsgeschichte, die Flora und Fauna des Landes. In der paläontologischen Abteilung konnten wir Mammutknochen und ein riesiges Saurierskelett bestaunen, dessen Ausgrabungsort wir eigentlich in der Gobi original betrachten wollten. Neben der reichhaltigen Sammlung von Mineralien, Pflanzen und Tieren vermittelte auch die ethnographische Abteilung einen Eindruck über Leben und Handwerk des mongolischen Volkes, angefangen in der Urzeit bis in die heutigen Tage. Im Hinterhof des Museums trafen wir immer wieder Wissenschaftler aus aller Welt, die sich zu Ausgrabungsexpeditionen sammelten und von hier aus in die Gobi abreisten. Leider waren alle Plätze in den Jeeps ausgelastet, und manche Gruppen machten aus ihren Expeditionen eine wahre Geheimsache und wollten deshalb niemanden mitnehmen. Kirner Schorsch aus München lief uns wieder über den Weg. Er war inzwischen leicht lädiert aus der Ostmongolei zurückgekehrt, da sich ein paar Wölfe in seinen gestählten Leib verbissen hatten.

In den schattigen Innenhöfen des Bogdo-Chaan-Palastmuseums ließ sich unser Zwangsaufenthalt besser ertragen. Dieser Palast wurde in der Nähe des Tuul-gol als Winterresidenz des letzten geistlichen, ab 1911 zugleich auch weltlichen Oberhaupts der Mongolei – Bogdo Geegen – errichtet. In der wunderbaren Tempelanlage, die aus verschieden gro-

Morgengebet

ßen, reichverzierten dämmrigen Hallen und zwei Pavillons besteht, hatte Bogdo Chaan seine Zeremonien abgehalten und wichtige Gäste empfangen. Heute ist diese Anlage ein Museum, in dem zahlreiche buddhistische Heiligenfiguren und Gottheiten sowie kunstvolle Tankas und Bilder ausgestellt sind. Im ehemaligen Wohnhaus des Bogdos und seiner Familie sind Fotografien, Festgewänder und eine Jurte aus edlen Fellen zu sehen, außerdem bewegt man sich durch einen Zoo von ausgestopften Tieren, die der Bogdo Chaan im Laufe seines Lebens als Geschenke erhalten hatte. Außerhalb der Klostermauern, im Süden des riesigen geschnitzten, Eingangstors, befindet sich eine reliefverzierte Mauer, die bösen Geistern den Zutritt zum Kloster verwehren sollte.
Ein schöner Ort ist auch das langsam bröckelnde Klostermuseum des Čoidšin Lama mit seinen prächtigen grünen Pagodendächern ganz in der Nähe des Süchbaatar-Platzes. Es nennt sich heute auch »Museum der Religionen«, während es lange Zeit »Antireligionsmuseum« hieß. An damals erinnert sich noch ein Bekannter aus der ehemaligen Deutschen Demokratischen Republik, als keiner der Aufseher etwas dagegen hatte, wenn man von dem »religiösen Zeugs« etwas mitnahm, etwa Steinfigürchen oder holzgeschnitzte Tempelteile.

Im Gandan-Kloster (Gangdantekchenling)

Solange unsere Reisevorbereitungen andauerten, begannen wir den Tag meistens mit einem Besuch im Gandan-Kloster, das nur fünf Minuten von unserer Wohnung entfernt lag. Der

Gottesdienst beginnt um neun Uhr früh, und man hört schon von weitem die Lamas auf ihren Muschelhörnern blasen. Das Gandan-Kloster wurde 1838 als religiöses Zentrum des Sutra-Tantra-Buddhismus auf dem Dalcha-Hügel an der Stelle eines schon im 17. Jahrhundert entstandenen Klosters gegründet. Es war die wichtigste Stätte in der Mongolei für das Studium von Buddhismus, Astrologie und Medizin. Der Klosterkomplex besteht aus fünf Tempeln aus Holz und Erde mit goldbeschichteten Pagodendächern mit Tieren und Symbolen der buddhistischen Mythologie.

Das Gandan-Kloster blieb vor weitgehender Zerstörung bewahrt und diente nach der Revolution als Militärunterkunft, später als eine Art Museum. Heute ist Gandan die Zentrale für die »Asiatische Buddhistische Friedenskonferenz«, die in Ulaanbaatar die Zeitschrift *Buddhists for Peace* herausgibt.

Es herrscht ein buntes Hin und Her in den Klosterhöfen. Die Keramikdächer mit den nach oben gebogenen Enden blitzen in der Sonne. Steinerne Löwen und Drachen bewachen die Türen. Menschen drehen bronzene und hölzerne Gebetsmühlen, die in verschiedenen Größen um einen der Tempelbauten angebracht sind. Im Inneren dieser kunstvoll verzierten Tonnen befindet sich jeweils ein heiliges Buch, das durch das Drehen umgeblättert und dadurch »gelesen« wird. Alte Menschen werfen sich vor Buddhastatuen und Stupas dreimal der Länge nach auf die Erde oder legen sich auf die dafür vorgesehenen Gebetsbretter, manche Gläubige bewegen sich auf dem Bauch mehrmals um diese kegelförmigen Kultbauwerke (früher legten Pilger Hunderte von Meilen oder zumindest die letzten Meilen ihrer Reise auf diese Art zurück). Aus dem Haupttempel schallt unaufhörliches Murmeln. Mönche jeden Alters sitzen rechts und links des Hauptganges auf gepolsterten Bänken und blättern Gebetbücher um, begleitet von Mitbrüdern, die auf verschieden geformten Hörnern blasen. Der Zeremonienmeister unterbricht die Gebete manchmal durch ein eruptives, schnarrendes Ausrufen eines Mantras, dann erschallt wieder mit großem Getöse der Gong. Ein Mönch teilt Tee an seine Brüder aus, um deren Kehlen vor Austrocknung zu schützen und sie beim Stunden währenden Beten zu unterstützen. Die jüngsten Mönche schauen neugierig in die Runde, scherzen miteinander, stoßen sich gegenseitig an und beten automatisch mit.

Wir reihen uns ein in die Menge der Gläubigen, die sich im Uhrzeigersinn langsam um die Lamas bewegt in Richtung der Fettlampen und Buddhastatuen an der Nordseite des Gebäudes.

Geldscheine werden niedergelegt, und jeder einzelne erhält den Segen des Oberlamas.

Bei unserem ersten Besuch bitten wir um Audienz beim Oberlama. Wir werden zunächst in eine große Empfangsjurte geleitet, die hinter einer Mauer versteckt liegt. Während wir warten, wird uns Milchtee und Reis mit Rosinen gereicht. Wir unterhalten uns mit dem jungen Lama, den Cathleen im buddhistischen Tempel bei München kennengelernt hatte. (Dieser Tempel ist in einem winzigen Raum in einer Wohnung im bayerischen Ludwigsfeld untergebracht. Er wurde Anfang der sechziger Jahre von einem kalmückischen Lama gegründet und nach dessen Tod von Daniel Bembejew, seinem Sohn, weitergeführt. Bembejew hatte im Zweiten Weltkrieg in einem kalmückischen Kavalleriecorps auf Seite der Deutschen gekämpft und war in französische Kriegsgefangenschaft geraten. Der »Repatriierung« in die Sowjetunion entzog er sich durch Flucht. Der Ludwigsfelder Tempel, den auch der Dalai Lama einmal besucht hat, ist Anlaufstelle für viele Reisende aus der mongolischen Heimat und auch für

deutsche Buddhisten. Als wir von unserer Reise zurückkamen, hörten wir mit Bedauern von Daniel Bembejews plötzlichem Tod, und ich sah ihn noch einmal vor mir, als er noch im Juni mit Deel, Pelzmütze und den traditionellen Stiefeln bekleidet beim Ludwigsfelder Bürgerfest erschienen war.)
Bat Tumur, so heißt unser junger Mönch, führte uns in den Hauptraum der Jurte, wo wir von einem anderen Lama empfangen werden. Cathleen fotografiert ihn im Lichtstrahl der einfallenden Sonne auf einem gepolsterten, goldenen Sessel, und die Atmosphäre ist so entspannt, daß wir gar nicht mitbekommen, es bereits mit dem höchsten Lama des Klosters zu tun zu haben. So bleiben unsere Fragen vorerst ungefragt, denn das unerkannte Oberhaupt entschwindet plötzlich mit der Erklärung, daß ein wichtiger »Lebender Buddha« aus Europa zu begrüßen sei. Da begeben auch wir uns neugierig nach draußen in den Hof, wo sich viel Volk eingefunden hat, um sich von Rimpoče Gangčen aus Italien segnen zu lassen. Dieser »Lebende Buddha« (was bedeutet, daß er als die leibhaftige, lebende Reinkarnation eines Buddhas angesehen wird) ist in glänzende gelbe Seide gehüllt – die später abgenommene Fellmütze enthüllte eine noch glänzendere Glatze. Er ist umringt von seiner europäischen Gemeinde, in der sich auffallend viele gutaussehende Menschen befinden. Mitten unter der bewegten Menschenmasse beugen auch wir Nichtbuddhistinnen die Häupter zum Segen. Die vielen alten mongolischen Menschen sind offensichtlich glücklich und ergriffen über den Besuch des ausländischen Gastes, der eigentlich Nepalese ist, aber seit Jahren in Mailand wirkt. Ich starre ihn an und erstarre, als er mir plötzlich intensiv in die Augen blickt und mir hypnotisierend langsam mit dem Zeigefinger winkt. Ich schaue mich um, der meint doch nicht etwa mich! Doch, doch, meine potentielle zukünftige Anhängerin! Ein

schöner Italiener drängt sich durch die Massen und zieht uns zu seinem Maestro hin. Wir sollen am Abend in die Kulturhalle kommen, wo ein großes »self-healing« (Selbstheilung) stattfinden soll. Persönliche Einladung vom Chef.
Zunächst wollen wir aber die Bibliothek besichtigen, die eigentlich nicht zugänglich ist, aber Bat Tumur schleust uns ein. Der Bibliothekar namens Samstag (es ist in der Mongolei durchaus üblich, sein Kind nach dem Wochentag seiner Geburt zu nennen) erzählt uns, daß in den Glasvitrinen ungefähr achtzigtausend Bücher liegen. Die meisten sind in Tibetisch geschrieben, das in der Mongolei Kirchensprache ist. Es sind ungebundene, längliche Blätter, die beim Lesen von sich weggeklappt werden. Jedes einzelne Buch ist in feingewirkte Seide gepackt und mit schönen Schnüren und Quasten umwickelt. Hier lagern wichtige Schriften der buddhistischen Lehre, traditionellen Medizin, Astronomie und Astrologie, Geografie und Mathematik, über Kunst, Handwerk, Rhetorik und Poesie. Die Lebensweise der Mongolen als Viehzüchter und Nomaden führte zu frühem naturwissenschaftlichem Wissen. Historische Quellen belegen die traditionelle Astronomie, und die damals gegründete Sternwarte »Qas-un-sinjilel-ün orgil« gibt heute noch Anlaß zur Bewunderung.
Als wir uns wunderten, daß noch so große Mengen von Büchern nach der Säuberung existierten, erklärt uns der Bibliothekar, daß vieles noch rechtzeitig von den Lamas zur Seite geschafft und zum Teil bei der Bevölkerung versteckt wurde. Es kämen fast täglich Leute, um Bücher aus dieser Zeit zurückzugeben. (Wir trafen allerdings auch einige, die sie auf der Straße an Ausländer verkaufen wollten.) Man vermute auch noch große Bestände in den Museumskellern der ehemaligen Sowjetunion. Wir unterhalten uns noch ein bißchen

über die Situation im Kloster und sind erstaunt, zu erfahren, daß niemand hier wohnt. Alle Mönche gehen abends nach Hause zu ihren Familien, denn die meisten sind verheiratet, obwohl buddhistische Mönche eigentlich ehelos sein müssen. Die Kirche mußte hier wohl eine Übergangsregelung treffen, da es sonst mit der Aufnahme neuer Mönche ziemlich schwierig gewesen wäre. Viele derer, die dem Massaker entgangen sind, haben geheiratet, waren aber nach der Aufhebung des Religionsverbots die ersten, die als zwischenzeitlich betagte Männer wieder das Mönchsgewand nahmen. Mir schien die Handhabung der religiösen Gebote in der Mongolei sowieso recht liberal, und wir trafen so manches Mönchlein, das statt der Gebetsfahne ein Schnapsfähnchen trug, gerne einmal einen Dollar abkassierte und begehrliche Blicke um sich warf. Der Bibliothekar war der Meinung, daß sie im Gegensatz zu früher »zu frei« seien, womit er allerdings meinte, daß zu wenig Richtlinien existierten.

Wir liefen die Anhöhe hinauf zum eingerüsteten »Maidar-Tempel«, vorbei an zwei großen Stupas. Dieser Tempel wurde erst Anfang des 20. Jahrhunderts erbaut, unter dem letzten mongolischen Kirchenoberhaupt, Jebtsundamba Chutuchtu, auch Bogdo Geegen genannt. Im Tempel befand sich damals eine der größten Buddhastatuen Asiens, der 25 Meter hohe, vergoldete »Migjed Janraisig«, der den Raum bis oben hin ausfüllte und durch die Fenster der obersten Galerie auf die heiligen Berge des Bogd-Uul-Massivs im Süden Ulaanbaatars hinausblickte. In den dreißiger Jahren wurde er zerstört oder nur abtransportiert. Als Symbol für die Wiederbelebung des Buddhismus in der Mongolei wird nun an einer Replik gearbeitet, für die im ganzen Land gespendet wird – 15 Millionen Tugrik sind schon eingegangen. In einer schön verzierten Jurte vor dem Tempel werden die Spenden entge-

gengenommen, für die man eine Quittung und ein Buddhabild bekommt. Wir wurden ermahnt, diese Zettel auf keinen Fall wegzuwerfen, da sie heilig seien.
Uns reizte der Anblick, der sich wahrscheinlich von der obersten Galerie aus bietet, deshalb kletterten wir in dem baufälligen Gebäude verbotenerweise über die steilen, morschen Stufen immer höher. Urna – im Minirock – war zunächst noch ängstlich und fürchtete den augenblicklichen Zorn der Geister und Dämonen, aber dann war sie genauso begeistert über die Aussicht. Wir äugten verstohlen hinter den goldgleißenden Tierfiguren hervor und betrachteten in Ruhe die schon renovierten, buntbemalten Schnitzereien der inneren und äußeren Tempelwände. Die Stadt lag tief unter uns, und ein bißchen voyeuristisch beobachteten wir das Treiben in der Jurtensiedlung rund um die Klostermauern. Würde man nur einen flüchtigen Blick auf die Szenerie werfen, könnte man die Welt dort unten für eine Schrebergartenkolonie halten, in deren Mitte dieses märchenhafte, goldgleißende, grünschimmernde Kloster liegt, auf dessen Dächern bei näherer Betrachtung das Gras der letzten 50 Jahre sprießt.
Hinter dem Tempel machte ein Trupp Bauarbeiter ein Nikkerchen, wohl der Grund für unseren ungebremsten Gipfelsturm. Als wir wieder auf der Erde waren, wurden wir von zwei böse blickenden Männern in graublauen Anzügen empfangen, die sofort auf unsere mongolische Freundin losgingen: Name, Ausweis, Adresse. Urna blickte gleich ganz elend drein, und ich verstand, daß die beiden Herren sich noch in einer anderen Ära wähnten, wo in so einem Fall zumindest ein Spionageverfahren anhängig wäre. Nicht uns, sondern Urna wurden Strafen aller Art angedroht. Sie sei am Ausverkauf des Landes an Ausländer beteiligt. Als die beiden auch über Pietätlosigkeit klagten, schäumte Urna los, daß man

doch gerade Vertretern ihrer Sorte das Religionsverbot in der Mongolei zu verdanken habe. Der Moment des Entweder/oder totalitärer Reaktionsweisen trat ein: Festnahme oder Verbrüderung. Man entschloß sich zur Verbrüderung und lud uns ein, in den nächsten Tagen die übrigen, eigentlich nicht zugänglichen Gebäude zu besichtigen. Aber dazu hatten wir irgendwie keine Lust mehr, und Urna, die die Rache der Gottheiten fürchtete, beruhigte sich erst, als sie erfuhr, daß Janraisig ein »gnädiger Buddha« ist.
Ein Lama kam interessiert auf uns zu, stellte ein paar Fragen und brachte uns schließlich in die Malschule des Klosters. Hier wimmelte es von kleinen Mönchen in Rot und Gelb. Jungen, die ich auf acht bis zehn Jahre schätzte, tobten durch die Gänge und verhielten sich trotz ihres religiösen Status wie alle Lausbuben dieser Welt. Manch einer wagte ein englisches Wort, um sich dann geniert hinter einem Kameraden zu verstecken. Im Atelier wurden nach traditionellen Vorlagen religiöse Themen auf Papier oder Stoff gemalt. Weltlich gekleidete Studenten nahmen höflich die Anweisungen des Lehrers entgegen und arbeiteten ruhig und konzentriert.
Der Leiter des Malschule ist ein alter Lama, ein damals Vertriebener, der uns sein Schicksal schildert, nicht ohne ein paar Tränen zu vergießen. Er mußte mitansehen, wie viele seiner Lamabrüder gedemütigt und ermordet wurden – Details bringt er kaum über die Lippen. Sein Werdegang mutet jedoch seltsam an. Wurde er doch – damals übliche Praxis bei jungen Lamas – zum Militär eingezogen. Dort avancierte er dann auf Grund seiner künstlerischen Begabung zum Historienmaler und Direktor des Militärmuseums. Seine Arbeit beim Militär gab er erst in den achtziger Jahren auf und trat dann nahtlos wieder in den Mönchsstand ein.
Wir interessierten uns für die Gewinnung der Malfarben. Sie

seien immer aus Rußland oder China gekommen, aber jetzt versuche man wieder eine traditionelle Herstellung aus Steinen und Pflanzen, da solche Farben viel haltbarer und strahlender sind. Allerdings seien in den letzten Jahrzehnten Wissen und Rezepte verlorengegangen, und es koste viel Mühe, dies alles wieder zu erlangen. Auch die berühmte Applikationstechnik, von der schon im 3. Jahrhundert vor Christus die Rede ist, soll wieder gelehrt werden. Die Thankas, kunstvolle Stoffapplikationen mit religiösen Motiven, gehören zu den großartigsten Stücken lamaistischer Kunst, die nur innerhalb der Klöster angefertigt wurden. Entwürfe und Näharbeiten wurden zumeist von Mönchen ausgeführt. In den Jahrzehnten nach der Revolution entstanden auch Thankas mit revolutionären und alltäglichen Themen.
Auf dem Fenstersims liegen einzelne halbverschlissene, hauchdünne Blätter aus altem, handgeschöpftem Papier herum, auf denen tibetische Schriftzeichen gemalt sind. Das seien seinerzeit Schreibübungen von Studenten gewesen, man könne auch die Korrekturen des Lehrers erkennen. Der Meister ordnet die fliegenden Blätter in drei Stapel, läßt sie in Stoff wickeln und überreicht sie uns als Geschenk, das wir freudestrahlend entgegennehmen, nicht ohne ihm ein kleines Gegengeschenk zu machen.

Beim Cam-Tanz

Eines Abends wurden wir zum Cam-Tanz eingeladen. Dieser pantomimische Kulttanz wurde in Urga 1937 zum letzten Mal aufgeführt. Manche Klöster der alten Mongolei waren be-

Ritueller Tanz (Buddhismus): »Cam-Tanz«

rühmt für ihre Aufführungen, für die spezielle Plätze geschaffen worden waren. In mit gelber Seide ausgeschlagenen Pavillons saßen die Lamas, die Texte verlasen und als Musikanten fungierten. Die Tänzer bewegten sich nach den Klängen großer Posaunen und anderer Instrumente. Cam soll seine Ursprünge im indischen Tempeltanz haben, der von den Tibetern übernommen und weiterentwickelt wurde, die Mongolei aber erst spät erreicht hat. In der südlichen Mongolei war er im 18. Jahrhundert verbreitet, während er im Norden erst 1911 zum ersten Mal aufgeführt worden sein soll. Es gibt den Sprech-Cam, der nach dem berühmten tibetischen Dichter und Eremiten Milaräba benannt ist und in der alten Mongolei gesellschaftkritischen Inhalt hatte. Die zweite und populärere Art ist die Aufführung mit prächtigen, bunten Holzmasken und Gewändern, die zum Teil so schwer sind, daß Ersatztänzer zur Verfügung stehen mußten. Die Gestalten des Cam-Rituals sind neben den freundlichen buddhistischen Gottheiten auch Tiere wie Hirsch, Löwe, Rabe, Stier oder der Vogelkönig Garuda, aber auch schreckliche Gottheiten, Skelette und der Todesgott Yama.

Heute kann man diesen Maskentanz nur noch als folkloristische Aufführung erleben. Ein Journalist führte uns über das Hintertreppchen in den »Pionierpalast«, gerade so, als sei es noch immer ein verbotenes Unterfangen. So konnten wir einen kleinen Eindruck erhaschen, wie Hirsch und Büffel mit goldenen Flammenzungen an den Hörnern ihre für die Sterblichen unsichtbaren Feinde zertraten oder bestimmte Körperteile der vernichteten Feinde den Gottheiten Jamantaka und Erlik-Chan, dem Herrn des Totenreiches, opferten. Hinter der Zunge im Mund der Gottheit Camsaran lugte der Tänzer hervor. Die furchterregende Maske war über und über mit Warzen aus Korallen und Edelsteinen inkrustiert.

Nach der Tanzaufführung, die von Bläsern und zierlichen Musikantinnen begleitet worden war, stellte man uns den Tänzer des »Weißen Alten« vor. Es war der Schönheitskönig von Ulaanbaatar Wahlen gewählt worden war.

Müde vom Warten

Eines Tages, des Wartens müde, trafen wir eine junge Frau namens Tuul. Sie sprach bestes Deutsch und betrieb ein kleines Reisebüro (Nature Tour) im Hotel Ulaanbaatar. Sie versprach uns das nötige Auto zu einem annehmbaren Preis. Wenn wir wollten, könnte es vielleicht schon am nächsten Tag losgehen. Der nächste sollte es noch nicht sein – denn der begeistert zusagende Fahrer sagte nach einigen Stunden aus »technischen« Gründen wieder ab. Aber dann stellte sich Minteg, ein älterer Mongole, ein, der einen russischen Jeep besaß, ihn aber im Augenblick nicht selbst steuern konnte, da er ein gebrochenes Bein auskurierte. Er war einverstanden, daß ich den Wagen fuhr, er selbst wollte als Navigator mitkommen. So kam es, daß wir in aller Früh des 1. August im Hinterhof unseren Jeep packten. Wir schleppten Zelt und Rucksäcke, Lebensmittel und gefüllte Wasserkanister – darunter eine Dreißig-Liter-Tonne – nach unten, und Minteg verstaute und verzurrte alles im Auto. Plötzlich gesellte sich eine junge Frau im dunkelblauen Deel zu uns. Chaliun sprach fließend Russisch und bat uns, sie auf unsere Reise mitzunehmen. Sie selbst habe noch nie Gelegenheit gehabt, in ihrem eigenen Land zu reisen, und wäre überglücklich, wenn wir sie mitnehmen könnten.

III

Reise 1: Nach Süden in die Wüste Gobi

Wir freuten uns über unsere Überraschungsbegleitung und rollten los durchs schlafende Ulaanbaatar, großräumig Polizeihäuschen umfahrend, da es angeblich auch mit internationalem Führerschein für Ausländer nicht erlaubt war, in der Mongolei Auto zu fahren. Minteg beobachtete diskret meine Fahrkünste, war aber zufrieden, als er merkte, daß mir auch Zwischengasgeben nicht fremd war, letzteres eine wichtige Voraussetzung für die Handhabung russischer Jeepgetriebe.

Blick zurück nach vorn: Karakorum

Wir wollten zunächst nach Karakorum, heute Charchorin, der ehemaligen Hauptstadt des mongolischen Reiches. Auch vor der Glanzzeit des mongolischen Reiches hatten Herrscher ihre Hauptstädte im Orchontal am östlichen Fuß des Changai-Gebirges errichtet. Schon im frühen achten Jahrhundert wurden zur Zeit der Uiguren-Chanate Städte auf diesem Territorium erbaut. Čingis Chan befahl die Errichtung Karakorums, und unter seinem Sohn Ögedei begannen die Bauarbeiten. Ab 1235 wurden Erweiterungsbauten errichtet, von hohen Mauern umgebene Paläste. Im südwestlichen und schönsten Teil der Stadt stand Ögedeis Palast. Ende der vierziger Jahre konnten die Archäologen S. V. Kislev und H. Perlee durch ausgiebige Ausgrabungsarbeiten Erkenntnisse über Grundriß und Bauten Karakorums erlangen. Der Hauptpalast hatte auf einem hohen Sockel gestanden und bestand aus einer großen Halle mit vierundsechzig Säulen. Den Boden bedeckten grüne Fayence-Ziegel, das Dach war aus grüner und roter Keramik. Die Innenwände waren mit Porträts und Gemälden verziert. Diese Art Dekoration war in der Mongolei des 13. Jahrhunderts allgemein üblich. So fand man sie auch bei Ausgrabungen in Avraga Ord, Mönch Chan Ord, Elista, Charchiraa und Dund Ereg, Städte, die etwa gleichzeitig mit Karakorum entstanden sind. Historische Dokumente beschreiben Karakorum als von Lehmwällen umgeben mit vier großen Toren. Am Osttor gab es Getreide, am Westtor wurden Schafe und Ziegen verkauft, am Südtor wurden Ochsen und Wagen und am Nordtor Pferde feilgeboten. Einer der berühmten frühen Mongoleifahrer, der Franziskanermissionar Wilhelm von Rubruk, kam in den Jahren 1253/54 an den Hof Mangu Chans in Karakorum. Er beschrieb ausführlich das Leben und die Pracht bei Hofe. Besonders faszinierend fand er einen silbernen Baum, den der Pariser Goldschmied Wilhelm Buchier für die Trinkgelage des Chans gebaut hatte.

»... Weil es am Eingang des Palastes keinen guten Eindruck machte, wenn man da die Schläuche mit Milch und anderen Getränken herumtrug, errichtete Meister Wilhelm aus Paris einen großen Baum aus Silber, zu dessen Wurzeln vier Löwen aus Silber liegen. In ihrem Inneren befindet sich eine Röhre, durch die weiße Stutenmilch geleitet wird. Im Baum selbst sind vier Röhren nach oben geführt. Ihre äußersten Enden sind von oben wieder nach unten gebogen. Um jedes Ende dieser Röhren windet sich in gleicher Weise eine goldene Schlange, deren Schwanz um den Stamm des Baumes geschlungen ist. Aus einer dieser Röhren fließt Wein, aus der anderen vergorene Stutenmilch ohne Hefe, aus der dritten Bal, jenes Honiggetränk, und aus der vierten ein aus Reis gewonnener Wein. Für jedes Getränk steht am Fuß des Baumes ein silbernes Gerät zur Aufnahme bereit. Oben in der Spitze des Baumes hat der Künstler eine Engelsstatue angebracht, die eine Trompete hält. Unter dem Baum machte er eine Höhlung, in der sich ein Mann aufhalten kann und von wo aus eine Röhre bis oben zu dem Engel führt. Zunächst hatte der Meister Blasbälge verwendet, doch erzeugten sie nicht genug Wind. Außerhalb des Palastes befindet sich ein Vorratsraum, wo die Getränke aufbewahrt werden. Dort stehen Diener bereit, um die Getränke einzugießen, sobald sie den Engel blasen hören. Zweige, Blätter und Früchte des Baumes bestehen aus Silber. Sobald der oberste Mundschenk ein Getränk braucht, ruft er zu dem Engel hin, auf daß dieser die Trompete blase. Dies hört der in der Höhlung versteckte Mann, der nun kräftig in das zum Engel führende Rohr bläst. Der Engel setzt die Trompete an den Mund, die jetzt sehr laut ertönt. Dies wiederum hören die im Vorratsraum befindlichen Diener, und jeder gießt sein Getränk in die dafür bestimmte Röhre.« (Aus: Wilhelm von Rubruk: *Reisen zum Großkhan der Mongolen*, Stuttgart 1984.)

Die großen Chane der Mongolei zeichneten sich durch Toleranz gegenüber fremden Religionen aus. So ist ebenfalls durch Wilhelm von Rubruk von einem religiösen Streitgespräch berichtet worden, das Mangu Chan bei seinen ausländischen Gästen anregte. »... Ihr seid Christen, Sarazenen und Götzenanbeter (Buddhisten). Jeder von euch behauptet, seine Religion sei die beste und seine Schriften, also seine heiligen Bücher, enthielten die reinste Wahrheit. Aus diesem Grund wünscht der Chan, daß ihr alle zusammenkommt und eure Lehren mit- und gegeneinander vergleicht. Auch sollt ihr sie niederschreiben, auf daß der Chan selbst die Wahrheit erkennen mag.«

Rubruk berichtete von lebhaften gegenseitigen Befragungen und verstockten Antwortsverweigerungen. Am Ende stimmten Nestorianer und Sarazenen einen lauten Gesang an, während die »Götzendiener« stumm blieben. Den Abschluß des Religionswettbewerbes bildete ein großes Zechgelage.

Von der Pracht und Größe Karakorums ist heute nichts mehr zu sehen, denn dieses Zentrum von Handel und Handwerk, Kunst und Kultur, damals als Bindeglied zwischen Ost und West an der Seidenstraße gelegen, verlor immer mehr an Bedeutung, nachdem Chublai Chan seine Hauptstadt 1260 nach China verlegt hatte. Zunächst blieb Karakorum zwar politisches Zentrum des mongolischen Reiches, wurde jedoch im 14. Jahrhundert durch chinesische Truppen, aber auch durch Kriege zwischen den eigenen Feudalherren zerstört. Die Architektur Karakorums enthielt traditionelle nomadische und gleichzeitig östliche und westliche Elemente.

Erdene Zuu – die weiße Perle im Orchon-Tal

1586 entstand auf den Ruinen der ehemaligen Hauptstadt das Kloster Erdene Zuu, das wir auf unserem Weg in die Gobi besuchen wollten. Deshalb fuhren wir zunächst nicht nach Süden, sondern nach Westen. Da es viel geregnet hatte, war das Land neben der Straße überschwemmt, in den weiten flachen Regenseen standen Pferde, steckten nickend die Köpfe zusammen und betrieben gegenseitige Fellpflege. In großen Herden und kleinen Grüppchen zogen sie unbeaufsichtigt durch die blaue Steppe. Der Himmel war typisch mongolisch: Pralle, vom Wind gefranste Regenwolken standen dunkelblau-rosa am Himmel, dahinter wartete die Sonne auf einen kurzen Ausbruch. Minteg deutete auf einen Berg zu unserer Linken. Das sei der Bat Chan, an dem besonders viele Heilkräuter wüchsen. Er sei heilig, ebenso wie der Bogd Uul bei Ulaanbaatar. Diese Berge würden als Mann und Frau bezeichnet und die Leute erzählten sich die Geschichte, daß vor Hunderten von Jahren die Tiere den Bogd Uul verlassen hätten, weil sie zu stark gejagt wurden, und deshalb fortan an den Hängen des Bat Chan lebten. Seitdem wird auch der Bat Chan, dessen Pflanzenwelt identisch ist mit der des Bogd Uul, als heiliger Berg verehrt. Die Steppe um uns schimmerte blaugrün und war von einem feinen Schleier weißer Blümchen eingehüllt. Wir kamen an der größten Kolchose des Tov Aimaks vorbei, einer großen Anlage inmitten weiter Getreide- und Gemüsefelder. Bei Lun begegneten wir wieder dem Tuul gol, der hier unter einer stabilen Betonbrücke durchfloß. In ihrem Schatten ließen sich hundert Pferde das Wasser um die Beine sprudeln. Überall Fohlen, die nach Lust und Laune saugten. Von den sanften, grüngescheckten Sand-

dünen ritt ein junges Mädchen herunter und trieb die Tiere mit lautem Schnalzen und Johlen aus dem Wasser, die Urga (eine lange Holzstange mit Fangschlinge) schwang sie wie eine leichte Peitsche in der Luft. Als sie sah, daß wir sie beobachteten, legte sie noch an Temperament zu und galoppierte laut lachend an uns vorbei.
Bevor wir in die Tankstelle einfuhren, übersah ich fast ein mongolisches »Warndreieck«, es war ein Steinhaufen, den ein Autofahrer zur Absicherung seines liegengebliebenen Autos weit in die Straße hinein gebaut hatte. Benzin gab es nicht, aber noch hatten wir genug, um zum Kloster zu gelangen. Neben der Straße sah ich plötzlich seltsam struppig-gefiederte dunkelbraune Ziegen sitzen. Als wir schon vorbei waren, ging uns auf, daß es vier Geier waren, die sich über den Kadaver eines Schafes hermachen wollten. Wir hielten an, um sie zu beobachten, aber nach einer Weile fühlten sie sich von unseren Blicken belästigt und begaben sich nach ein paar schwerfälligen Anlaufversuchen außer Reichweite.
Regen, Sonnenschein, Regen, irgendwann hatte der Asphalt für die nächsten Wochen ein Ende, wir wackelten durch glitschiges Gelände und erreichten gegen Abend die Hügel über Erdene Zuu, das weiß unter uns in der Ebene lag. In einem geschützten Tälchen bauten wir unsere Zelte auf. Die Wiesensteppe um uns war übersäht von Champignons, aus denen wir uns ein Abendessen kochten. Zum Feuermachen benutzten wir getrockneten Dung, den wir vorher in einem Sack eingesammelt hatten. Bei einem Spaziergang über die Hügel entdeckten wir Riesenboviste, bis zu einem halben Meter hoch. Dazwischen kamen überall die Murmeltiere aus ihren Löchern und betrachteten uns starr. Beim Gang zur Steppentoilette schien die gesamte Hasenschaft der Umgebung erschreckt davonzuhüpfen.

Wie der Hase zu seiner gespaltenen Oberlippe kam

Eines Tages rief der Hasenälteste all seine Brüder und Schwestern zusammen und sagte: »Es gibt kein Lebewesen auf der Erde, das nicht die Fähigkeit hätte, sich selbst zu verteidigen oder seinen Feind so zu ängstigen, daß er die Flucht ergreift. Aber die ärmsten aller Kreaturen sind wir Hasen, denen das Herz schon in die Stiefel rutscht, wenn nur die Blätter der Bäume ein wenig rascheln. Brüder, es ist besser, sich zu ertränken, als so fortzuleben in der Angst vor allem.« Gar elendiglich schleppten sich die Hasen hinter ihrem Ältesten zum Bach, als eine Elster sie ansprach: »Was ist mit euch, ihr lieben Hasen?« fragte sie, aber keiner antwortete. »Warum seid ihr so traurig, ihr Langohren? Erzählt mir, was passiert ist!« versuchte sie es noch einmal. »Niemand auf dieser Welt fürchtet sich vor uns, wir Miserablen aber haben Angst vor allem, und es ist besser, ins Wasser zu gehen, als so weiterzuleben«, antworteten die Hasen.

»Seid ihr närrisch. Sofort werdet ihr euch hinter den Büschen verstecken. Bald kommt der Schäferjunge an den Bach, um seine Herde zu tränken. In diesem Augenblick werdet ihr alle auf einen Schlag hinter den Büschen hervorkommen und in die vier Himmelsrichtungen stieben. Dann werdet ihr schon sehen, daß ihr gar nicht die Ärmsten auf diesem Erdball seid«, sprach die Elster und flog davon.

Die Hasen versteckten sich also und just, als die Schafe kamen, brachen sie aus den Büschen und hüpften in mächtigen Sätzen in alle vier Winde. Als sie sich umschauten, sahen sie, wie die Schafe angstvoll schreiend in wildem Durcheinander flohen. Auch die verzweifelten Peitschenhiebe des Schäferjungen konnten sie nicht aufhalten.

Überwältigt vor Freude, daß sie es geschafft hatten, eine ganze Schafherde so zu erschüttern, setzten sich die Hasen auf ihre Hinterläufe und fingen zu lachen an. Und sie lachten so lange, bis ihnen die Oberlippe platzte. Und das ist der Grund, warum die Hasen bis heute ein gespaltenes Mäulchen haben.

Fünf Dollar pro Schuß

Am nächsten Morgen fuhren wir ins Orchontal hinunter. Kultiviertes Land, durch das ein Bewässerungskanal führte, der im Augenblick seltsam anmutete, da alles wegen der Regenfälle unter Wasser stand. Die imposante Klosteranlage lag einsam vor uns. Kinder hüteten dunkelgraue Schweine, die an der Klostermauer (mit den einhundertacht Stupas) wühlten und sich in Regenlachen stürzten. Erdene Zuu wurde 1586 von dem mongolischen Prinzen Avtaj Sajn Chan erbaut. Architektonisch ist es eine Mischung aus mongolischen, tibetischen und chinesischen Baustilen.
Im Nordwestteil stehen noch drei Haupttempel, die Buddha geweiht sind, vor dem linken befindet sich das Grabmal Avtaj Chans und vor dem rechten das seines Sohnes, Tušeet Chan Gombodorž. Das obere Stockwerk des Zentraltempels war als Imitation eines mit Felsen und Wald bedeckten Berges angelegt. Die drei der hundert übriggebliebenen Tempel von Erdene Zuu bergen noch wertvolle Statuen, Malereien, Glocken, Kessel, Stupa-Modelle, antike edelstein- und korallengeschmückte Gewänder für den Cam-Tanz. Der einzige Tempel tibetischen Stils, der heute noch in der Mongo-

Steinerne Schildkröte aus Karakorum

lei existiert, ist der inzwischen restaurierte »Lavran«-Tempel.

Wir schlenderten durch das kniehohe Gras der Innenhöfe, vorbei an einigen wenigen steinernen und metallenen Überbleibseln von Karakorum und den früheren Tempeln. Die Luft vibrierte von Vogelgezwitscher. Die mystische Atmosphäre wurde bald gestört durch einen klettenhaften Führer, der seine Dienste anbot, aber leider in einer für uns unverständlichen Sprache. Für das Fotografieren wurde die Erlaubnis erteilt, entzogen, wieder erteilt, und am Ende sollten wir pro Aufnahme einen Dollar zahlen. Als Cathleen im Lavran-Tempel zu fotografieren begann, baute sich ein schnapsnasiger Lama vor ihr auf und verlangte plötzlich fünf Dollar pro Schuß. Da unsere Ehrfurcht vor den Buddha-Männern inzwischen schon ein wenig angeknackst war, ließ sich Cathleen in ihrer Arbeit nicht beirren. Außerhalb des Klosters hatten sich inzwischen viele Mongolen eingefunden, die im

Schatten der Mauern rasteten und ihre Pferde grasen ließen. Wir picknickten, umhuscht von Erdmäusen und -hörnchen, bei der großen steinernen Schildkröte, dem berühmtesten Überrest Karakorums. So waren wir gestärkt, um eine besonders eindrucksvolle Sehenswürdigkeit zu betrachten, die uns ein Einheimischer im Flüsterton anbot, zu zeigen. In den Hügeln bei der Ortschaft befand sich – umgefallen – ein steinerner Penis, der wie ein schlafendes Tier von einem hohen Käfig umgeben war.

Als wir unsere Wasservorräte prüften, stellten wir verblüfft fest, daß der große Kanister völlig leer war. Minteg erklärte, daß er ihn schon bei der Abfahrt in Ulaanbaatar ausgeleert hatte. In Karakorum war seit einiger Zeit die Wasserversorgung zusammengebrochen, und wir hatten nun Schwierigkeiten, mehr als zehn Liter zu bekommen. Ein junges Mädchen begann, mit einer Schöpfkelle unsere Dreißig-Liter-Tonne zu befüllen. Menschen und Hunde, die im Schatten der Häuser lagen und Buddha einen guten Mann sein ließen, warfen uns neugierige Blicke zu. Bei der Tankstelle lag eine schwarze Kuh an der Zapfsäule. Daß wir mit dem Schlauch über ihrem großen Körper hantierten, hinderte sie keineswegs am Kauen. Die Kasse, ein Loch, das sich wie ein rundes Maul in zwei Meter Höhe am Haus befand, konnte man nur durch einen Klimmzug erreichen.

Die ersten Vorboten der Gobi

Wir machten noch einen Abstecher in die Gegend von Chöšöö cajdam im Tal des Kokšin Orchon, wo sich der größte und am sorgfältigsten erforschte Denkmalkomplex aus der Zeit der türkischen Chanate in der Mongolei befindet. Der russische Forscher N. M. Jadrinzew war 1889 auf Tempelreste, Stelen und Runentexte gestoßen. Es war das Ehrenmal des Kül-Tegin. Aufgrund der Orchoner Inschriften und chinesischer Texte fand man im gleichen Tal, einen Kilometer südlich, die Anlage Bil'ge Chans, des Bruders von Kül-Tegin.

Wir befanden uns nun im Övörchangaj-Aimak auf dem Weg in die Gobi. In diesem Aimak, in den südlichen Teilen des Changaj-Gebirges gelegen, kann man den langsamen Übergang von den blühenden Wiesen, bewaldeten Bergen und tiefen Schluchten des Archangaj-Aimaks zu den immer karger werdenden, baumlosen Steppen und Halbwüstenausläufern der nördlichen Gobi beobachten. Wir fuhren über Chužirt, einem Kurort, der durch sein Heilwasser und Heilschlamm in der ganzen Mongolei bekannt ist. Vierzig Kilometer weiter westlich befindet sich der berühmte Orchon-Wasserfall.

Wir fuhren – besser gruben uns – den Weg durch das frisch aufgeweichte Land Richtung Süden nach Arvajcheer. Unterwegs kamen wir in eine Hochebene, in der wir zahlreiche Steinbabas entdeckten. Baba ist der volkstümliche Ausdruck (und die Wissenschaft hat ihn übernommen) für die steinernen Männer, die man in der Mongolei häufig antrifft. Der Name bedeutet Vater und auch Vorfahr. Charakteristisch sind sie für das Zentrum der einstigen Turk-Chanate. Bereits im siebten Jahrhundert gab es in den Ausläufern des Altai und in den mongolischen Steppen Steinbabas, die sich durch die Wanderbewegungen der Nomaden in den Steppengebieten schnell verbreitet haben. Man findet Babas – wie auch Hirschsteine – auf Gräbern oder in deren Nähe zum Gedenken an wichtige Personen. In der Mongolei sind sie zumeist Halbfiguren ohne konkrete Gesichtszüge. Sie tragen fast immer Mützen und einen von links nach rechts aufgeschlagenen Mantel, von einem breiten Gürtel umschlossen. Typisch ist ein mit der rechten Hand an die Brust gedrücktes Gefäß. Die linke Hand ruht oftmals auf einem Dolch.

Diese Nacht verbrachten wir auf der geschützten Anhöhe über einem Flußtal, das bevölkert war von Graureihern, Kranichen und Schwarzstörchen. Von den Felsenspitzen der Hügel aus beobachteten uns zwei Adler, aber die neugierigsten unserer Nachbarn waren wie immer die Murmeltiere, die ein ständiges Auf- und Abtauchen aus und in die Löcher veranstalteten. Als ich einmal »nach den Pferden schaute«, fühlte ich mich von einem dieser neugierigen Tiere geradezu peinlich belästigt, denn es stand einfach starr auf den Hinterpfoten, nicht bereit, der Situation die nötige Diskretion zu zollen. Cathleen und ich tauften diese Gegend das »Tal der lebenden Stelen«, denn die Murmel muteten im Licht der untergehenden Sonne wie unzählige kleine Steinmonumente an, die aus der Steppe ragten. Wir wanderten getrennt im rosa Abendlicht über die Hügel. Cathleen kam einige Zeit später aufgeregt zurück, denn in ihrer Nähe war ein Wolf aufgetaucht, der sich aber gleich aus dem Staub gemacht hatte. Ich war in die andere Richtung gelaufen, vorbei an großen Bergen von trockenem Dung, den jemand hier hortete, um ihn später zu schneiden und zu verheizen. Auf einem flachen Vorhügel mit Blick in drei Himmelsrichtungen entdeckte ich die Grundmauern einer Ansiedlung. Vielleicht war es einst eine Kultstätte gewesen, denn große Quader, Altären gleich, lagen inmitten der regelmäßig angeordneten Steinumfriedungen. Diese Nacht schlief ich mit in Mintegs großem Zelt, während Cathleen die Gelegenheit wahrnahm, die rote Jurte einmal allein für sich zu haben. Leider kam ein so heftiger Wind auf, daß das kleine Kuppelzelt samt der schlafenden Cathleen einfach umgeworfen wurde und ein paar Meter die Hügel hinunterrollte.

Es machte mir Spaß, den Jeep zu fahren, obwohl jeder Meter große Aufmerksamkeit verlangte und wir nur langsam vorwärtskamen. Als wir das Aimakstädtchen Arvajcheer erreichten, ließ Minteg durchblicken, daß er mit meiner Fahrweise zufrieden sei. Er schien die Momente vergessen zu haben, in denen die Stoßdämpfer voll durchschlugen und er sein wehes Bein hielt. Minteg hatte den Wagen vor Jahren in Rußland gekauft. Das hatte er sich leisten können, weil er als Fahrer mongolischer Diplomaten in London Devisen verdient hatte. Da er sich dort ausschließlich in mongolischer Gesellschaft befunden hatte, beschränkten sich seine Englischkenntnisse auf »I know« und »I do«, das er häufig und heftig anwendete und somit seine Führungsrolle untermauerte. Er sprach auch etwas Russisch, aber zumeist übersetzte Chaliun ins Russische. Sie wollte auf dieser Fahrt ihr Englisch verbessern, hielt sich aber die ersten Tage schüchtern zurück. Chaliun, die fünfunddreißig Jahre alt war, hatte im früheren Leningrad ein Wirtschaftsstudium absolviert. Sie schwärmte vom Leben in Rußland, wo sie sich im Gegensatz zu Ulaanbaatar sehr frei und fröhlich gefühlt habe. Sie war eine der wenigen mongolischen Frauen, die sich erst vor kurzem gegen den Willen ihres Mannes hatte scheiden lassen. Sein beschäftigungsloses Dasein, gekoppelt mit der Liebe zum Alkohol und manchen Tätlichkeiten, hatten die Ehe zur Hölle gemacht. Chaliun sagte, das sei der Alltag vieler mongolischer Frauen in der Stadt, aber sie meinte, daß diese erste Reise im eigenen Land ein Symbol für ihr neues Leben sei.

Das einzige Restaurant von Arvajcheer hatte geschlossen, Minteg humpelte jedoch zum Hintereingang und kam bald mit einem Teller Chušuur zurück. Jetzt verzog sich auch wieder der mongolische Kavalier, der sich, entgegen aller Proteste, partout neben uns auf den Autositz zwingen wollte. Das Städtchen war wenig anheimelnd. Lange Jahre war hier ein Kommando der Sowjetarmee stationiert, was atmosphärisch und architektonisch seinen Niederschlag gefunden hatte. Wir fuhren zur Stadt hinaus, vorbei an einer Gruppe schwarzer Basaltfelsen, über denen Vogelschwärme kreisten. Vielleicht waren es schon Zugvögel auf dem Weg in ihr Winterquartier in der Gobi. An einer Jurte hielten wir an und kauften eine Kanne voll Airag (vergorene Stutenmilch), die wir im Schatten des Jeeps tranken. Kinder waren aus dem Ail (Jurtengemeinschaft) zu uns herübergelaufen und blickten uns neugierig an. Die Freude war groß, als wir ein paar Bonbons und Luftballons herausrückten.

Die grüne Pracht der Gobi

Die Gobiausläufer empfingen uns in grüner Pracht. Es hatte viel geregnet, und wir kamen immer wieder in zerfurchtes, zerfahrenes Gelände mit breiten Sumpflöchern, die schwierig zu durchfahren waren. Cathleen hatte erwartet, daß uns sogleich große Sanddünen empfingen, und war zunächst enttäuscht über die weiten Schotterebenen und Berge, die sich auftaten. Minteg war ein großer Navigator. Obwohl die Strommasten eine Orientierungshilfe waren, mußten wir doch häufig von der Piste abfahren und erhebliche Rich-

tungswechsel vornehmen, um über irgendeinen schmalen Durchlaß durch die Berge zu kommen. Manchmal benutzten wir unseren Kompaß und kontrollierten, ob die gefahrene Route der in unserer Fliegerkarte eingezeichneten Strecke entsprach. Minteg hatte nur eine kleine Mongoleikarte dabei, die er aber selten zu Rate zog. Er orientierte sich nach der Sonne und den Berg- und Hügelformationen. Er entstammte einer Familie von Kamelzüchtern im Gobi-Altai-Gebiet. Sein Vater war noch als Führer mit den großen Karawanen zwischen China und Rußland gezogen. Minteg kannte alle Pflanzen auf unserem Weg. Er erzählte, daß die Kamele vor allem »taana« (Allium polyrrhizum) liebten, die kleinen, vitaminhaltigen Lauchpflanzen, von denen das Land dicht bewachsen war. In der Halbwüste im Süden der Mongolei sind zwei Laucharten vegetationsbestimmend, der weißlich blühende Allium polyrrhizum mit grünen, schnittlauchartigen Blättern und der vielwurzlige Mongolische Lauch (Allium mongolicum) mit blaugrünen Blättern, dessen Blüten die Schotterhalbwüsten mit einem rosa Schimmer überziehen.
Wir würzten unsere kargen Speisen mit dieser Pflanze, die so scharf war, daß wir, wie das auch die Kamele machten, unsere Münder in den Wind stellten, damit er den Schmerz auf unseren Zungen wegblase. Minteg meinte, daß taana das Kamelfleisch besonders würzig machte. Es sei allerdings erst in den letzten Jahrzehnten Kamelfleisch gegessen worden. Nach dem Wiederaufblühen des Buddhismus soll es wieder vom Speiseplan verbannt werden. Kamelherden säumten nun ständig unseren Weg. Obwohl die Tiere recht scheu sind, konnte man ihnen ziemlich nahe kommen. Das sollte man allerdings während der Brunftzeit unterlassen, da sich – sonst zahme – Kamelbullen äußerst aggressiv verhalten und auf jeden losgehen, der ihnen in ihrem Liebeswerben

als Rivale erscheint. Dann können sie in Höchstgeschwindigkeit auf Pferde und fremde Reiter losrasen, um sie aus der Nähe ihrer Herde zu vertreiben. Damit Vorüberkommende schon von weitem gewarnt werden, binden die Besitzer besonders gefährlichen Tieren ein rotes Band um den Hals. Jetzt lagen die Tiere zwischen den dornigen Caragana-Sträuchern und kauten mit abwesend-traurigem Blick vor sich hin. Manchmal streifte uns ein kräftiger Zwiebelatem.

Das Kamel und der Hirsch

Vor langer, langer Zeit hatte das Kamel ein Geweih mit zwölf Enden. Es hatte auch einen langen, wunderschönen Schwanz. Zu jener Zeit hatte der Hirsch kein Gehörn und war somit kahlköpfig. Das Pferd hatte damals statt eines Schwanzes ein kurzes, dünnes Etwas.
Das Kamel war sehr stolz auf sich und stellte immer wieder sein schönes Gehörn und seinen wunderbaren Schwanz zur Schau.
Eines Tages ging es an den See, um zu trinken. Es betrachtete sein prächtiges Spiegelbild im Wasser und konnte sich von seinem eigenen Anblick kaum losreißen, als der Hirsch aus dem Wald kam, sich vor ihm verbeugte und traurig sprach: »Diesen Abend bin ich zu einem wichtigen Treffen der Waldtiere und einiger Gäste geladen. Wie könnte ich dort erscheinen mit so einer kahlen Stirn? Und wenn es nur für eine Stunde wäre, könntest du mir nicht dein Geweih leihen. Ich wünsche mir so sehr, mit solch eindrucksvollem Gehörn wie dem deinen aufzutreten. Morgen, wenn du wieder zum Trinken hierher kommst, gebe ich es dir zurück.«
Als das Kamel die kahle Stirn des Hirschs betrachtete, fühlte

es Mitleid, nahm sein Geweih ab und setzte es dem Hirschen auf. Dieser machte sich mit seinem Kopfschmuck unverzüglich fort in den Wald. Unterwegs traf er das Pferd und erzählte ihm, woher er sein Geweih hatte. Auch das Pferd überlegte sich, daß ihm ein wenig Schmuck guttun würde, und es machte sich sogleich auf, das Kamel um seinen hübschen Schwanz zu bitten. Das gutherzige Kamel vertraute dem Pferd und tauschte seinen Schweif mit dem Schwänzchen des Pferdes.

Seitdem sind viele Tage und Jahre ins Land gegangen, und das arme Kamel hat weder sein Geweih noch seinen Schwanz zurückerhalten, und jedesmal, wenn es einen seiner Schuldner traf, forderte es sein Eigentum zurück. Der Hirsch und das Pferd machten sich jedoch nur über das Kamel lustig, und der Hirsch sagte sogar: »Du bekommst dein Geweih zurück am Tag, an dem des Ziegenbocks Hörner bis in den Himmel und des dummen Kamels Schwanz bis auf die Erde wachsen.«

Seitdem sagen die Leute, daß, wenn das Kamel zum Trinken geht und seine kahle Stirn im Wasser sieht, es erschreckt den Kopf schüttelt und sogleich den Appetit verliert. Und wenn es Wasser getrunken hat, streckt es seinen Hals weit vor und schaut lange zu den Berggipfeln hinauf, während es bei sich denkt: »Ob mir der Hirsch wohl jetzt mein Geweih zurückgibt?« Deshalb ist das Kamel auch immer so traurig. Manche Leute aber sagen, daß es jedoch eine Gerechtigkeit gibt, denn der Hirsch muß wegen seiner Untat jedes Jahr das Geweih wechseln.

Die Kunst der Nomadenviehhaltung

Lange vor der Ortschaft Dreißig Wasser (Gučin us) ritten uns drei junge Männer entgegen. Es waren die ersten Menschen, die uns an diesem Tag begegneten, und sie forderten uns mit Gesten zu einem Rennen auf, das wir mit unserem Jeep trotz aller Anstrengung haushoch verloren. Bei »Dreißig Wasser«, einer Ansammlung von Holzhütten und Jurten hinter Bretterverschlägen, setzten wir uns mit den Siegern zusammen, schnupperten an ihrem Schnupftabak und boten Zigaretten an.

Ich hatte mich in der Mongolei immer wieder gewundert, daß unser Kommen selbst in der verlassensten Gegend registriert wurde. Immer kam uns aus dem Nichts ein einsamer Reiter entgegen, der sich nach dem Woher und Wohin erkundigte. Minteg erklärte mir, daß die Augen und Ohren der Bewohner des Graslandes besonders scharf sind und das Zusammentreffen mit Fremden und ihren Herden eine wichtige Informationsquelle darstellt. Was Neuankömmliche eventuell verschweigen, können erfahrene und aufmerksame Nomaden am Zustand von deren Herden erkennen. Die Viehzüchter, die das ganze Jahr mit ihren Herden umherziehen, haben im Laufe der Jahrhunderte Viehhaltungs- und Fütterungsmethoden entwickelt, die von Generation zu Generation weitergegeben werden. Ein guter Nomade muß alle Gräser kennen und muß genau wissen, was die einzelnen Tierarten zu welcher Jahreszeit brauchen. Manche Tiere vertragen bestimmte Gräser nur zu einer bestimmten Jahreszeit. Droht Gefahr, zum Beispiel von einer speziellen Pfriemengrasart, deren Samen während der Reife stachelig werden und dann in Schleimhäute und Fell der Tiere eindringen, so gilt es weiter-

zuwandern und neue Futterstellen zu finden. Für jede Jahreszeit muß eine optimale Futtergrundlage geschaffen werden. Im Frühling werden Gräser aufgesucht, deren Nährkraft über den Winter am besten erhalten geblieben ist, trächtige Tiere brauchen geschützte Weide- und Ruheplätze. Im Sommer sollte das Vieh vor Mücken und Fliegen verschont werden und auf den Herbstweiden muß gute Weidemast gewährleistet sein, um die Tiere über den Winter zu bringen. Da ein Nomade seinen Viehbestand kennt, kann er genau ausrechnen, wieviel Tage er an einer Stelle verweilen kann. Schneefall, Dürre oder Seuchen, Kahlfraß durch Insekten und Mäuse oder das Auftauchen von Wolfsrudeln zwingen die Viehzüchter oft, den vorgeplanten Zug der Herden zu korrigieren, ja den saisonbedingten Wechsel des Lagerplatzes außer acht zu lassen. Durch das Beobachten des Verhaltens wilder Tiere und Vögel werden bevorstehende Wetterstürze erkannt. Ist eine Karawane eingetroffen, so wird von den Exkrementen der Tiere auf den Zustand von Gräsern und Tränken der Gegend, aus der sie kommen, geschlossen. Außerdem kann in Erfahrung gebracht werden, wo sich sein »Langbeinvieh« wie Pferde und Kamele aufhalten, die im Gegensatz zu den kurzbeinigen Kühen, Schafen und Ziegen weite Streifzüge ins Land machen.

Alle diese Informationen konnten wir den jungen Männern von Dreißig Wasser nicht geben, aber sie freuten sich zumindest, daß wir die ersten Europäer waren, die sie kennenlernten. Entgegen dem Namen »Dreißig Wasser« ist weit und breit kein Wasser in dieser Ortschaft zu entdecken, Benzin ebensowenig. Der Benzinmann ist schon heimgegangen, aber eine alte Frau malt uns den Weg zu ihm in den Sand. Frauen und Kinder sitzen aneinandergeschmiegt im Schatten ihrer Jurten. Sie warten, daß die Viehherden zurückkommen, um sie zu melken. Als wir aussteigen, läuft das Dorf zusammen, und Minteg und Chaliun werden registriert. Von uns will niemand einen Ausweis sehen, was uns erstaunt, denn in Ulaanbaatar hatte man uns gewarnt, daß die Aimakoberen sich häufig noch so gebärdeten wie früher und eine Reisegenehmigung verlangen. Benzin konnten wir nicht bekommen – die Pumpe arbeitete in Ermangelung von Strom schon länger nicht mehr. Ich stellte mir vor, daß wir wie in Charchorin die Tanks mit dem Schöpflöffel füllten. Noch hatten wir genug, und so fuhren wir einige Kilometer weiter und stellten unsere Zelte in der Nähe der Piste auf. Die erste Aufgabe war immer, die Gegend nach Argaal (getrocknetem Dung) abzusuchen, um Feuer zu machen. Minteg (»I do!«) kochte jeden Abend eine schöne Suppe, die wir mit Nudeln oder Reis verfeinerten. Ich machte im Schlafanzug einen Spaziergang in die Hügelchen. War vor kurzem noch blauer Himmel über uns, so drohten jetzt schwarze Regenwolken, ein für die Gobi typischer schneller Wetterumschlag. Zwischen meinen Füßen huschten Krötenkopfagame (Phrynocephalus versicolor) durch die niedrigen Baglursträucher. Irgendwann entdeckte ich winzige Rhabarberpflanzen (Rheum nanum), die ich als Nachspeise im Laufschritt zum Zelt brachte, denn nun goß es wie aus Kübeln. Chaliun und Minteg verstanden sich inzwischen prächtig und führten Tag und Nacht lange, angeregte Gespräche, wie ich es zwischen mongolischen Frauen und Männern nie mehr erlebt habe. In dieser Nacht kam ein so starker Wind auf, daß wir früh um drei Uhr unsere »rote Jurte« zusammenpackten und in Mintegs stabiles Mongolenzelt umsiedelten. Es blies so heftig, daß Minteg befürchtete, daß auch sein Zelt nicht halten würde. Am nächsten Morgen brannte die Sonne herunter, aber der Wind war unvermindert stark.

Ein wahrhaftiger Sandsturm

Die Fahrt nach Bogd war beschwerlich. Die Piste wurde sandiger und das Auto durfte nicht zu langsam gefahren werden, damit die Räder sich nicht eingruben. Einmal saßen wir im Sumpf fest und sammelten die raren Äste, Hölzer und Steine, um die Räder am Durchdrehen zu hindern. Von den Gerätschaften, die europäische Wüstenfahrer so mit sich führen, hatten wir nur eine Schaufel dabei. Aber Minteg kannte viele Tricks, die es mit der modernen Technik durchaus aufnehmen konnten. Beim Schieben konnte er wegen seines Beines nicht helfen. Einmal mußte er sich aber hinters Steuer klemmen, und wir drei Frauen schoben ihn mit aller Kraft heraus. Wir sahen jetzt häufig Antilopen vorbeiziehen, manchmal schienen sie mit unserem Auto um die Wette zu laufen, ja fast zu fliegen. Minteg sagte, das würde ihnen Spaß machen. Die Senke eines Regenwassertümpels, zu dem wir wanderten, war voll vom Charmag-Strauch, auf dem die köstlichsten Beeren, die die Gobi bietet, wuchsen. Charmag (Nitraria sibirica) wächst auf salzhaltigem, sandigem Boden. Seine kleinen roten Beeren, aus denen die Nomaden sogar Wein machen, schmecken wie die leibhaftige Sonne. Auch Kamele lieben sie und fressen sie vorsichtig aus dem dornigen Strauch heraus. Am Wasser unten hielt sich eine Menge Tiere auf. Schafe, Ziegen, Pferde und Kamele zogen durchs seichte Wasser.

Der Weg zurück zu Minteg und dem Jeep wurde zur Tortur. Der Wind trieb trotz der Sonnenbrillen Sand und Staub in die Augen. Um uns wirbelten plötzlich Windhosen wie transparente Säulen. Die Sonne brannte durch einen Filter aus Sand auf uns herunter. Cathleen freute sich noch über das

Ein Sandsturm zieht heran

milde, bräunliche Licht und schrie plötzlich auf, als sie nach Norden fotografierte. Eine hohe dunkle Wand kam langsam und beständig auf uns zu. Sie schien sich wie auf einem flimmernden Luftkissen zu bewegen. Wir befanden uns plötzlich in einem Sog aus Wind und Sand, der uns den Atem nahm, und fingen zu laufen an, um den Jeep zu erreichen, der mindestens zwei Kilometer von uns entfernt stand. Aber weder das Auto noch unsere Begleiter waren in dieser sonnenbeschienenen Düsternis zu sehen. Windböen strahlten den Sand schmerzhaft auf unsere nackten Oberarme. Wir stolperten blind – den Fotokoffer schleppend – vorwärts durch die dornigen Dünen, als die Sandwand uns den Atem nahm, uns zu Boden warf und in irrwitzigem Tempo über uns hinwegraste. Die Hände vors Gesicht gepreßt, lagen wir eingerollt im Sand, der uns innerhalb von Sekunden zugedeckt hatte. Wir schnappten nach Luft und krochen stöhnend und keuchend die Senke hinauf. Aus dem Sandnebel kamen uns zwei Kühe mit einem Kalb entgegen. Sie schienen sich verirrt zu haben, zogen aber tapfer weiter, so, als ob sie sich nichts anmerken lassen wollten. Die frischen Kadaver, die wir in den nächsten Tagen überall antrafen, sagten uns, daß in diesem Sandsturm nicht alle Tiere den Weg zum Wasser oder zu ihren Besitzern gefunden hatten. Minteg und Chaliun hatten sich im Jeep verkrochen, den wir lange nicht fanden, da der Sand ihn farblich dem Erdboden gleich gemacht hatte. Minteg hatte die Wand kommen sehen, uns aber nicht mehr warnen können. Er selbst war mit dem schnellen Wetterwechsel und den Stürmen der Gobi seit seiner Kindheit vertraut, aber dieses Jahr, meinte er, sei alles besonders extrem. Wir schaufelten – immer noch zitternd – das Auto frei und fuhren langsam weiter nach Süden. Die Caragana-Sträucher mit der goldenen Rinde, die die Halbwüste bisher so grün hatten erscheinen lassen, waren nun vom Sand zugeschüttet. Immer wieder mußten wir den Jeep flottmachen, denn der Sand füllte die Senken und Löcher. Wir trafen mehrmals auf sterbende Tiere. Ein Schaf war im Sturm von seiner Herde getrennt worden und saß nun einsam im Sand und wartete in der sengenden Sonne auf seinen Tod. Es wollte auch das Wasser nicht mehr, das wir ihm aus Mitleid hinstellten. Später sahen wir in der verwirbelten Landschaft ein totes Kamelfohlen. Seine Mutter zog und stupste es und stieß Laute aus, die mir die Tränen in die Augen trieben. Wir hatten die Hauptroute verloren, ihre Spuren waren verweht. Auch Minteg war unschlüssig, und wir versuchten, uns mit Kompaß und Karte zu orientieren. Einige Male quälten wir den Jeep die Berge hoch, mußten aber umkehren, da wir den »Durchlaß« nicht finden konnten. Minteg deutete auf einen weißen Punkt auf einer Anhöhe, ich sollte darauf zusteuern. Es war eine einzelne Jurte, und wir freuten uns, bald Menschen zu sehen, die uns den Weg weisen würden. Als wir die Jurte endlich erreichten und erleichtert eintreten wollten, rüttelten wir vergeblich an der Tür. Das erste und einzige Mal während unserer Reise war niemand daheim. Der Wind blies um die verlassene Jurte und wir empfanden die Szene als unheimlich. Minteg meinte, weiter östlich eine weitere Jurte entdeckt zu haben. Obwohl er über sechzig war, hatte er die Augen eines Adlers, und wir fuhren abermals zum weißen Punkt, der immer größer wurde, Pferde und Kamele nahmen Gestalt an. Als wir erleichtert aus dem Auto stiegen, rüttelte der Wind immer noch mit Macht an uns. Das Phänomen, das wir nach Eintritt in die Jurte erlebten, nannte ich »die totale Geborgenheit«, denn im Inneren dieses Filzhauszeltes herrschte absolute Ruhe, ja Stille. Von dem heulenden und zerrenden Sturmwind war weder etwas zu hören noch zu spüren. Frauen und Kinder saßen beim Herd und bewirteten uns mit frischem Milchtee. Die Männer und Burschen waren alle fortgeritten, um die Herden wieder aufzustöbern und nach Hause zu treiben. Eines der jungen Mädchen begann plötzlich ein paar Worte Englisch an uns zu richten. Sie taute schnell auf und erzählte, daß sie eigentlich im Internat lebte und nur in den Ferien zu den Eltern zurückkehrte. Solche Internate wurden nach 1921 auf der Grundlage eines neuen Bildungsprogrammes geschaffen, das dem Analphabetentum entgegenwirken und das Bildungsmonopol der Klöster brechen sollte. Seitdem ist auch das früher übliche Analphabetentum unter Frauen zurückgegangen. Allerdings bewirken die langen Internatsaufenthalte, daß vielen Kindern heutzutage die Arbeit der Eltern fremd wird und sie sich keine fundierten Kenntnisse in Herdenhaltung und nomadischen Traditionen mehr aneignen.

Später kamen die Männer mit den Herden zurück, und die

Frauen begannen sogleich, die Kamelstuten zu melken. Das taten sie auf einem Bein stehend, mit dem hochgezogenen Knie des anderen Beins stemmten sie den Eimer unter das Euter.
Obwohl wir müde waren, saßen wir noch lange mit der Familie zusammen und tranken von der köstlichen Kamelmilch, wie Stutenmilch ebenfalls vergoren. Kamelmilch ist viel fetter als Stutenmilch und von ausnehmend appetitlicher weißer Farbe. Wir wurden eingeladen, diese Nacht in der Jurte zu verbringen, der stabilsten, flexibelsten, heimeligsten, wärmsten Behausung der Welt.

Ein Lehrerehepaar in Bogd

Am nächsten Mittag erreichten wir Bogd, am Nordrand des Arc-Bogd-Gebirges gelegen, das aus den drei Bergen Arc-Bogd, Baga-Bogd und Ich-Bogd besteht. Dort wächst der »Arc«-Strauch, ein Wacholder (Juniperus sabina oder Sadebaum), aus dessen zu Pulver zerriebenen Zweigen der besonders wohlriechende Weihrauch hergestellt wird, den man in den Klöstern kaufen kann. Bei der Wanderung im Baga-Bogd (kleiner Bogd) sahen wir an den Felsenhängen Steinböcke (Capra sibirica) mit mächtigem Gehörn herumklettern. Unter uns lag die Gobi wie ein riesiges türkisfarbenes Meer, aus dem rote Felsen ragten und kleine steile Sandwellen mit grünen Schaumkronen.
In Bulgan, dem Kreiszentrum, steht der Lehrer am Ortseingang, als ob er auf uns gewartet hätte. Er ist aus Ulaanbaatar und lebt mit seiner Frau, einer Englischlehrerin, seit einem

Jahr hier in dem gottverlassenen Ort. Er freut sich über Besuch und lädt uns zu sich ein. Seine Frau kocht uns eine köstliche Gemüsesuppe und erzählt, daß sie sich beide sehr wohl in diesem Ort fühlten, in dem sie den Luxus einer Dreizimmerwohnung genießen, einen Gemüsegarten vor der Haustür haben und dreimal so viel verdienen wie Lehrer in zugänglicheren Gebieten. Früher wurde jeder Lehrer verpflichtet, ein Jahr in einer abgelegenen Gegend der Mongolei zu absolvieren. Chaliun erzählte daraufhin, daß sie als junge Studentin einige Monate im Jahr in Kolchosen dienstverpflichtet war. Ihre Aufgabe war es, neugeborene Lämmer aufzuziehen, die von ihren Müttern nicht angenommen worden waren. Da in den Großbetrieben auf ständige Steigerung der Fleischproduktion geachtet wurde, brachte man junge Schafe viel zu früh zum ersten Wurf. Die jungen Mütter gebärdeten sich wegen ihrer Jugend dann als Rabenmütter und verstießen ihre Jungen. Chaliun erinnerte sich, wie sie damals weinend zwischen Hunderten von Schäfchen saß und nicht wußte, was sie tun sollte.

Unsere Gastgeber hatten sich freiwillig nach Bulgan versetzen lassen. Sie mögen den Menschenschlag der Gobi, den sie als sehr liebenswürdig bezeichnen, und der in krassem Gegensatz zu den Bewohnern und Schülern Ulaanbaatars stünde. Der Lehrer holte die Betreiberin des örtlichen Gästehauses herbei, die uns in einem langen, kalten Steinhaus unterbrachte. Die hohen gemauerten Öfen ließen auf ziemliche Kälteperioden schließen. Es waren schon lange keine Fremden mehr in diesen Ort gekommen, nur manchmal bezogen Expeditionsmitglieder und Volkskundler hier Quartier. Die Ortschaft liegt etwa fünfundzwanzig Kilometer von Bajanzag entfernt, einer berühmten Ausgrabungsstätte von Dinosauriern.

Der Treibstoff war durch unsere Irrfahrten schneller zur Neige gegangen. In Bulgan war seit geraumer Zeit kein Benzin geliefert worden, und wir hätten uns höchstens ein paar Liter erbetteln können. Das erschien Minteg als unehrenhaft, und wir fuhren los in der Hoffnung, es bis zum »Gobi-Camp« zu schaffen. Bei der Ortsausfahrt warfen wir neugierige Blicke in die in der Mongolei so ungewohnten Gemüsegärten und wurden sofort mit einem Sack Karotten beschenkt – den schmackhaftesten auf dem ganzen Erdball, wie uns schien. Neben dem Garten sprudelte aus einem Loch im Wüstensand eiskaltes Wasser, mit dem wir unsere wasserentwöhnten Körper erschreckten.

»Das« Mongol-Ei

Fast wären wir in die roten Cañons von Ulaan-ereg (Rotes Ufer) hineingestürzt, so unvermittelt waren sie in die weite Ebene eingekerbt. Unsere mongolischen Gefährten blieben beim Jeep, während Cathleen und ich in die Schluchten wanderten, in deren Tiefen zahllose Saurier begraben liegen. Die schweren Regenfälle der letzten Wochen hatten lapislazuliblaue Blümchen aus dem roten Sandstein wachsen lassen. Der Wind fegte nun darüber und die ausgewehten Wurzeln der Saksaul-Sträucher in der Umgebung ragten wie Stelzen aus der Erde. Wir schleppten Cathleens Fotoausrüstung nach unten, in der Erwartung, irgendein »Lebenszeichen« der vor siebzig Millionen Jahren ausgestorbenen Dinosaurier zu entdecken. Wir waren völlig allein. Aus rosa Sandsteinwänden ragten riesige Knochenteile hervor, die gezackten Sandberge

Dinosauriernest

wirkten wie die Silhouetten der darunter begrabenen Drachen. Der Regen hatte das weiche Sandgestein dieses Orts ausgewaschen und versetzte uns in ein Gebeinhaus aus einer längst vergangenen Zeit. Wir waren die einzigen Menschen hier unten. Muscheln und Süßwasserschnecken waren in den Wänden eingebacken und zeugten davon, daß wir uns inmitten einer ehemaligen, vielleicht mangrovenwaldbestandenen Flußlandschaft befanden, deren Gewässer sich damals in die Tethys, einer Ausbuchtung des Ozeans, ergossen hatten. Der Hüftknochen eines Sauriers, – Protoceratops, Tarbosaurus baatar, Saichania chulsanensis oder war es der eines Opisthocoelicaudia? – lag einfach so da. Rückenwirbel, ja ganze Rückgrate waren im rosaroten Felshintergrund klar zu erkennen. Mehrere walzenförmige Sauriereier, sonst Früchte mühevoller Ausgrabungsarbeiten von Spezialisten, präsentierten sich uns, freigelegt von den Regengüssen, im feuchten Sand. Wir bewegten uns durch die Klippenlandschaft, in der dornige, rosa blühende Sträucher mit großen geflügelten Früchten wuchsen, und schienen mit jedem Schritt auf versteinerten Gebeinen zu wandeln. Von den Plateaus der Cañon-Wände schauten wir wie von roten Tabletts aus auf die grüne Gobi hinunter. Der unerbittliche Wind, der von der offenen Seite der Schlucht hereinblies, radierte vor unseren Augen die Ellenbogenspeiche eines seit Ewigkeiten ruhenden Urtiers für immer aus.

Die Schlucht Ulaan-ereg bei Bajanzag wurde 1922 zum ersten Mal von Roy Chapman Andrews im Auftrag des American Museum for Natural History erforscht. Die Expedition war auf der Suche nach Spuren früher Säugetiere, entdeckte aber die Überreste bis dahin unbekannter Dinosaurier. Andrews vermutete, daß der hier aufgefundene, etwa zwei Meter lange gehörnte Protoceratops andrewsi einst über eine Landbrücke von Asien nach Nordamerika gewandert war und sich dort weiterentwickelt hatte. Er hielt ihn für einen nahen Verwandten des bis zu zehn Tonnen schweren, ebenfalls gehörnten Triceratops, der zuhauf in der nordamerikanischen Prärie gelebt hatte. Andrews entdeckte in Bajanzag über hundert Exemplare des Protoceratops und in derselben Schicht intakte Saurier-Eier-Gelege, wie sie die Weibchen vor siebzig Millionen Jahren in eine Grube gelegt und mit Pflanzen und Sand bedeckt hatten, das Ausbrüten hatten sie der Sonne überlassen.

Schließlich erfüllte sich der Traum Andrews' doch, als er beim »Roten Ufer«, die er »Flaming Cliffs« genannt hat, Fossilienfragmente von kleinen Säugetieren fand, die die Ureltern aller Säugetiere, einschließlich der Menschen, waren.

Auf dem Weg zum »Gobi-Camp« bekamen wir endlich richtige Sanddünen zu Gesicht. Es herrschte Mittagshitze, und wir sanken knietief im heißen Sand ein. Es machte einen Riesenspaß, von den Sandgraten ins Leere zu hüpfen und sich den Abhang hinuntergleiten zu lassen. Leider lagen überall Getränkedosen herum, denn diese Dünen wurden vom »Gobi-Camp« aus als Touristenattraktion angefahren. Von oben konnte man weit in die Saksaul-bewachsene Ebene schauen. Saksaul (Haloxylon ammodendron) ist ein typischer Wüstenstrauch, der zur Familie der Gänsefußgewächse gehört. Kamele lieben seine jungen fleischigen Triebe, deshalb ist er oft abgefressen und stirbt. Alte Stämme haben mächtige, verholzte Wurzeln, auf denen der Strauch wie auf Stelzen in der Landschaft steht, wenn der Wind den Sand herausgeweht hat. Im Schutz dieses Strauchs lebt die Saksaul-Ratte (Rhombomys opimus), der Saksaul-Häher (Podoces hendersoni) brütet in seinen Zweigen. Auf den Wurzeln kann man manchmal die bis zu vierzig Zentimeter hohe Schmarotzerpflanze, Cistanche salsa, sehen. Der Saksaulbestand in der Gobi hat in den letzten Jahrzehnten erheblich gelitten, da die Nomaden ihn als Brennholz benutzen, was inzwischen verboten ist.

Das »Gobi-Camp« erreichten wir zu Fuß, da uns zwei Kilometer davor das Benzin ausging. Obwohl hier in der Nähe des Aimak-Zentrums Dalanzadgad mehr Verkehr herrschte, bestand wenig Hoffnung, daß ein anderes Auto vorbeikäme. Während der ganzen Fahrt nach Süden war uns außerhalb von Ortschaften kein einziges Auto begegnet. Das »Gobi-Camp« ist eine der ältesten Touristenstationen in der Gobi.

Die meisten Leute fliegen von Ulaanbaatar nach Dalanzadgad und unternehmen von hier aus einige Rundfahrten in die Umgebung. Das Camp bot alles an Unterhaltung, was wir bisher gerne gemieden hatten. Einheimische, als Mongolen verkleidet, boten ein buntes Potpourri an Gesang und Tanz, angefeuert vom rhythmischen Klatschen japanischer Touristen. Wir beschlossen, irgendwo in der Ebene zu zelten. Es war eine eiskalte Nacht, in der wir besonders gut schliefen.

Mongolische Kinderliebe auf dem Lande, Armut in den Städten

Die nächsten Tage verbrachten wir bei der »Geier-Schlucht« (Jolin-am) in der Gurvan-Sajchan(die drei Schönen)-Gebirgskette. Minteg kannte Erdenbileg, den Wächter des Museums, das einige Kilometer vor der Schlucht gelegen war und viele ausgestopfte Gobi-Tiere beherbergte. In einem Käfig saß ein lebendiger kleiner »Drache«, den der Aufseher als leibhaftigen Nachfahr der Dinosaurier bezeichnete und der nur in den hiesigen Saurier-Gegenden vorkomme. Wir schlugen unser Zelt in den Hügeln hinter dem Museum auf, um einige Tage hier zu verbringen und in die Umgebung zu reiten und zu wandern. Zuerst schafften wir uns einen Vorrat an Trockendung an. Während wir mit den Händen sammelten, warfen Erdenbilegs Kinder das »argal« mit einer siebenzackigen Holzgabel in einen Korb auf ihrem Rücken. Minteg meinte, daß der Dung verschiedener Tiere unterschiedlich gut brenne. Am besten seien Pferdeäpfel, aber eine gute Methode, besonders ergiebigen Brennstoff herzustellen, ist frischer Kuhfladen, mit Kohlenstaub vermischt, getrocknet und geschnitten. Auch merkte er verschmitzt an, daß argal nie von Männern gesammelt würde, woraufhin er sich wieder bückte und ein paar besonders schöne Stücke in den Sack steckte.

Chaliun beschäftigte sich besonders gern mit den Kindern. Obwohl sie studierte Ökonomin war, arbeitete sie in Ulaanbaatar in einer sozialen Einrichtung, die erst seit kurzem existierte. In einem Heim namens »ITGEL« (Hoffnung) werden Straßenkinder untergebracht und betreut. Wie wir selber beobachtet hatten, lebten in der Hauptstadt viele Kinder auf der Straße, wo sie bettelten oder Geschäftchen als Limonadenverkäufer machten. Chaliun erzählte von ihren Erlebnissen mit den Kindern in der Stadt, deren Leben in krassem Gegensatz zu dem der Nomadenkinder stand, denn, wo immer wir aufs Land kamen, erlebten wir die sprichwörtliche mongolische Kinderliebe, die keine Härte oder Gewalt erkennen ließ. In den zumeist intakt gebliebenen Familienverbänden werden Kinder mit Liebe und Nachsicht aufgezogen, wobei sich nicht nur die eigene Familie, sondern alle Erwachsenen eines Jurtenverbandes für ihre Erziehung verantwortlich fühlen. Die Kinder pendeln zwischen den verschiedenen Jurten, werden überall gefüttert und können mehr oder weniger schlafen, bei wem sie wollen. Auffällig war für uns das respektvolle Verhalten alten Leuten gegenüber, und wir haben viele Lieder gehört, in denen liebevoll Eltern und Großeltern besungen werden. Mit sieben Jahren nehmen Kinder allmählich am Arbeitsleben Anteil. Bis dahin brauchen sie sich nicht an die strenge räumliche Einteilung in der Jurte halten und können herumspringen, wo sie wollen. Nun lernen Buben mit Tieren umzugehen, zu scheren und

zu melken, die Mädchen werden langsam an ihre Rolle am Herdfeuer gewöhnt, lernen nähen und melken. Aus früheren Zeiten hat sich in manchen Familien noch der Brauch des »nagač« erhalten. »Nagač« ist die Bezeichnung für die Verwandtschaft mütterlicherseits, die eine Art Vermittlerinstanz bei Konflikten darstellt und der hohe Achtung gezollt wird. »Nagač« stellt durch ihre Autorität einen gewissen Schutz für die in die Verwandtschaft des Mannes eingeheiratete Frau dar. Ihre Kinder können sich jederzeit an diese Art Paten aus der mütterlichen Linie wenden, selbst wenn sie schon größer sind und Probleme haben, gar mit dem eigenen Vater.
Was Chaliun hingegen über die Straßenkinder und die sozialen Probleme in der Hauptstadt erzählte, war ein hartes Stück Wirklichkeit aus einer Welt zwischen den Welten. In der sechshunderttausend Einwohner zählenden Hauptstadt gelten siebzigtausend Menschen als arm, davon achtzehntausend als bitterarm. Armut ist nicht erst seit der Abkehr von der sozialistischen Planwirtschaft ein Problem, jedoch ist sie seit der Hinwendung zur freien Marktwirtschaft übermächtig geworden. Wie in allen sozialistischen Ländern waren früher die Preise für Lebensmittel niedrig, und es gab Vorzugseinkaufsmöglichkeiten in den jeweiligen Betrieben. Heute herrschten Arbeitslosigkeit und Lebensmittelknappheit. Um die achtzehntausend der Allerärmsten zu betreuen, bedürfte es zweihundertzwanzig Millionen Tugrik, es stehen aber nur dreißig Millionen zur Verfügung. In sechs Betreuungszentren für Arme und Obdachlose werden Nahrungsmittel und Brennmaterial verteilt. Es sind jedoch offiziell nur einige hundert Menschen obdachlos. Die meisten finden bei Verwandten Unterschlupf, Relikte der alten Bräuche, daß man sich gegenseitig hilft. Chaliun meinte, die städtischen Familien würden nur deshalb als leidlich intakt gelten, weil

sie aus reiner Armut zusammenhielten. Die urbanen Leidtragenden im Grasland sind vielfach Kinder. Man spricht von vierhundert, die in Ulaanbaatar auf der Straße leben, fünfzig davon wohnten jetzt im ITGEL-Heim, wo sie auch in die Schule gehen. Die meisten Kinder sind nicht obdachlos, sie verlassen – als Sozialwaisen – ihre Eltern und möchten lieber im Heim leben. Die Familien sind durch aufgezwungene Seßhaftigkeit, die sie von ihren Stämmen und Traditionen abgeschnitten hat, durch Arbeitslosigkeit, grassierenden Alkoholismus und Kinderreichtum, der in der Stadt Armut bedeutet, zerrüttet. Chaliun sagte, daß achtzig Prozent der Kinder, die in ihr Heim kommen, an Haut- und Nierenkrankheiten leiden, viele geistig zurückgeblieben sind. Elfjährige haben bereits eine Vergangenheit als Trinker, Schnüffler, Räuber, Prostituierte und Vergewaltigte hinter sich. Chaliun meinte, daß das Los der Stiefkinder besonders schlimm sei. Paare lebten einfach zusammen und das schon vorhandene Kind der Frau aus einer früheren Verbindung würde vom neuen Gefährten häufig einfach ignoriert. Minteg meinte, daß er ein Ritual kenne, das auf dem Land noch manchmal zum Tragen komme und das dem Schutz eines angeheirateten Stiefkinds diene. Es bekommt bei der Hochzeitszeremonie der Eltern einen Ehrenplatz, wird bedient, erhält die gleichen Geschenke, Pferde und Schafe wie die Eltern. Um die Autorität und das Selbstbewußtsein des Stiefkinds zu stärken, wird laut verkündet, wieviel vom Familienvermögen ihm gehört. Der neue Vater spricht eine Formel, die ihn – und damit seine Sippe – verpflichtet, sich um das Wohlergehen seines Stiefkindes zu kümmern.

Wir verbrachten einige erholsame und gesprächige Tage in unserem kleinen Zeltlager. Wir schnitten uns gegenseitig die Haare, brüteten über den Landkarten und saßen um unser Dreibein, an dem Mintegs eiserner Topf über dem Feuer hing. Wie in den Jurten auch, machten wir zuerst immer fette Brühe mit Trockenfleisch, danach wurde im gleichen Topf Caj – gesalzener Milchtee – gekocht. Meistens schwamm eine dünne Fettschicht darauf, die ein wenig Schafgeruch verbreitete. Erdenbileg beschaffte uns Pferde, und eines Tages ritten wir zusammen zur Geierschlucht, während Minteg sein Bein und den Jeep hüten wollte. Zwei Argali-Schafe mit riesigem gedrehten Gehörn flohen in den Felsen vor uns einsamen Reitern, Ziesel und Pfeifhasen bevölkerten in Massen das enge Tal, ihre unterirdischen Gänge waren eine ständige Gefahr, daß die Pferde einbrechen könnten. Unsere Reittiere schienen jedoch gefährliche Stellen instinktiv zu erkennen. Der Name der Schlucht war kein leeres Wort – hoch über uns kreisten viele Geier, von deren Nahrungsgrundlage unzählige Kadaver und schneeweiße Skelette herabgestürzter Tiere zeugten. Ein Adler saß auf einer gezackten Felsenkante über der Schlucht, Gefieder und Silhouette waren in Farbe und Form wie das Gestein, von dem aus er auf Beute lauerte. In der Schlucht floß ein Bächlein, das sich an besonders schattigen und steilen Stellen seinen Weg durchs Eis bahnte. Als die Schlucht immer enger wurde, wanderten wir zu Fuß weiter. Cathleen machte Aufnahmen, während Chaliun und ich in die dichtbewachsenen Nebentäler hinaufstiegen, wo wir wilde Stachelbeeren und Johannisbeeren fanden. An den Felshängen wuchsen Arc-Sträucher, die einen guten Duft verbreiteten. Die Nacht verbrachten wir in der Nähe einer zweiten Schlucht, der Dungin-am, zu der wir am Nachmittag geritten waren. Wir schliefen im Freien auf mitgeführten Filzteppichen, die die Bodenkälte völlig abhielten. Ansonsten wurden wir aber von der Nachtkälte der Gobiregion eingehüllt, die uns am nächsten Morgen sehr früh aufstehen ließ. Nachts hatte uns allerhand fiependes, schnaubendes Getier umhuscht, umflattert und umschlichen. Aber weder die Pferde noch Erdenbilegs kleiner ockergelber Hund mit den schwarzen Knopfaugen hatten eine dramatische Situation festgestellt. Der Hund reagierte auf alle unsere Annäherungsversuche mit eisiger Zurückhaltung. Obwohl er den einen oder anderen Happen annahm, war er ein unbestechlicher Gefolgsmann seines mongolischen Herrchens. Die Dungin-am war eine sonnenbeschienene, niedrige Schlucht, eher ein geschlängeltes Tälchen, in dem Frühlingsatmosphäre herrschte – durch frisches Grün floß ein Bach, Yaks weideten an den Ufern. Diese fellbehangenen Hochgebirgsbüffel mitten in der Wüste? Die kalte Nacht hatte uns daran erinnert, daß wir uns im über zweitausend Meter hohen Gurvan-Sajchan-Gebirge befanden, das die Gobi hier in Ostwestrichtung durchzieht. Die Schlucht war besonders reich an kleineren Vögeln, die die Luft mit schrillen Lauten erfüllten und eifrig Höhlen und Spalten ansteuerten. Eine sonnige Felsplatte wurde von rotgrau glänzenden Mauerläufern angeflogen, im Gras liefen mehlgraue Königshühner vor uns davon. Wir durchritten die Schlucht bis zum anderen Ende, und auf dem Rückweg stiegen wir zu Fuß die steilen, feuchtglänzenden Schotterhänge hinauf, auf deren Graten sich Antilopen tummelten, über ihnen zogen Geier erwartungsvoll Kreise.

Ani – eine Alte im Innenhof des Gandan-Klosters.

Lama; einer der wenigen Überlebenden.

Ein »Aktivist der ersten Stunde«.

Bogenschützen bei der »mongolischen Olympiade«.

Trancetanz.

Wasserstelle in der Wüste Gobi.

In Ulaanbaatar: eine der vielen Nationalitäten.

Steppe bei Ulaanbaatar.

Im Norden am Selenga-Fluß.

Chovd: Pferde in der Furt.

Eine Jurte in 3200 Meter Höhe.

Die Stelen von Terelž.

Der südlichste Vorposten der ehemaligen Sowjetunion

Dalanzadgad, Zentralstädtchen des Omnogov-Aimaks (Südgobi), war nicht das, was sich Wüstenfahrer unter einer romantischen, gar palmenbestandenen Oase vorstellen. Nicht Baum noch Strauch warfen einen gütigen Schatten auf die Bretterverschläge, Jurten und Hütten. Die steinernen Prachtbauten von einst waren von Witterung und Ruhestand patiniert, ihre Bauherren und die sowjetischen Grenzschützer längst abgereist. In der Hauptstraße beim roten neoklassischen Theaterbau – der Versuch einer Allee. Eher als der Siedlungskern schien uns die Tankstelle ein Ort der Begegnung zu sein. Hier traf alles aufeinander, was ein Motorrad, einen Lastwagen oder einen Jeep besaß und die letzten Meter dorthin fahrtechnisch meistern konnte. Wie eine Insel lag

Das Wahrzeichen von Dalanzadgad

die Tankstelle inmitten tiefer Gräben und Furchen. Der Tankwart machte sich nicht die Mühe, den Schlauch über die Kühlerhaube zu führen, er zog ihn statt dessen über unsere Beine durchs Wageninnere, um auch den zweiten Tank auf der rechten Seite zu füllen.

Der Versuch, Lebensmittel in einem öffentlichen Laden zu erstehen, schlug fehl. Zunächst war es schwierig, Läden überhaupt als solche zu erkennen, denn man hatte sich Mühe gegeben, sie möglichst unauffällig unterzubringen, ja sie schienen geradezu getarnt. War man dann doch angekommen, gähnten einen die Regale an, einmal allerdings hätten wir vorfabrizierte Holzsättel, Filzmatten und Stoffe kaufen können.

Als wir im weitläufigen Innenhof einer ehemaligen Kaserne Hühner herumspringen sahen, baten wir den Besitzer, uns ein Huhn und Eier zu verkaufen. Nachdem wir bezahlt hatten und die Eier verstauen wollten, präsentierte seine Frau sie uns als Rührei in der Pfanne. Wir nannten dies Gericht »Čingis-Schmarren« und verzehrten die Ration für die nächsten Tage im voraus.

Es zog uns von diesem Ort weg. Auf dem Sonntagsmarkt herrschte eine seltsam düstere Atmosphäre. Auch hier gab es kaum etwas zu kaufen. Plastikschuhe und Kaugummi waren die großen Renner. Ein Mann belud sein Kamel mit Mehlsäcken und ritt in die schattenlose Mittagshitze hinaus. Minteg hatte uns als Wächterinnen im Jeep zurückgelassen. Bald fühlten wir uns wie in der Vitrine, denn eine Traube Burschen, mit und ohne Pferd, hing nach und nach an unserem Auto, starrte bei den Fenstern herein und schnallte an den Türen. In dem Augenblick, als der Wagen vor Schaulustiger zu wackeln begann, kam Minteg zurück und löste, ein blutiges Stück Rindfleisch schwenkend, die »Tierschau« auf.

Als wir Dalanzadgad Richtung Südosten verließen, rollten wir an Bauten vorbei, die vor kurzem noch sowjetische Soldaten beherbergt hatten. Wir befanden uns etwa zweihundert Kilometer nördlich der chinesischen Grenze. Dalanzadgad war sozusagen der südlichste indirekte Außenposten der Sowjetmacht.

Die ehemalige Kolchose Šauerté lag auf unserem Weg nach Nomgon. Seit einem Jahr war sie privatisiert. Wie man uns erzählte, hatte ein »reicher Mann« aus Ulaanbaatar sie gekauft. Jetzt haben die damaligen Kolchosarbeiter, eine Jurtenvereinigung von zehn Familien, die Möglichkeit, sich durch ihre Mitarbeit Anteile am Besitz zu erwerben. Irgendwann soll Šauerté völlig ihnen gehören. Dank eines Brunnens werden Mais, Zwiebeln, Kartoffeln, Karotten, Gurken und Tomaten angebaut. Der Versuch, Äpfel und »Schwarze Kirschen« (Ebereschen, Aronia) anzubauen, ist bisher fehlgeschlagen. Bei einem Regenwassertümpel in sanften Sanddünen machten wir Rast und fanden alles überzogen von Nitraria-sibirica-Sträuchern mit ihren roten, süßen Beeren. Nach etwa achtzig Kilometer durch eine endlose Ebene kamen wir am völlig zerstörten Kloster von Bulgas vorbei. Minteg meinte zuerst, daß die noch sichtbaren Lehmziegelmauern, aus denen ein Wiedehopf vor uns flüchtete, Winterställe seien, aber Cathleen fand überall blaue Kacheln, bunt bemalte Scherben und Holzteile. Ganz in der Nähe entdeckten wir lange, regelmäßig verlaufende Steinreihen. Heereslager, Grabstätten, ständig begegneten wir solchen geschichtsträchtigen Steinen. Die Ebene stieg langsam an, wir passierten kleine, kegelförmige Berge im Nomgon-Gebirgszug und fuhren hinunter in die Ebene von Sangijn Dalaj. Beim Fahren war nach wie vor hohe Konzentration geboten, denn obwohl die Piste recht glatt aussah, hatte sie tiefe Löcher, denen man geschickt ausweichen mußte. Manche steile Anhöhe schaffte das Auto nur, wenn ich es in weitausholenden Schleifen durch die trockenen niedrigen Sträucher nach oben quälte. Der Jeep war extrem hart gefedert, und nach und nach rüttelte sich immer das Gepäck los und flog uns um die Ohren oder es floß Kamelmilch über unsere Füße.

Die kleine Ortschaft Nomgon wirkte im rötlichen Abendlicht fast italienisch. Im Mittelpunkt des Zentralplatzes befand sich auch hier das öffentliche Plumpsklo, dessen ächzende Türe vom Wüstenwind auf- und zugeschlagen wurde. Sonst war kein Laut zu hören. Die Hunde lagen vor ihren Jurten und beobachteten uns tonlos. Ein gestalterisches und praktisches Element von Gobi-Ortschaften fiel uns gleich auf. Aus kleinen Heizkörpern waren niedrige Zäune errichtet worden, oder sie dienten als Treppenstufe zu den Hütten. Hellblaue Zeugen einer Zeit, in der in der Wüste Gobi ein Überschuß an Radiatoren geherrscht haben muß.

Im halb zerstörten Kloster trafen wir den alten Lama Sonom Dorž, der in der Zeit nach den Säuberungen 1937 zunächst als Postillon arbeitete und sich dann freiwillig zur Armee gemeldet hatte, um überhaupt eine Ausbildung zu erhalten. In den letzten Jahren ist er in sein Kloster zurückgekehrt, hält Zeremonien ab und sammelt Geld für den Wiederaufbau. Die Außenmauern der Tempel stehen noch, aber die Dächer sind abgebrannt und zusammengefallen. Vor allem die einstöckigen Gebäude sind stehengeblieben, da sie schwerer zu zerstören waren. In der Asche liegen bunt bemalte, geschnitzte Holzbalken und blaugoldene Tapeten, ein bronzener Weihrauchkessel voller Sand ziert noch den Eingang. Hinter einem der verrammelten Gebäude liegen Massen von ausgebleichten Tierschädeln und Knochen. Sie werden zermahlen und dann zur Farbherstellung nach China gehen.

Die wilden Esel

Statt im örtlichen Gästehaus kommen wir in der Jurte von Durdling unter. Er und Minteg sind Bekannte aus der Zeit, in der sie beide als Nomaden in den Südausläufern des Altai-Gebirges gelebt hatten. Beide sind seßhaft geworden, aber Durdling ist zumindest geographisch der Wüste treu geblieben. Er züchtet und bewacht zwar keine Kamele mehr, sondern arbeitet als Nachtwächter in einem »shop« für Sprudelgetränke, Alkohol und Kleider, aber ansonsten lebte er noch sehr mongolisch und genoß hohes Ansehen als Sänger und Schiedsrichter (zasuul) bei Naadam-Festivitäten. Durdling war schon eine Zeitlang Strohwitwer, da seine Frau mit den Kindern in ein Erholungsheim für verdiente Mütter gefahren war. Er sagte, daß der Hund deshalb in Hungerstreik getreten sei und täglich mehr in Melancholie verfalle. Durdling war ein großer Gastgeber und Koch, aber das wahre Fest veranstaltete er uns zu Ehren am Tag, als wir von den wilden Eseln zurückkehrten. Südlich von Nomgon, in einer Gegend, die Durdling »tal gucin chojorijn« nannte, leben noch wilde Esel, deren Anzahl auf Grund der Einschränkung ihres Lebensraums in den letzten Jahrzehnten immer kleiner geworden ist. Von den wilden Eseln (Equus hemionus), die in den Niederungen und Wüsten Asiens leben, gibt es sechs geographische Gruppen, die alle mit dem Oberbegriff »Onager« (griechisch: wilder Esel) bezeichnet werden. Noch zu Beginn dieses Jahrhunderts gab es ein Verbreitungsgebiet, das die Gobi, den Baikalsee, Kasachstan, Turkmenien, die nordindische Tharwüste und die Wüsten Palästinas und Nordarabiens umfaßte. Überall wurden die Onager jedoch gejagt oder durch Landwirtschaft und Besiedlung verdrängt. Heute sind

nur wenige zusammenhängende Landstriche übrig. Die größten davon liegen in der Mongolei, wo der Onager »chulan« genannt wird. Außer in der südlichen Gobi lebt er im relativ fruchtbaren Streifen des Gobi-Altai-Gebirges.
Onager-Herden werden gewöhnlich von einer alten Stute angeführt. Die Herde besteht vor allem aus weiblichen Tieren und jungen Hengsten. Erwachsene Hengste leben die meiste Zeit des Jahres allein und tun sich nur zur Brunftzeit im Frühsommer oder in der kalten Jahreszeit mit der Herde zusammen. Die Esel ernähren sich von den spärlichen Gräsern und saftigen niedrigen Sukkulenten, die in ihrem Wassergewebe vor allem die Nachtfeuchtigkeit speichern. Auch die salzige Erde ist ein wichtiger Mineralspender.
Nach zwölf Monaten Tragezeit sondern sich trächtige Stuten von der übrigen Herde ab und kehren nach drei Monaten mit ihrem Fohlen zurück. Onager sind extrem flink. Erna Mohr, Spezialistin für Wildesel, berichtete von einer Onager-Stute, die über eine Dreiviertelstunde lang fast fünfzig Stundenkilometer schnell gelaufen war. Auch in steilem Gelände sind die Wildesel sehr gewandt, harte Auswüchse an den Außenseiten der Hufe geben ihnen Halt.
In der rotglänzenden Steinwüste, dampfend vom Regen, der vor kurzem niedergegangen war, machten wir uns gemeinsam mit Chaliun, Minteg und zwei Männern aus Nomgon auf die Suche nach den Wildeseln. Durch Tälchen und Hügelchen waren wir in eine Ebene vor der chinesischen Grenze gelangt. Lindgrüne Adern zogen sich durch die wie Umbra gebrannte Landschaft. Gazellen flohen vor uns in die felsigen Hügel. Vor einigen Tagen waren hier Chulane gesichtet worden, aber so sehr wir die Gegend mit dem Fernglas absuchten, wir konnten nichts entdecken. So schlugen wir die Zelte auf und hofften auf den nächsten Tag. In aller Frühe

scheuchte Minteg uns hoch. Er hatte einige Tiere gesehen, wußte aber nicht, ob es Pferde oder Esel waren. Durchs Fernglas konnten wir sie dann klar erkennen. Zwei zartgliedrige Tiere standen, die hellen Hinterbacken gegen uns gerichtet, in der Morgensonne. Die schmalen Köpfe mit besonders langen Ohren hatten sie zu uns gewandt. Cathleen und ich begannen langsam zu den Eseln hinzuwandern, diese aber bewegten sich im gleichen Tempo von uns weg. Plötzlich heulte hinter uns der Jeep auf, und die drei Männer fuhren auf die Esel los, die nun zu rennen anfingen. Sie flogen auf ihren langen schlanken Beinen dahin, blieben aber immer wieder kurz stehen und sahen sich um. Nach längerer Verfolgungsjagd schien der Jeep die Tiere eingeholt zu haben. Was hatten die drei vor? Wollten sie sie abschießen oder zu Tode hetzen? Wir beobachteten ungläubig und zornig die Szenerie. Der Jeep drehte plötzlich wieder ab und fuhr zu uns zurück. Heraus sprangen drei aufgedrehte Männer, die sich durch ihre Tat das Glück für ein Jahr gesichert hatten. Minteg erklärte, daß es Glück bringe, wenn man den Chulanen so nahe komme, daß man ihren Staub berührt.

Ganz im Zeichen dieser Tat stand das Fest am Abend. Minteg gab Wodka aus, und alle beglückwünschten ihn, denn obwohl in der Gobi aufgewachsen, hatte er erst zum zweiten Mal in seinem Leben wilde Esel gesehen. Minteg brachte einen Toast auf die schönen Tiere aus und meinte, daß Chulan auch ein Frauenname sei und Čingis Chans zweite Frau diesen Namen trug. Daraufhin erklärte uns Chaliun, daß ihr Name eigentlich ein allumfassendes Attribut für ein außergewöhnliches Pferd bedeute. Durdling sang ein schönes Langtonlied vom weißen Chulan. Die kunstvoll verzierte und geschluchzte Melodie versetzte uns in all die Landschaften, die der Wildesel in seinem Leben durchzogen hatte.

Am nächsten Morgen brachen wir wieder nach Norden auf. Die etwa sechshundert Kilometer bis Ulaanbaatar mußten wir nun zügiger zurücklegen, da wir noch in andere Aimaks im Norden und ins Altaigebirge im Westen wollten. In Dalanzadgad holte uns die Heimat ein. Bei der Besichtigung eines bronzenen Kamels stießen wir auf Claus Hunert und Matthias Fittkau aus München mit ihren Geländemaschinen. Matthias hatte ein verletztes Bein, er war in einem Sumpf schwer gestürzt. Da weit und breit Hilfe nicht zu erwarten war, hatte er sich mehr oder weniger aufs Motorrad schnallen lassen, um wieder nach Dalanzadgad zu gelangen. Die Motorräder hatten die beiden mit der Transsibirischen Eisenbahn eingeführt, mußten sich aber erst einen mongolischen Führerschein besorgen, um auf Tour gehen zu können.

Auf der Hauptroute nach Norden kamen wir recht flott voran. Lange Geradeausfahrten ließen die Mitfahrer einnicken. Eine Nacht blieben wir in einem »Erholungsheim« am Fluß, das aus lauter kleinen Hütten bestand. Hier gab es sogar Strom, der durch ein Windrad erzeugt wurde, angetrieben vom ewigen Steppenwind. Das Abendessen, das uns so gut geschmeckt hatte, wirkte sich fatal aus. Die ganze Nacht traf man immer wieder auf sich im Gras windende Mitglieder unserer kleinen Reisegemeinschaft, zum Sterben bereit. Geschwächt machten wir am nächsten Tag Halt an einem biblisch anmutenden Ort. Die Ebene hatte sich verengt, und wir waren in ein schmales Tal gelangt, durch das sich im Schatten uralter Pappeln ein kleines Rinnsal schlängelte. Zusammen mit den Kamelen, die hier lagerten und sich im Sand aalten, erholten wir uns von den Strapazen der Gobi.

Wie es kam, daß das Kamel sich in der Asche wälzt

Vor langer Zeit, als Buddha die zwölf Jahre des mongolischen Kalenders mit den Namen von Tieren benannte, hatte er schon elf Tiernamen verteilt und überlegte, wie er das zwölfte Jahr bezeichnen sollte. Da begannen sich eine Maus und ein Kamel lauthals zu streiten, denn jeder wollte dieser Ehre teilhaftig werden. Buddha, der keines der Tiere beleidigen wollte, bat, daß sie die Entscheidung selbst finden sollten.

Die beiden beschlossen also eine Wette. Sieger sollte der sein, der am Morgen als erster die Sonne aufgehen sah. Das Kamel stellte sich mit dem Kopf nach Osten auf und wartete brav auf den Sonnenaufgang. Die Maus, die auf den Höker des Kamels geklettert war, wandte den Blick starr nach Westen auf den Gipfel eines hohen Berges. So sah sie als erste die goldenen Sonnenstrahlen auf die Bergspitzen fallen, und laut schrie sie, daß sie die Siegerin sei.

Das Kamel, außer sich über die verlorene Wette, begann zornig nach der Maus zu treten, und diese flüchtete sich in ihrer Todesangst in einen Aschenhaufen. Seit diesem Tag geht kein Kamel an einem Aschenhaufen vorbei, ohne sich darin zu wälzen oder darin herumzustampfen, da es immer noch der verhaßten Maus den Garaus machen will.

So kam die Maus also in den Zwölfjahreskalender, das benachteiligte Kamel aber erhielt zum Trost von jedem Tier des Kalenders ein äußeres Merkmal: Die Ohren der Maus, den Magen einer Kuh, Tigerpfoten, die Nase vom Hasen, den Körper eines Drachens, die Augen einer Schlange, die Mähne des Pferdes (umgekehrt am Hals angebracht), die Wolle des Schafes, den Höker vom Affen, den Kamm eines Huhns, die Beine eines Hundes und den Schwanz des Schweins.

Volkserziehung via Lautsprecher

Es war keine Überraschung, in der Nähe eines solch lieblichen Ortes die Überreste eines Klosters vorzufinden. Die Hügel darum waren aus weiß- und grünglänzendem Gestein, das in der Sonne gleißte. Am nächsten Tag kamen wir nach Erdene Dalaj, in dessen Umgebung der mongolische Regisseur aus Ulaanbaatar einen Film drehte. Cathleen fühlte sich immer elender, und wir nahmen Quartier im einstöckigen Gästehaus. Diese Ortschaft mußte einen speziellen Charme besitzen, der den Reisenden nicht auf Anhieb betörte, und letztlich fuhren wir am nächsten Tag weiter, ohne ihn aufgespürt zu haben. Das traf allerdings nicht auf die Wirtsleute zu, die Teigtaschen füllten, Suppen kochten und Milchtee brauten, damit wir uns wohl fühlten. Auf der breiten Provinzprachtstraße vor dem Haus herrschte eine für mich seltsam aggressive Stimmung, obwohl die buntgekleideten Reiterinnen und Reiter ein idyllisches Bild boten. Wir warteten und warteten, daß der Lautsprecher draußen endlich schweigen würde. Seit Stunden erschallten abwechselnd Musik und Ansagen, und als nachts um elf Uhr endlich nach einem heiseren Krachen Stille einkehrte, waren wir so entnervt, daß wir erst einschliefen, als der Sprecher früh um sechs Uhr wieder seinen Dienst aufnahm. Wir beschlossen, den demokratisch gewählten Ortsvorstand aufzusuchen, um ihn nach dem Sinn der Dauerbeschallung zu befragen, als sich ein Mann in graublauem Anzug und dickumrandeter Brille einstellte und auf russisch nach unseren »koordinati« fragte. Das hieß, er wollte unsere Papiere sehen und über unsere Reiseroute informiert werden. Chaliun flüsterte mir zu, daß wir es bereits mit dem »Chef« des Ortes zu tun hätten, und so stellten wir gleich die Fragen, die sich während der schlaflosen Nacht in unseren Köpfen zusammengebraut hatten. Der Mann sagte, daß er schon seit zwanzig Jahren dem Ort vorstehe und Volkserziehung für besonders wichtig halte. Was wir gehört hatten, sei ein Erziehungsprogramm für alt und jung gewesen, und es sei ihm vollkommen neu, daß sich irgend jemand davon gestört fühlen könnte. Auch er selbst hielte regelmäßig Ansprachen übers Radio, und als ein wichtiges Übel, das es zum Beispiel zu bekämpfen gelte, nannte er das allseits gängige »Auf-den-Boden-Spucken«. Da waren wir dann auch seiner Meinung, denn in Ulaanbaatars Straßen waren wir oft nur haarscharf einer zackig gespuckten Salve entgangen.

Sozialkritik im Fernsehen – live vor Ort

Das Filmteam hatte vor den Toren Erdene Dalajs in der Steppe ein Lager aus Zelten und Jurten errichtet. Im Küchenzelt hatte man große Mengen Fleischstreifen zum Trocknen aufgehängt. Damit die Mannschaft über Wochen versorgt werden konnte, waren in der Umgebung Schafe und Ziegen beschafft worden, die nach und nach in den Kochtopf wanderten. Der Regisseur hatte uns in Ulaanbaatar erklärt, daß im Film mongolische Geschichte aufgearbeitet würde, und wir hatten geglaubt, es handle sich einmal mehr um Čingis Chan, der als Identifikationsfigur in der Mongolei von heute wieder eine wichtige Rolle spielt.

Er – Temüüčin – war es, der im zwölften Jahrhundert die »eigentliche« Geschichte der Mongolen eingeläutet hat, der

in den Jahren 1204 und 1205 die zerstrittenen Stämme geeint und frühfeudale Verhältnisse eingeführt hat. 1206 wählte ihn die Fürstenversammlung – »Chural« – zum Herrscher und verlieh ihm den Titel Čingis Chan. Auf der Grundlage der »Jassa«, einer Gesetzessammlung, die Fragen des Eigentums, der Steuern, des Verhältnisses zwischen Fürsten und Untergebenen und der Rechtsprechung regelte, schuf er einen zentralistisch geleiteten Staat, der auf strengen militärischen Prinzipien basierte. Nur kurze Zeit nach der Ernennung Temüüčins zum Čingis Chan begannen die Eroberungszüge, die die Mongolei für über einhundertfünfzig Jahre zu einem Weltreich machten. Nach der Eroberung Nordchinas wandten sich die legendären Heere Richtung Westen, wo sie 1241 unter Čingis Chans Enkel, Batu, sogar bis an die Liegnitz vordrangen und mit einem deutsch-polnischen Heer aufeinandertrafen. Obwohl die Schlacht zugunsten der Mongolen ausfiel, zogen diese nicht weiter nach Westen, sondern drehten nach Süden ab. Liegnitz gilt seitdem als Symbol des europäischen Widerstandswillens gegen die mongolische Eroberungspolitik. Ständiger Widerstand der eroberten Völker, Entvölkerung des eigenen Landes durch fortgezogene Krieger samt ihrer Familien, Auseinandersetzungen unter den Nachfolgern Čingis Chans und der Sturz der Yuan-Dynastie Chublai Chans führten Ende des 14. Jahrhunderts zum Zusammenbruch des mongolischen Weltreiches.
Die spärlichen Fernsehfilme, die wir aus mongolischer Produktion kannten, handelten immer wieder vom heldenhaften Čingis. Unser Filmteam jedoch arbeitete zeitgenössische Sozialfragen auf. Ein Mann, der sich nicht zwischen der wunderschönen, in der Jurte lebenden Witwe mit Kind und der jungen, frivolen ehemaligen Kolchosarbeiterin entscheiden kann und zwischen beiden mit einer angerosteten »Čajka«

IV

Reise 2:
Nach Norden in den Chövsgöl-Aimak

Nach unserer glücklichen Rückkehr aus der Gobi wollten wir bald nach Westen fahren, in den Chovd-Aimak bis zum Altai-Gebirge. Doch nun geschah etwas, womit heutzutage niemand mehr rechnet: In einigen Kreisen dieses Bezirkes war die Pest ausgebrochen, und es sollte schon mehrere Todesfälle gegeben haben.
Die Pest, der »Schwarze Tod« des Mittelalters, liegt bei uns in mythischer Ferne, in der Mongolei jedoch hausen die Flöhe, welche die gefährliche Bakterie mit dem niedlichen Namen »Pasteurella pestis« übertragen, manchmal im Pelz von Murmeltieren. Mongolen schätzen deren Fleisch und können sich dadurch die Lungenpest einhandeln, gewissermaßen als Bestrafung für ihre Schlemmerei.
Wenn diese Krankheit ausbricht, wird der entsprechende Bezirk (Aimak) oder Kreis (Sum) sofort mit Quarantäne belegt. Die Lungenpest kann nur durch unverzügliche Verabreichung hoher Dosen von Antibiotika behandelt werden. Man kann sich zwar gegen diese Krankheit impfen lassen, aber das ist bisher noch nicht landesweite Praxis.
So saßen wir in Ulaanbaatar und überlegten hin und her, ob wir uns impfen lassen sollten. Wir konnten uns nicht dazu entschließen, da wir Angst vor Nebenwirkungen hatten. Irgendwie wollte ich nicht so recht an die Krankheit glauben und dachte bei mir: Man kann doch nicht an etwas sterben, was ausgestorben ist. Wir entschlossen uns, die Reise in den äußersten Norden vorzuverlegen.

Jetzt galt es, so schnell wie möglich an Flugtickets heranzukommen. Wir gingen zur MIAT (staatliche mongolische Fluggesellschaft) und bekamen erst einmal einen negativen Bescheid, was wir inzwischen nicht weiter tragisch nahmen, denn irgend etwas ist irgendwie immer möglich. Was uns mehr zu schaffen machte, waren die ums Dreifache gestiegenen Preise, und Ausländer mußten seit ein paar Wochen in harten Dollars bezahlen, was auch einen harten Schlag für unser Budget bedeutete. Aber wozu hatten wir denn unsere mongolischen Journalistenausweise? Da seien aber hübsche Fotos von uns drauf, tröstete man uns, aber leider seien wir auch trotz dieses Papiers Ausländer. Das war offensichtlich, obwohl Cathleen wegen ihres dunklen Haares manchmal als »Fast-Mongolin« aufgezogen wurde.
Wir gingen ins Hotel »Ulaanbaatar«. Mal sehen, welch »gutem Einfluß« man dort begegnete. Da saß er schon, Wodka trinkend mit einem Freund, der ihm schon länger einen Gefallen schuldete. Dieser Freund hatte wiederum einen Freund, der uns die Tickets ganz offiziell in Landeswährung besorgen könne, es sei nichts Krummes dabei. Jetzt sollten wir aber erst einmal eine Flasche spendieren. Später kam noch ein Freund dazu, sein Fahrer, den in den kommenden Tagen auch ein ziemlicher Durst plagte. Wir spalteten uns in zwei Lager, dort die Billett-Beschaffer, hier die Wodka-Lieferantinnen. Die Sache ging so aus, daß wir nach ein paar Tagen von den drei Herren früh um sechs abgeholt wurden, nachdem man um fünf Uhr angerufen hatte, wir sollten in zehn Minuten vor der Haustür stehen. Dann ging es auf Schleichwegen durch ein ausgestorbenes Fabrikgelände, über eine

Fußgängerbehelfsbrücke, durch die morastige Uferlandschaft des Tuul in Richtung Flughafen. Die ganze Aktion erfolgte bei abgeschaltetem Fahrzeuglicht und Minimalgeschwindigkeit, da der Benzinanzeiger auf Null stand. Mit unserem Benzingeld waren andere Reservoirs betankt worden, was die Verdunkelung unseres Autos erklärte, denn in der mongolischen Straßenverkehrsordnung gilt die Null-Promille-Grenze.

Wir sind nervös, da wir mit Problemen rechnen, aber wider Erwarten bekommen wir die »boarding-card« und gehen alle ein Süppchen essen. Als ich eine doppelte Portion bestelle, erhalte ich eine dreifache, und als ich zahlen will, winkt die Frau mit der Schöpfkelle ab. Sie freut sich, daß sie mir etwas spendieren konnte, und ist begeistert, daß jemand, der so dünn ist wie ich, so großen Appetit hat. Dieser Eigenschaft verdanke ich gute Beziehungen zu vielen Küchen und Kantinen dieser Welt.

»Unser Mann« bringt uns zur Sperre, einem jener schmalen Durchlässe mit Trichterfunktion, vor der die Passagiere wie zur Schafschur lauern. Jeder hat riesiges Handgepäck bei sich – wir auch. Da es in den Aimak-Zentren noch weniger zu kaufen gibt als in der Hauptstadt, schleppt jeder ein Maximum an Waren mit. Wir haben die Rucksäcke voller Geschenke und Grundnahrungsmittel wie Reis, Nudeln, Salz, Zucker, Öl, Karotten und Tee-Ziegel. Zelt und Schlafsäcke hatten wir abgegeben.

Ein älterer Mann trägt eine vier Meter lange Holzstange, und jedesmal, wenn er sich dreht, erwischt er damit je drei vor und hinter ihm stehende Mitreisende. Er selbst scheint das nicht zu bemerken, und als die Getroffenen protestieren, wird er böse. Im Augenblick des »run« auf den Durchlaß stürzt er vorwärts, um zu scheitern wie jener Ulmer, der erst durch einen kleinen Spatz lernte, wie man einen langen Halm durch eine schmale Öffnung bringt. Der Spatz von Ulaanbaatar jedoch ist ein Mann von der Miliz, der nichts lehrt, sondern einfach verbietet, daß die Stange mitkommt. Bevor es endgültig zum Rollfeld geht, werden wir einer Stewardeß vorgestellt, die auf uns aufpassen soll. Dann werden Nummern verteilt, die die Einstiegsfolge ins Flugzeug regeln sollen, woraufhin der ungeregelte Einstieg erfolgt.

Vor dem Abflug teilt eine Flugbegleiterin jedem Passagier ein Bonbon zu. Cathleen darf ins Cockpit, um zu fotografieren. Unvorstellbar, daß es vor einigen Jahren noch verboten war, an Flughäfen überhaupt eine Kamera umhängen zu haben.

Das Flugzeug nimmt Anlauf, hält wieder, nimmt Anlauf, hält wieder, dann rasen wir nickend wie ein Pferd über die runway. Kaum in der Luft, setzt sich unsere Stewardeß zu mir, und wir plaudern angeregt über alles mögliche. Traurig erzählt sie, daß ihr Ehemann Pilot gewesen war und vor fünf Jahren auf dieser Strecke abgestürzt sei. Ihre Kinder leben alle in Mörön, das wir anfliegen, in nordwestlicher Richtung von Ulaanbaatar. Wir überfliegen die Aimaks Selenge und Bulgan, von denen wegen schlechter Sicht leider nichts zu erkennen ist. Ich fürchte, daß uns noch weiter nördlich Regen und Nebel nicht verschonen werden. Aber wir werden sehen. Man bekommt zwar Informationen über die Wetterlage oder den Zustand der Wege, aber dann steht man eben doch vor einem unpassierbaren Fluß, obwohl seit Tagen die Sonne scheint (oder man trifft einen enttäuschten Kajakfahrer, dem die Flüsse zu zahm sind). Auf Überraschungen und längere Aufenthalte muß man sich in der Mongolei als Einzelreisender einstellen. Die ungezähmte Natur ist oft »gegen« den Reisenden, was wir aber zu schätzen gelernt haben.

Der Chövsgöl-See – Abschreckung auf zehn Grad mit Bruchlandung

Mörön ist das Verwaltungszentrum des Chövsgöl-Aimaks, des nördlichsten Bezirks der Mongolei. Er grenzt im Norden und Nordosten an Rußland (Sibirien), im Nordwesten an die Tuwinische Republik. Im Chövsgöl-Aimak leben tuwinische Sojon-Urianchaj, Darchad, Burjaten und Chalcha-Mongolen. Wer diesen Aimak besucht, beschränkt sich sehr oft auf den Chövsgöl-See, der, auf 1624 Meter Höhe gelegen, mit einhundertdreißig Kilometern Länge und fünfundzwanzig Kilometern Breite der größte der Mongolei ist. Bis zu zweihundertachtunddreißig Meter tief, erreicht er selten mehr als zehn Grad Celsius, kaum Badetemperatur. Aber dieser See, von dem man auch sagt, er sei der kleine Bruder des Baikalsees, hält so viel anderes bereit neben einem Sprung ins glasklare Wasser. Da er außer an seinem südlichen Abfluß – dem Egijn-gol mit breiten Geröllflächen zwischen den Flußarmen – von hohen Gebirgen, darunter ein paar Dreitausender, umgeben ist, bieten sich viele Möglichkeiten zum Bergsteigen durch wilde, wenig berührte Natur, der Vogelreichtum ist enorm.

Nicht weniger interessant ist der Fischreichtum dieses Sees, in dem eine dem »Baikal-Omul« verwandte Art endemisch ist. Viele Einheimische essen allerdings keinen Fisch, da sie glauben, daß der gewaltsame Tod eines Fisches oder Wassertieres die Wassergeister ungünstig stimmt.

Wir schwebten in Mörön ein, das Wetter war nieselig und grau. Wir wußten nicht, wie wir weiterkommen sollten. Zunächst wollten wir ganz nach Norden, fast an die Grenze Rußland, wo in der Taiga und Tundra noch einige wenige

Schamanen leben und eine kleine Gruppe von Rentiernomaden vom Stamm der Sojon-Urianchaj. Eine Gruppe junger Italiener lud uns ein, im Kleinbus mit nach Chadchal zu fahren, das neunzig Kilometer nördlich von Mörön an der Südspitze des Sees liegt.

Chadchal war im achtzehnten Jahrhundert ein Wachposten der Qing-Dynastie. Seit Anfang dieses Jahrhunderts hat es sich zu einem richtigen kleinen Hafen entwickelt und war zur Zeit der lebhafteren mongolisch-sowjetischen Wirtschaftsbeziehungen ein wichtiger Ort für die Schiffahrtslinie zwischen Chadchal und Chanch, das auf der gegenüberliegenden Seite des Sees liegt. Wegen der Benzinknappheit in der Mongolei und wahrscheinlich auch wegen der Devisennot verkehren Schiffe heute nur noch unregelmäßig. Die Flotte besteht aus drei Schiffen, wovon zwei vom ersten geschleppt werden können. Am Ort gibt es ein Sägerei-, Wollwäscherei- und Strickereikombinat.

Ins Jurtencamp von Chadchal kommen Reisende, die die Gegend zu Fuß oder mit dem Pferd erkunden wollen. Auch Boote sind zu leihen. Touristen, die den Chövsgöl-See kennenlernen wollen, machen diesen Ort meist zum Ausgangspunkt ihrer Exkursionen.

In Seenähe muß man mit feuchten Quellwiesen rechnen. Baumgruppen und einzelne Lärchen sind die letzten Reste der Lärchenwaldtaiga, die am Seeufer schon gelichtet ist, während sie die Hänge um den See überzieht, so weit das Auge reicht. In den moosreichen Wäldern trieft es gewöhnlich vor Nässe. Ohne Gummistiefel hat man schlechte Karten. An den Waldrändern wachsen vielblütige große Anemonen, ähnlich dem Berghähnlein in den Alpen (Anemone crinita), an feuchteren Stellen blühen Unmengen von Trollblumen (Trollius asiaticus).

Es gibt immer Einheimische, die am Flughafen von Mörön warten und ihr Auto und sich als Fahrer anbieten, um Leute nach Chadchal zu bringen. Die Preise für solche Fahrdienste sind ziemlich hoch, aber sie werden meistens bezahlt, weil man sonst in Mörön festsitzt.

Wir schauten uns nach Ganzorig, dem Freund eines Freundes, um, den wir am Flughafen treffen sollten. Er hatte in der ehemaligen DDR studiert und arbeitete hier als Arzt. Wir hatten ihm vorgeschlagen, uns als Dolmetscher zu begleiten, was er gerne annahm, da er begeisterter Fischer war und in den Seen und Flüssen große Beute machen wollte. Ganzorig begrüßte uns lässig. Wir müßten uns schnell entscheiden, da in wenigen Minuten eine Zweimotorige nach Rinčinlchumbe im Norden abflöge. Die andere Möglichkeit wäre, sich um einen Jeep zu bemühen und die zweihundertfünfzig Kilometer mit dem Auto zu fahren, was Tage dauern könne. Wir entschieden uns fürs Fliegen, um für unsere eigentliche Unternehmung mehr Zeit zu haben.

Schnell warfen wir unser Gepäck ins Flugzeug, dessen Besatzung aus einem jungen Piloten und einem noch jüngeren Navigator bestand. Ganzorig, eigentlich ein recht forscher Mittdreißiger, schien nicht sehr gerne zu fliegen, denn vor dem Start machte er beschwichtigende Gesten an die Luftgeister, und während des Fluges war er still und blaß. Wahrscheinlich haben wir es seiner Fürbitte zu verdanken, daß wir dieses luftige Abenteuer überlebten. Wir überflogen den Egijn-gol, der sich durch ausgedehnte Lärchenwälder, Schutt- und Felsfluren und dunkle Wiesensteppen schlängelt. Das Flugzeug flog an der Westseite des Sees über das grandiose »Chordil Sar'dag«-Massiv. Der rötliche Stein wirkt wie von lindgrünem Filz überzogen. Die Bergkämme erinnern mit ihrem Baumbewuchs an die gestutzte Mähne auf einem Pferdehals. Zu unserer Linken nierenförmige Hügel; ein Fluß mäandert durch das immer kahler werdende Hochgebirge, die Täler sind großflächig mit Lärchen bewachsen. Ganz tief unten kann man einen weitverästelten Fluß sehen, an dessen Ufern Jurten wie Silberknöpfe liegen. Rote Moore ziehen unter uns vorbei, wie Craqueléglas von Wasserfäden durchbrochen, und immer wieder sind Pferde- und Schafherden zu sehen.

Zu unserer Rechten liegt eisblau der riesige Chövsgöl-See, von den Einheimischen auch »mongol dalaj« – Mongolisches Meer – genannt. Wenn er im Winter dick zugefroren ist, nehmen die Lastwagen den direkten Weg über das Eis. Man erzählte uns, daß das inzwischen verboten sei, da die Autos Öl und Dreck verlieren und nach der Eisschmelze das Wasser dadurch verschmutzt wird. Ich nehme aber an, daß diese uralte Eisroute, über die auch Elche und wilde Rentiere ziehen, weiterhin von Fahrzeugen benutzt wird.

In der Umgebung des Sees gibt es große Rohstoffvorkommen, mit deren Abbau mit russischer Hilfe Anfang der neunziger Jahre begonnen werden sollte. Ermutigt durch die neue politische Entwicklung des Landes, konnten mongolische Naturschützer verhindern, daß diese einmalige Landschaft zerstört wird.

Der Pilot lädt uns ins Cockpit ein, das durch keine Tür vom Passagierraum getrennt ist. Wir befinden uns fast immer recht knapp über den Bergspitzen, und als wir in der Nähe des über dreitausend Meter hohen »Delger Chan« die Bergkette überfliegen, fährt uns die Angst in die Knochen, weil plötzlich wilde Turbulenzen unser kleines Luftschiff packen und Richtung Berggipfel drücken. Das scheint dann auch den Piloten zu schocken, und er zieht unser Flugzeug mit aller Gewalt hoch, nur eine Sekunde, und wir wären nicht überm,

Besuch in einer Jurte

sondern im Berg gewesen. Da lacht Ulykpan, so heißt der Pilot, ja, ja, gefährliche Stelle, genau hier ist ein Kollege gescheitert, aber der hätte zu tief ins Glas geschaut.
Im Darchad-Tal unter uns breitet sich ein kleiner See aus, er schimmert rot, wie von einer matten Kupferschicht überzogen. Der Wasserknöterich, der häufig in kleinen Gebirgsseen wächst, läßt das Wasser wie einen roten Teppich erscheinen. In diesem Tal leben Nomaden vom Stamm der Darchad, die ursprünglich tuwinisch sprachen, aber schon im letzten Jahrhundert mongolisiert wurden und wie die Mongolen Viehwirtschaft mit den fünf edlen Tierarten betreiben. Zu diesen gehören Pferde, Kamele, Rinder, Schafe und Ziegen, wobei noch zwischen Lang- und Kurzbeinern und Warm- und Kaltschnauzen unterschieden wird. Warm, dazu zählt das Pferd und das Schaf, bedeutet lieb und nahestehend, während mit kalt ein distanzierteres Verhältnis ausgedrückt wird.
Wir fliegen über den »Šišchid«, der hier noch in nördliche

Richtung fließt, dann durch die Seenplatte Richtung Westen abschwenkt und in Rußland in den Jenissej mündet.
Vor uns liegt die Kreis-»Stadt« Rinčinlchumbe, eine Ansammlung von Holzhäusern, Hütten und Jurten. Man sieht schon die Bewohner zu Fuß oder zu Pferd Richtung Landeplatz eilen. Das Flugzeug kommt nicht mehr regelmäßig wie früher. Unser Pilot bereitet sich zur Landung vor, ich darf unangeschnallt im Türrahmen knien bleiben. Wir ziehen unsere vorschriftsmäßigen Kreise, bauen Höhe ab und schwenken schließlich in Richtung Landebahn, einer langen Graspiste, ein. Geistig befanden wir uns längst auf der Erde, froh, das Gebirge heil überstanden zu haben, als mir plötzlich die Landebahn schrecklich kurz und die Lichtmasten, die sie am Ende begrenzten, viel zu nah erschienen. »Laß dich nach hinten fallen, raus aus der Kanzel« diktierte mein Reflex, und ich landete eingerollt im Passagierraum, genau in dem Augenblick, als unser kleiner Flieger seine Nase krachend in einen Zaun steckte und die Flügel hängen ließ. Die Bremsen hätten versagt, meint Ulykpan etwas verzerrt lächelnd, vielleicht ein bißchen spät aufgesetzt? Die Propellerblätter hatten den Zaun kleingehackt und umgekehrt, und das Glas der Kanzel war trübe vor Splittern.
Alle hatten ein paar blaue Flecken und krochen betreten aus der Maschine. Wir wollten den Rückweg sowieso mit dem Jeep machen. »Das müßt ihr jetzt auch, weil es nämlich kein Flugzeug mehr zurück gibt!« sagte Ganzorig hämisch.
Eine ganze Menge Reiter waren auf die Landebahn gekommen, um die Ankommenden und nun auch das lädierte Flugzeug zu besichtigen. Verwandte wurden begrüßt, alle halfen, das Flugzeug zu entladen. Unsere Rucksäcke befanden sich schon rechts und links auf dem Rücken eines Mannes, der zielstrebig Richtung Ortschaft lief. Er schien besser als wir

selbst zu wissen, wo wir hinwollten. Als ich ihn auf russisch ansprach, stellte er sich vor, Batžargal, Journalist in Mörön, jetzt im Sommer auf Heimaturlaub in Rinčinlchumbe. Er wollte uns zum Gästehaus bringen, und wir gingen geradewegs durch eine Herde Yaks, die mitten in der Ortschaft friedlich grunzend graste. Es war ein strahlender Tag, der, obwohl Mitte August, schon den Herbst ahnen ließ.

Die Ortschaft ist wunderschön auf einer Hochebene gelegen, im Norden und Osten von sanften Hügeln umgeben, im Südosten sieht man das Gebirge, das wir überflogen haben. Die meisten Behausungen sind solide, ebenerdige Holzhütten, nur das »Rathaus« und das Gästehaus haben ein Obergeschoß mit Holzbalkonen. Unsere Zimmer sind sehr geräumig mit einem Holzofen in der Mitte. Die Matratzen auf den Stahlbetten, die sich als äußerst bequem herausstellen, sind mit knallbunten Decken belegt. Im Nebenzimmer, das wir durchqueren müssen, um in unseren Raum zu gelangen, richtet sich Ganzorig ein.

Cathleen prüft, ob ihre Kameras beim Aufprall etwas abbekommen haben. Seit der Gobi ist der Verschleiß dieser Geräte schmerzlich zu hören – bei jeder Drehung der Objektive knirschte die Wüste in der Verschraubung. Auf meinem Rucksack prangt ein großer, dunkler Fleck. Die Wasserflasche schien ein Leck zu haben. Leider ist es die Ölflasche, der unsere Landung den Hals gekostet hat, und mein Schlafsack, der das Gröbste aufgefangen hatte, begleitet von nun an meine Träume mit einem ranzigen Beigeschmack.

Wir wollten uns in unserem sonnenbeschienenen Zimmer ein bißchen ausruhen, als plötzlich ohne Vorwarnung drei junge Männer hereinspazierten und wie angewurzelt in der Zimmermitte stehenblieben. Wir starrten sie erschrocken an und warteten auf ein Wort. Noch konnten wir nicht wissen,

daß es sich einfach um eine Art Antrittsbesuch handelte, bei dem Neuankömmlinge mit ihrem Drum und Dran begutachtet werden. Daß nicht angeklopft wird, hat mit den Lebensgewohnheiten von Jurtenbewohnern zu tun. Man klopft nie an, ruft als Fremder höchstens auf mongolisch »Haltet den Hund!« und tritt dann unverzüglich ein. In diesem Fall mußte Cathleen mich zurückhalten, da ich selber wie der Hofhund auf die Männer losgehen wollte. Ganzorig kam herüber und erklärte, daß die drei uns Beeren mitgebracht hätten und anfragten, ob wir vielleicht Pferde leihen wollen. Oh ja, daran waren wir sehr interessiert, und ein Treffen am Nachmittag wurde vereinbart.
Zuerst sollten wir uns aber beim »Chef« vorstellen, einer Art Bürgermeister dieses Sum (Kreis). Ich stellte mich auf den Balkon und machte mir ein paar Notizen – vor der Haustür zog gerade ein mächtiger Yak seinen Besitzer hinter sich her. Es waren erstaunlich wenig Menschen zu sehen. Batžargal, der nur ein Auge hat und deshalb von allen »Adler« genannt wird, sagte, daß die meisten jetzt im Sommer »auf dem Land« in ihren Jurten wohnten und viele Frauen und Kinder beim Beerenpflücken seien. Wir schlenderten hinüber zum Chef, der gerade vor dem Rathaus eine Besprechung abhielt. Die Männer konferierten im Freien in der Hocke, hinter sich die Pferde an der Leine haltend. Ganzorig erzählte, daß es um Viehverkäufe nach Rußland ginge. Ganze Schafherden werden über die Grenze wandern, sozusagen ein Transport auf den eigenen vier Beinen, schön langsam, damit sie nicht an Fett verlieren. Der Chef hatte jetzt keine Zeit, und wir schauten uns im Ort um – im Mittelpunkt die Schule, umgeben von einem hohen Bretterzaun. Die Luft war lau, von der Sonne erwärmt.
Ein alter Mann tritt zu uns und stellt sich als der Lehrer vor.

Er spricht ein bißchen Deutsch, erzählt von seinem Leben als Lehrer und beginnt plötzlich, ein Gedicht von Hölderlin mit mongolischer Betonung zu rezitieren. Er lädt uns in sein Haus ein, damit wir auch seine Frau kennenlernen.
Wir hätten gerne neues Öl zum Kochen beschafft, aber »Adler« winkte ab. Öl gebe es höchstens in Mörön. Wir machten einen Besuch bei den Köchinnen unseres Gästehauses. Man könnte uns Nudelsuppe und Fleisch machen, ob wir eigenes Öl hätten. Wir gaben unseren Reis ab, und die Köchin bereitete für uns alle Reis mit gekochtem, fettem Fleisch. Unser Appetit auf Gemüse blieb ungestillt, aber zum Nachtisch gab es frische Rauschbeeren mit einem wunderbar feinen Aroma. Was wir zum Abendessen wollten, fragte sie. Was gibt es denn? Fleisch mit Reis!
Bei unserem zweiten Besuch war der Chef immer noch beschäftigt, aber abends kam er selbst in unsere Herberge – ein schlauer, wacher Mann, dem die politischen Veränderungen nichts anhaben konnten. Er ist nach wie vor KP-Mitglied, nur daß die Partei jetzt demokratisch sei. Bei den freien Wahlen wurde er mit 92 Prozent der Stimmen gewählt, es habe sich hier praktisch nicht viel verändert, außer daß die Tiere des Sumons wieder privatisiert wurden – bis heute sechsundsiebzigtausend. Jetzt gebe es auch eine Opposition, aber die sei kein Problem, da man sich, wie in alten Zeiten, zusammensetzt, um gemeinsam Lösungen zu finden.
Die Lösung, die es für uns zu finden galt, betraf unsere weitere Fortbewegung. Der Chef besaß das einzige Fahrzeug hier oben, einen russischen Jeep des gleichen Typs, den wir in der Gobi benutzt hatten. Er wollte in den nächsten Tagen sowieso nach Cagaan Nuur, um seinen Schwager zu besuchen, und bot an, uns »mitzunehmen«. Jetzt stellte sich heraus, daß auch mangelnde Konkurrenz das Geschäft belebt,

denn der geforderte Preis fürs Mitnehmen war unverschämt hoch. Wir bestanden sanft, aber stoisch auf unserem Angebot und unterbrachen die Verhandlungen erst einmal, um uns nach Pferden umzusehen, da wir in den nächsten Tagen in die Umgebung reiten wollten.

Auf dem Rücken »wilder« Pferde

Draußen warteten einige Burschen mit ihren Pferden. Allerdings wollten sie erst einmal sehen, wie weit es mit unseren Reitkünsten her war. Jedesmal, bevor ich auf ein Pferd steige, packt mich eine gewisse Nervosität, da ich wegen bestimmter Erfahrungen mit Springpferden einen Heidenrespekt vor diesen Tieren habe. Diese Ängstlichkeit habe ich in der Mongolei völlig verloren, weil sich die Pferde hier einfach normal verhalten. Selbst in einer größeren Gruppe habe ich mongolische Reittiere nie steigen sehen, und besonders angenehm fand ich, daß man nicht so tief hinunterfallen konnte – was nie passiert ist.

Wir stiegen auf einen Braunen und einen Schimmel, und ich quälte mich zunächst nach Art des europäischen Reiters: Absätze nach unten, Hände mit den Zügeln an den Sattel, steifes Kreuz. Da lachten alle, erklärten, daß die Zügel in die rechte Hand gehörten und Longe und Peitschenstöckchen in die linke. Während ich noch »antraben« und »angaloppieren« überlegte, ging es schon dahin in die Hügel von Rinčinlchumbe. Der kleine Sattel aus Birkenholz, der ziemlich weit vorne aufgelegt wird, war ungewohnt, aber angenehm, da er dem Becken durch das hochgezogene Vorderstück Halt

Auch die Jungen sitzen schon fest im Sattel

gibt. Die nächsten Tage verbrachten wir mehr oder weniger im Sattel, um Knochen, Muskeln und Geist ans Reiten zu gewöhnen. Pilzesammeln vom Pferd aus war ein ganz neuer Aspekt. In den lichten Wäldern wuchsen Unmengen von Röhrlingen, die unseren Speiseplan anreicherten. Es gab nun immer Pilzsuppe, Pilzsalat und Pilzgemüse mit Reis. Die Köchinnen des Gästehauses schüttelten argwöhnisch den Kopf. Pilzessen sei hier nicht üblich, und es würde auch nicht schmecken. Dafür begeisterten sie sich für unsere Nachspeise: zerquetschte Beeren in Öröm.

Öröm wird auch »weiße Butter« genannt. Man rührt die köchelnde Milch, bis sich eine dicke, leicht schaumige Haut bildet, die man möglichst komplett wie einen Fladen abschöpft und trocknet. Öröm gilt als Delikatesse, die man wie eine dicke Creme entweder pur ißt oder in die Käse und gedämpftes Brot hineinstippt. In den meisten Jurten bekommt man Öröm im Sommer frisch angeboten. In einem

Ledersack oder einer Holztonne kann man es für die Überwinterung haltbar machen. Wird Öröm geschmolzen, erhält man »gelbe Butter«, die man zum Braten verwendet.
Die Reiterei der letzten Tage hinterließ ihre Male. Mir tat das Knie weh, und die üblichen Druckstellen eines Reiters entzündeten sich immer mehr. Die mitgebrachte Ringelblumensalbe half nicht viel. Adlers Mutter schickte uns ein selbstgemachtes Mittel gegen Entzündungen und Verbrennungen: Sanddornöl, das sich schon nach kurzer Zeit als wahre Wunderdroge herausstellte. Außerdem legten wir einen Wandertag ein, Cathleen ging Richtung Westen zum Fotografieren, ich in die Hügel im Osten zum Schreiben und Lesen. Wir nahmen einen Tag Urlaub voneinander, eine Gepflogenheit, die unserer Reisepartnerschaft sehr förderlich war.
Ich hatte richtig Lust, einen Tag lang mit niemandem zu sprechen. Aber in der Mongolei ist das selbst in einer so menschenarmen Gegend nicht möglich. Jeder Reiter, der am Horizont auftauchte, nahm Kurs auf mich einsame Wanderin, begleitete mich ein Weilchen, fragte und erzählte mit Händen und Füßen und schenkte mir ein paar Brocken Käse oder Beeren. Als ich ein Flüßchen durchwatete und einen großen Bogen um die Jurten am Ufer machte, wurde ich durch eifriges Winken herangerufen. Alle Männer und die jüngeren Frauen dieser Jurtengemeinschaft waren unterwegs bei den Herden oder beim Beerensammeln – nur alte Frauen und Kinder waren zu Hause und reparierten, in der warmen Sonne sitzend, große Filzstücke. Die älteste Frau bereitete sofort frischen Milchtee und bot Aaruul und Beeren an.
Einem Gast würde nie schon fertiger Tee vorgesetzt. Es ist ein Gebot der Gastfreundschaft, den Tee frisch und vor den Augen des Neuangekommenen zu kochen. Dafür wird auch eigens das Feuer wieder angezündet.

Diesmal versagte die verbale Kommunikation, und wir saßen einfach da und lächelten uns an, während ich mit den Augen Stutenmilch und Kefir lobte. Leider hatte ich vergessen, irgendein Geschenkchen oder Bonbons einzustecken. Das tat mir sehr leid und es sollte einem in der Mongolei nicht passieren.

Das Leben der Rentiermenschen – die Caatan-Nomaden

Ich wanderte weiter und verbrachte den ganzen warmen Spätsommertag auf einer sonnenbeschienenen Märchenwiese im Föhrenwald, der sich langsam sonnengelb färbte. Unter einer alten sibirischen Zirbelkiefer ließ ich mich nieder und überlegte, ob wir es wohl schaffen würden, zu dem kleinen Volk der Caatan zu gelangen, den einzigen Nomaden der Mongolei, die mit und von ihren Rentieren leben. Sie sind eigentlich turksprachige Tuwiner vom Stamm der Sojon-Urianchaj. Caatan, Rentiermenschen (vom mongolischen Wort caabug, Rentier), wurden sie erst von den Mongolen genannt. Sie selbst sehen sich als Tuwiner und sprechen auch tuwinisch.

Ihre Gesellschaftsstruktur blieb während der kommunistischen Ära leidlich intakt, dank der Unzugänglichkeit ihres Lebensraumes und ihrer uralten Lebensgewohnheiten. Wie überall in der Mongolei wurden ihre Herden jedoch verstaatlicht, und die Nomaden mußten in der Genossenschaft arbeiten.

Vor der Revolution besaßen viele Familien oft mehr als tausend Rentiere. Heute sind die Herden kleiner, und manche Familien ziehen nicht mehr so weit umher, da für weniger Tiere genügend Flechten und Pilze an einem Platz vorhanden sind.

Obwohl vierzig bis fünfzig Minusgrade im Winter keine Seltenheit sind, leben die Caatan in »Urc« – einfachen Zelten, vergleichbar den indianischen. Beim Urc werden drei junge Baumstämme oben mit Lederbändern zusammengebunden. An diese drei Stämme lehnt man rundum weitere Stangen, die mit Häuten, Fellen oder manchmal noch mit zusammengenähter Birkenrinde bedeckt werden.

Adler hatte mir hierzu eine sozialistische Episode erzählt: Die Chefs des Sum erachteten eines Tages die Urc für zu primitiv und lebensfeindlich für die Menschen im Winter. Deshalb ließen sie ein großes Holzhaus bauen, in dem es die Caatan »gut haben« und gemütlich überwintern sollten. Als die Rentiermenschen das Haus bezogen hatten, sei die Tür für die Nacht abgesperrt worden. Die neuen Hausbewohner, die mit der vorgeschriebenen Bequemlichkeit überhaupt nichts anzufangen wußten, sollen noch in derselben Nacht mit Kind und Kegel aus den Fenstern gehüpft sein, um wieder in ihre Zelte zurückzukehren.

Den Winter verbringen die Caatan in geschützten Gebirgsmulden. Im Sommer ziehen sie mit ihren Herden weit in die Berge hinauf, wo es kühler und die Mückenplage geringer ist. Die Rentierkühe kalben im April/Mai nur an besonderen, tiefer gelegenen Plätzen, wo sie mit ihren Jungen dann eine Weile bleiben, während die männlichen Tiere auf Nahrungssuche weiter umherziehen. Die Caatan leben wie auch die mongolischen Nomaden im Sommer hauptsächlich von »weißen Speisen« (Milchprodukte), die hier vor allem aus Rentiermilch hergestellt werden, die mit 14 % Fett besonders

kalorienreich ist (Kuhmilch hat 4,1 %). Rentiere werden ganz selten gegessen. Der Fleischbedarf wird hauptsächlich durch die Jagd gedeckt, außerdem liefern die Seen und Flüsse ausreichend Fisch.
Die Caatan hatten in den letzten Jahren ein Problem, ihren Rentierbestand zu erhalten. Ausländische Händler kamen, um das Geweih (Panten) der Tiere einzuhandeln, das nach einer bestimmten Kochprozedur zu Medizin verarbeitet wird. In China, Japan und Europa gilt Rentierhorn als Aphrodisiakum. Die Hörner wurden auf völlig unsachgemäße Weise abgeschnitten, und wenn so manches Tier nicht am Blutverlust starb, so war es zu geschwächt, um den Winter zu überstehen. Erst seit die Schnittstellen verödet werden, stirbt kaum mehr ein Tier an dieser Prozedur. In den letzten Jahren allerdings bleiben die Händler aus, vor allem ein Deutscher, der hier seit Jahren Bastgeweih aufgekauft hatte.
Zu diesem Volk wollten wir reisen, und die anhaltende Schönwetterperiode gab uns allen Grund zur Hoffnung, den Weg dorthin zu schaffen.

Des widerspenstigen Yaks Zähmung

Am Spätnachmittag wanderte ich zu den Ruinen des Klosters von Rinčinlchumbe. Bis zu seiner politisch motivierten Zerstörung verehrten die Darchad dort die »Weiße Tara«, die silberne Statue einer weiblichen Gottheit des lamaistischen Pantheon. Die Statue wurde gerettet und befindet sich heute in Ulaan Uul.
Am Abend beobachtete ich vom Balkon aus, wie Frauen

Yaks zusammentrieben, um sie zu melken. Diese urwüchsig aussehenden Bergbüffel mit ihrem langen Bauchfell und den buschigen Schwänzen bis zum Boden sind scheuer als gewöhnliche Rinder. Eine Frau versuchte ein Tier zum Melkplatz zu bringen. Eigensinnig kam es immer wieder aus und umkreiste eine Holzhütte. Als es endlich eingefangen war, band man ihm die Hinterbeine zusammen. Ich ging hinunter und wurde freundlich begrüßt. Die Yak-Kälbchen wurden zu ihren Müttern geführt, wo sie am Euter antrinken durften. Dann band man sie am Zaun fest, damit das Muttertier gemolken werden konnte.

Solange das Junge in der Nähe ist, hält die Mutter auch brav still. Am Ende darf das Kälbchen das Euter leertrinken. Die Frauen fragten mich, ob ich es auch einmal versuchen wolle. Es war nur noch die große weiße Yak-Kuh mit dem schwarzen Schwanz übrig, die vorher immer das Weite gesucht hatte. Sie war so wild und scheu, daß sie trotz der gebundenen Hinterbeine heftig ausschlug. Vielleicht fürchtete sie auch meine rote Jacke. Ich schaffte es aber doch, den kleinen Schemel heranzuziehen und sie zu melken. Danach hockten wir Frauen und Mädchen uns ins Steppengras und aßen Gummibärchen.

In unserem Gästehaus ging es immer lustig zu. Vor allem unser »Vorzimmer« wurde den ganzen Tag belagert. Als sich herumgesprochen hatte, daß wir eine Sofortbildkamera dabei hatten, wurden die Besucher immer zahlreicher, die uns schüchtern um ein Foto baten und im Gegenzug Käse, Beeren oder ein Pferd zum Reiten anboten.

In zwei Nebenräumen hatte sich eine Gruppe englischer Wissenschaftler einquartiert, um die Lebensgewohnheiten und -bedingungen der Menschen in der Taiga zu studieren. Den ganzen Tag kamen Männer und Frauen vorbei, um Fragen zu beantworten. Die Gespräche fanden meistens auf dem Balkon mit Hilfe eines jungen, mongolischen Dolmetschers statt, der in Ost-Berlin Tiermedizin studiert hatte. Als Ganzorig erfuhr, welches Honorar die Wissenschaftler für dessen Dolmetschertätigkeit bezahlten, begann er plötzlich, an unseren Abmachungen herumzunörgeln. Allerdings griffen wir sowieso auf meine Russischkenntnisse zurück, da unser Sprachvermittler die meiste Zeit in seinem Zimmer saß und zusammen mit den Besuchern Archi trank. Um so erstaunlicher, als der Chef uns sagte, daß es in seinem Sum kein Alkoholproblem gebe, ja Alkohol nicht einmal erhältlich wäre. Es hatte sich herumgesprochen, daß Ganzorig Arzt war, und es kamen immer Leute vorbei, die sich behandeln lassen wollten. In den meisten Fällen wurde der Blutdruck gemessen und zur Ader gelassen – die Zigarette stets im Mundwinkel.

Ganzorig ist eigentlich »Baryaci«, ein »Greifer«, der die traditionelle mongolische Methode erlernt hat, Knochen wieder zusammenzufügen oder Gehirnerschütterungen zu behandeln. Um das Tastgefühl besonders fein zu schulen, werden gebrochene Tierknochen in ein Säckchen mit Sand gelegt, die dann blind – erschwert durch den Sand – wieder zusammengesetzt werden müssen.

Die Anforderungen an einen »Baryaci« entsprechen den Unbillen, die ein Leben in der Steppe verursachen kann, etwa

Stürze vom Pferd oder Tritte eines ausschlagenden Tieres; die Diagnosestellung draußen in der Natur erfolgt natürlich ohne medizinische Geräte. Von der Beobachtungsgabe und Erfahrung des Arztes hängt es ab, zum Beispiel die Schwere einer Gehirnerschütterung zu erkennen. Es gibt bestimmte Vermessungstechniken des Kopfes und der Beine (die durch so einen Unfall unterschiedlich lang würden), um Art, Ort und Schwere der Erschütterung zu diagnostizieren. Die Behandlungsmethoden reichen vom Holzbrett, das man an die Füße anlegt und dann dreimal dagegen schlägt, über den im Sand gelagerten Kopf, neben dem man dreimal auf den Sand schlägt, bis zum Band, das um den Kopf gewunden wird und auf dessen Enden dreimal geklopft wird. Als Medikament, das ein schnelles Zusammenwachsen der Knochen bewirkt, dient etwa Ruß, den man vom Topf kratzt und einnimmt. Angeblich war bei Tieren nach der Schlachtung der Rußrand an der Stelle des verheilten Knochenbruches klar zu sehen. Außerdem gelten Drachenknochen (Dinosaurier) als Heilmittel. Heutzutage nimmt man an, daß dies auf die leichte Radioaktivität zurückzuführen ist, die in Saurierknochen feststellbar ist.
Wie in der Naturmedizin manch anderer Völker wird auch in der Mongolei eine Pflanze, die in ihrer Form einem bestimmten Organ ähnelt, als Heilmittel für dieses Organ angesehen. Das gilt in der Mongolei zum Beispiel für Pferdeäpfel. Da sie Nierenform haben, können sie Nierenbeschwerden heilen. Sie werden mit der Deelschärpe auf die schmerzende Stelle geschnürt, wo sie sieben Tage verbleiben. Wichtig ist, daß die Pferdeäpfel an einer Stelle aufgelesen werden, die im Schatten zwischen zwei Bergen liegt. Gott sei Dank hatten wir einen »Greifer« nie nötig, obwohl die Steppe an vielen Stellen von Murmeltierbauten und Erd-

hörnchenstollen unterminiert ist und eines unserer Pferde samt Reiter deshalb schwer stürzte.
Eines Morgens platzte der Chef in unser Zimmer. In einer Stunde führe er nach Caagan nuur. Wir packten schnell unsere Rucksäcke, und los ging die Fahrt zusammen mit Adler, Ganzorig und einigen Verwandten des Chefs, die an verschiedenen Jurten aus- oder einstiegen. Die zuerst gebotene Eile war schon hinter Rinčinlchumbe verflogen. Für den Chef war es eine Dienstreise, und er stieg bei jeder zweiten Jurte aus, um mit den Leuten über die Familie und das Vieh zu plaudern. Selbstverständlich waren wir alle jeweils Gäste, die immer frischen, gesalzenen Milchtee bekamen, harten Aarul und Suppen mit selbstgemachten Nudeln und wilden Zwiebeln. In den meisten Jurten wurde uns auch »šimin archi« angeboten, ein aus Sauermilch oder stark vergorenem Joghurt destillierter, nicht sehr hochprozentiger Milchschnaps. Die Destille ist zumeist ein einfaches Verdampfungsgerät. Ein Topf wird mit Sauermilch gefüllt, darauf setzt man einen Holzabzug, eine Art Faß, das oben und unten offen ist. Auf diesem Faß sitzt ein zweiter Topf mit kaltem Wasser, unter dem ein kleiner Eimer aufgestellt ist. Die Milch im unteren Topf wird erhitzt. Der entstehende Dampf kondensiert am oberen Topf und tropft über ein Rohr in den Eimer. Wiederholtes Brennen ergibt ein immer stärkeres Getränk. Die vier möglichen Stadien heißen: archi, arz, chorz und sarz.
Immer wieder wurde beim Archi-Trinken ein typisches Ritual praktiziert. Dem höchsten Gast wird die Flasche überreicht. Dieser Akt macht ihn für den Augenblick zum Hausherrn. Der Gast als Mundschenk füllt die Schale und reicht sie dem rechts neben ihm Sitzenden. Dieser trinkt ein paar Schlucke und reicht die Schale zurück an den Inhaber der Flasche. Der füllt erneut auf und gibt das Trinkgefäß an den Zweit-

nächsten und so weiter. Sind alle Anwesenden auf diese Art bedient, so kreist die Schale gegen den Uhrzeigersinn, von Osten nach Westen.

Hochzeitsrituale

Wir fuhren weiter durch die Darchad-Senke über die holprige Piste bis zu den Ufern des Sischid. Der Chef war gestern Brautführer bei der Hochzeit seiner Nichte und wollte uns gerne der Hochzeitsgesellschaft vorstellen.
Eine traditionelle mongolische Hochzeit dauert immer mehrere Tage. Am ersten Tag der Feierlichkeiten reitet der Bräutigam mit Verwandten und Freunden zur Jurte seiner Braut, vor der einige Hindernisse aufgebaut sind, die er als Symbol der Unabhängigkeit beider Familien »überwinden« muß.
Nach Ankunft des jungen Mannes wird dann »najr«, ein formelles Fest, gefeiert. Erfahrene Männer leiten die Feierlichkeiten. Sie wachen über das allgemeine Zeremoniell, die Trinkordnung und kündigen Wettkämpfe an, sorgen dafür, daß stets Airag ausgeschenkt wird, und werfen Leute aus der Jurte, die die Etikette mißachten oder allzu betrunken sind.
Im Laufe des Tages treten Sänger und Festredner auf, die Segenssprüche auf die Brautleute und ihre Jurte ausbringen, eine Kunst, die heute nur noch wenige beherrschen.
Freunde und Verwandte des Bräutigams bringen der Familie der Braut und den Gästen Geschenke in Form von Fleisch und alkoholischen Getränken. Der Brautpreis – Tiere und Geld – muß schon vor der Hochzeit übergeben werden. Im Verlauf der Feierlichkeiten wird dem Bräutigam das Schien-

bein eines Schafes mit den Sprungbeinknöchelchen angeboten. Er muß nun beide Knochen voneinander lösen – Symbol für die Trennung der Braut von ihrer Familie. Danach erhält er von ihrer Verwandtschaft einen seidenen Schal als Zeichen, daß er nun ihr Vertrauter ist.

Im Laufe des Tages bricht die Hochzeitsgesellschaft zum Lager der Eltern des Bräutigams auf. Wie es schon bei der morgendlichen Ankunft Hindernisse zu überwinden galt, so findet jetzt ein spielerischer Kampf statt, im Laufe dessen der Bräutigam seine Braut »raubt«. Der Brautvater nimmt an den weiteren Feierlichkeiten nicht mehr teil, nur die Mutter reitet mit zu den Schwiegereltern. Auf dem Weg dorthin werden allerlei Wettkämpfe zu Pferde veranstaltet, vor allem gilt es den Schienbeinknochen eines Schafes zu erjagen.

Nach Ankunft des Hochzeitszuges sprechen Braut und Bräutigam gemeinsam ein Gebet. Danach begibt sich die junge Frau in ihre neue Jurte, wo sie Milchtee zubereitet, den sie den Schwiegereltern und den anderen Gästen anbietet. Die Braut muß sich vor den neuen Eltern verbeugen und vor dem Herd der »Feuermutter« ein Milchopfer bringen. Danach trinken die Neuvermählten gemeinsam eine Schale Milch.

Die junge Ehefrau verändert nun auch ihre Haartracht. Bis in die dreißiger Jahre trugen Frauen als Zeichen des Ehestandes einen hochaufgetürmten, mit Silber und Korallen verzierten Kopfputz aus ihren eigenen, mit Leim verklebten Haaren, der an ein Wildschafgehörn erinnert. Heute flicht die Braut meistens aus einem Zopf zwei Zöpfe. Erst nach diesen Ritualen und den Feiern darf das Paar seine erste Nacht zusammen verbringen. Ein besonderes Bett wird in der östlichen Seite im Frauentrakt der Jurte vorbereitet. Früher schliefen ältere Frauen, sogenannte »Bergen«, die auch als Spaßmacherinnen und Unterhalterinnen dienten, in der

ersten Nacht in der Hochzeitsjurte. Sie sollten aufpassen, daß die Braut nicht weglief, und ihre Furcht zerstreuen. Ob das jetzt noch so ist, konnten wir nicht erfahren.
Im Vorfeld all dieser Festlichkeiten ist das Brautwerben auch heute noch eine wichtige Angelegenheit, bei der ganz bestimmte Rituale eingehalten werden müssen. Im Gegensatz zu früher reden die jungen Leute heutzutage allerdings bei der Partnerwahl mit. Der Brautwerber sollte ein angesehener Mann und begabter Redner sein. Nach bestimmten höflichen Einleitungsfloskeln macht er seinen Antrag, indem er die Familie des Bräutigams in möglichst vorteilhafter Weise beschreibt. Sind die Eltern geneigt, den Antrag anzunehmen, wird zu Ehren des Werbers eine Essen veranstaltet. In manchen Gegenden war es zumindest früher üblich, daß die beiden Väter die zukünftige Verbindung durch das Austauschen von Seidenschals manifestierten. Eine wichtige Rolle spielt der Lama, der auf Grund der Horoskope feststellt, ob die beiden jungen Leute zusammenpassen. Er legt nach astrologischer Konstellation auch den Hochzeitstermin fest.
Auch heute noch wird ein Brautpreis ausgehandelt. Bei armen Familien geht es um einzelne Tiere, bei reichen um ganze Herden. Früher verlangte es der Brauch, daß mindestens neun Pferde oder ein Mehrfaches von neun gegeben wurden. Arme Familien konnten die Pferde auch durch Schafe ersetzen. Es war und ist nicht üblich, den Brautpreis nur in Geld zu zahlen. Selbst die ärmste Familie gibt ein geschmücktes Schaf, dessen Leber – als Symbol der Verwandtschaft – in bestem gesundheitlichen Zustand sein muß. Die Tiere, die als Brautpreis verhandelt werden, dürfen nur »Warmnasen«, also Pferde oder Schafe sein.
Ist die Hochzeit vorbei, leben die Neuvermählten meist in der Nähe der Eltern des Mannes. Auch die Frau bekommt

üblicherweise eine Mitgift – Tiere, Herden –, die sie im Falle einer Trennung wieder mitnimmt.
Falls die Braut verwitwet ist, nimmt der Bräutigam ein Ritual vor, das Dämonen, die eventuell im Zusammenhang mit dem Tod des ersten Mannes noch in der Nähe der Frau sind, vertreiben soll. Er kniet zu seiner Braut und hackt mit einem kleinen Beil dreimal hinter ihr auf den Boden. Auf diese Weise soll ihre Vergangenheit »abgeschnitten« werden.
Ein Ethnologe in Ulaanbaatar erzählte uns, daß auch in der Stadt noch bestimmte, einfachere Werberituale üblich sein können. Drei verwandte Männer oder Freunde begeben sich sehr früh am Morgen ins Haus der Auserwählten mit den Worten: »Der Zobeljäger befindet sich bei uns mit Fellen vom Zobel, die Näherin lebt bei euch.« Dann reichen sie dem Vater die Schnupftabakdose. Nimmt er sie an, bedeutet dies sein Einverständnis, und man verhandelt sofort alles Weitere. Nimmt er nicht an, muß das nicht heißen, daß er seine Tochter nicht hergeben will, sondern daß die drei Brautwerber nicht korrekt aufgetreten sind, zum Beispiel schlampig gekleidet waren oder sich zu wenig ehrerbietig verhalten haben. Dann dürfen die Werber einen zweiten Versuch starten.
Als wir bei der Hochzeitsjurte ankamen, wurden wir gleich von der Festgesellschaft umringt. Die Jurte war brandneu und glänzte in der Sonne. Es war der dritte Tag der Feierlichkeiten, wo auch Fremde kommen dürfen; sie werden sogar als Glücksbringer angesehen. Trotz des heißen Tages saß man in der Jurte und aß und trank. Wie ich später erfuhr, essen Mongolen fast nie außerhalb der Jurte, es sei denn auf der Jagd oder unterwegs. Wir übergaben unsere Geschenke, der Mann erhielt ein eigenes Präsent und die Frau ebenfalls. Sie freute sich sehr über den bunten Stoff, aus dem sie Kissen nähen wollte. Später machten wir ein paar Polaroid-Fotos,

die nach begeistertem Betrachten zur »Ahnengalerie« gesteckt wurden. Die junge Frau bereitete sofort frischen Milchtee, von dem die erste Tasse an einen etwa vierzehnjährigen Jungen ging, der auf dem Ehrenplatz gegenüber dem Jurteneingang saß. Es war wahrscheinlich der Bruder des Bräutigams, der heute wichtigster Gast zu sein schien. Die Jurte war mit Käse und Hartquark angefüllt, es gab nicht nur steinharten »aarul«, sondern auch weichen »bjaslag« und »eezgij«, süßen Quark. Alle mongolischen Käse- und Quarksorten sind ungesalzen, und wir hatten uns manchmal gewünscht, daß der Käse mehr und der Tee weniger gesalzen wäre. Große Mengen Schaffleisch wurden angeboten, die besten und fettesten Stücke für uns, danach die Brühe. Ich war versucht, die Knochen schön abzunagen, als Adler mir erklärte, daß abnagen oder mit den Fingern abreißen als sehr ungehobelt gilt. Man muß immer ein Messer benutzen.
Der Körper des Schafes wird zu einem festlichen Anlaß zeremoniell in Kopf und sieben Teile zerlegt, die jeweils wieder in kleinere Teile zerteilt werden können. Nur das Bruststück ist nicht weiter teilbar, was vielleicht seine Rolle als Hauptopfergabe an die Herdengötter erklärt.
Ein wichtiger Teil des Schafes ist »uuc«, das sind Rücken, Schlegel und Schwanz, die – obwohl sperrig – in einem Stück gekocht werden. Uuc spielt bei allen Familienfesten eine wichtige Rolle. Diese Teile des Schafkörpers gelten ähnlich viel wie der Tierkopf. Bei Feiern beginnt der angesehenste Gast mit dem Zerteilen von uuc und reicht es dann in der Runde weiter. Haben alle Gäste davon gegessen, erhält der Ehrengast den an der Wirbelsäule verbleibenden Rest.
Immer wieder wurde »archi« ausgeschenkt – nach dem jungen Ehepaar war jeder der Gäste der Reihe nach »Herr der Flasche«, was allseits zu einem kräftigen Schwips beitrug.

Man bot uns an, ein bißchen zu reiten, und wir jagten mit einem Teil der Hochzeitsgesellschaft ziemlich enthemmt bis zum Fluß, wo wir die Pferde tränkten. Wir wollten den Šišchid-gol überqueren, als mein Pferd in der Mitte des Wassers stehenblieb, woraufhin Adler mit seinem Peitschenstöckchen gegen meine Steigbügel schlug. Als ich ihn nach dem Grund dafür fragte, erzählte er mir eine Geschichte.

Säbelrasseln bei Čingis Chan

Čingis Chan erließ zu seiner Zeit viele Verordnungen, die das Verhalten seiner Krieger beim Angriff betrafen. War eine Attacke eingeleitet, so war es strengstens untersagt, daß ein Reiter mit seinem Pferd stehenblieb. Ein Stehengebliebener galt als Feigling, und die nach ihm heranpreschenden Reiter waren verpflichtet, ihm deswegen unverzüglich den Kopf abzuschlagen. Da es sich physiologisch beim Pferd so verhält, daß es in Bewegung nicht uriniert, war das Stehenbleiben sehr oft nicht auf die Memmenhaftigkeit des Roßführers, sondern auf die Notdurft des Rosses zurückzuführen. So endeten viele tapfere Kämpfer einen Kopf kleiner in den Steppen Asiens, bis Čingis Chan ein neues Gesetz herausbrachte, das einen solchen Fall befriedigender regelte. Blieb ein Pferd aus nämlichen Gründen stehen, mußte sein Reiter sogleich mit dem Säbel kräftig auf die Steigbügel schlagen. Das rasselnde Geräusch ließ die Nachstürmenden wissen, daß hier ein mutiger Mitstreiter auf die Bedürfnisse seines Pferdes einging, bereit, im nächsten Augenblick den Feind zu vernichten.

Da wir noch einen weiten Weg vor uns hatten, verabschiedeten wir uns bald von unseren Gastgebern. Bevor wir gingen, erhielten wir jeweils einen Geldschein von Braut und Bräutigam überreicht, ein Geschenk, das uns auf unserer weiteren Reise Glück bringen sollte.
An der Brücke über den Šišchid kauerten eine alte Frau und ihre Enkeltochter. Sie hüteten eine Yak-Herde und waren zugleich die Brückenwächterinnen, an die wir pro Kopf eine kleine Maut zahlen mußten. Erst dann wurde ein Gatter zur Seite geschoben. Das war die letzte Brücke überhaupt, die es bis Cagaan nuur gab. In den Feuchtwiesen sahen wir Graureiher und riesige Mengen von Graugänsen. Vielleicht waren sie schon unterwegs zu ihrem »Winterlager«. Der Weg stieg jetzt an und wurde immer schlechter. Der Chef meinte, wenn es hier regnete, sei diese Strecke fast unpassierbar. Aber wir hatten seit unserer Ankunft nur strahlenden Sonnenschein, so daß wir auch annehmen konnten, die Flüsse und Flüßchen durchfahren zu können. Obwohl wir immer Schrittempo fuhren, wurden die Stoßdämpfer arg strapaziert, jeder Meter war Geschaukel und Gewackel. Die Piste war gut zu sehen, aber es galt immer wieder Löcher und Gruben zu umfahren, und manchmal ging es so steil die Hügel hinauf, daß wir kaum glaubten, es zu schaffen. Wir waren alle immer noch in Hochzeitsstimmung und sangen aus voller Kehle. Unsere mongolischen Begleiter wollten den Inhalt unserer deutschen Lieder wissen, und wir den der ihrigen. Viele mongolische Lieder handeln von der Liebe der Kinder zu ihren Eltern und Großeltern. Zärtlich wird beschrieben, was man ihnen alles verdankt, wie selbstlos sie sind, aber

auch wie streng. Jede Gegend hat ihre eigenen Lieder, in denen die Landschaft oder die Flüsse der Umgebung besungen werden. Adler, der ein begabter und witziger Sänger war, trug uns etwas vom Šišchid-gol vor, ein melancholisches Lied, das seinen Lauf, sein Flußbett, die Landschaft, die er sieht, und schließlich das Einmünden in den Jenissej im fernen Rußland beschreibt.

Obwohl der Chef sagte, daß wir in Eile seien, um nach Caagan nuur zu kommen, stiegen wir bei jeder Jurte aus, tranken selbstverständlich Tee, plauderten und fuhren weiter. Es waren aber immer weniger Jurten zu sehen.

Die Fahrt ging durch lichte Lärchenwälder, an deren »Ein- und Ausgang« oft »heilige« Bäume standen, über und über behängt mit Stoffstreifen, Tierschädeln und Zetteln. Diese Bäume sind Relikte des Schamanenkults. Sie »wachsen in den Himmel« und bilden eine Brücke ins Jenseits. Einige Male stiegen wir aus, um ihnen unsere Reverenz zu erweisen. Oft hatten wir wirklich den Eindruck, durch einen heiligen Wald zu fahren.

Endlich waren wir oben bei den Seen angelangt, ein stahlblaues Gewässer hing am anderen, unterbrochen von rötlich-grünen Inseln und Landzungen, halbe Wälder standen im Wasser, in der Ferne waren die schneebedeckten Berge zu sehen. An einem der Seen machten wir Rast, um von einer versteckt am Ufer liegenden Heilquelle zu trinken. Das Wasser schmeckte extrem nach Schwefel, aber da Adler seine Heilwirkung über alle Maßen lobte, füllten wir unseren Wasserkanister damit auf. Auf dem Hügel über dem See standen fünf einfache Hütten. Das sei ein Kurort, zu dem im Sommer die Leute heraufkommen, um von der Quelle zu trinken, erklärte der Chef. Irgendwie hatte ich in der Taiga Kamele nicht erwartet, aber plötzlich kam eine kleine Karawane, ge-

führt von einer Frau, auf uns zu. Obwohl es noch August war, zog sie schon langsam abwärts in Richtung Winterlager. »Es gibt bald Schnee«, sagte sie. Das konnten wir uns an diesem strahlenden Tag nicht vorstellen.
Die Dämmerung brach schon herein, als wir an einen recht breiten Fluß kamen, dessen große Schleifen tief ins Tal geschnitten waren. Obwohl wir später noch einen Fluß durchfahren sollten, der eventuell problematisch werden könnte und den wir besser bei Tageslicht erreichen sollten, packten unsere Freunde nun ihre Angelruten aus.
Diese Stelle sei ein Dorado für große Fische. Ganzorig versuchte mit einer modernen russischen Angel sein Glück, während Adler und der Chef nur eine Plastikschnur mit Haken auswarfen. Auch wir hatten eine Schnur mit einem kleinen Schwimmer mitgebracht und träumten von einem schönen »Steckerlfisch«. Es war kaum zu glauben, obwohl wir nur Gelegenheitsfischerinnen waren und die Schnur von der zerklüfteten Uferböschung aus öfter ins Gras als ins Wasser auswarfen, hatten wir schon nach kurzer Zeit einen dicken Fang am Haken. Jeder hatte etwas gefangen, und die Fische wurden verglichen. Wir hatten den zweitgrößten.
Zwei Mädchen kamen über die Hügel. Ihre Kleidchen waren zerlumpt und statt Schuhen hatten sie Stoffetzen um die Füße gewickelt. Als wir sie ansprachen, rannten sie verschüchtert hinter den Jeep, von wo sie sich erst langsam wieder hervorwagten. Sie boten uns aufgefädelte Pilze an, die der Chef ihnen für ein paar Tugrile abkaufte. Wir schenkten den Kindern Bonbons, und bei näherer Betrachtung fiel uns auf, daß nur eines ein Mädchen war, obwohl beide bunte Schleifen im Haar trugen. Ein Kind war ein als Mädchen zurechtgemachter Bub. Als Adler unser Erstaunen bemerkte, erklärte er den Grund für diese Verkleidung.

Das harte Leben draußen, die extremen klimatischen Verhältnisse, andauernder Wind, eisige Winter mit Schneestürmen und auch Unterernährung lassen Kleinkinder die ersten Lebensjahre oft nicht überstehen. Trotz besserer medizinischer Versorgung in den letzten Jahren ist die Kindersterblichkeit in der Mongolei immer noch ziemlich hoch. Vor allem in den ersten drei Lebensjahren gelten Kinder als besonders gefährdet, von bösen Geistern heimgesucht und wieder ins Jenseits mitgenommen zu werden. Man sieht sie in diesem Zeitabschnitt als Wesen zwischen zwei Welten an, noch verbunden mit dem Jenseits, aus dem sie kommen, und dem Diesseits, in dem sie leben. Familien, die schon ein oder mehrere Kinder verloren haben, versuchen die Dämonen zu überlisten, indem sie ihren Kindern Namen geben, die die Geister irreführen. So sollen Namen wie »Der nicht« oder »Kein Mensch« dem bösen Geist vermitteln, daß es eben »der nicht« ist, den er holen will, und durch das Verkleiden eines Jungen als Mädchen wird von einem männlichen Kind abgelenkt und umgekehrt.
Hat ein Kind diese schwierige Periode seines Lebens überstanden, so findet zwischen dem dritten und fünften Lebensjahr der zeremonielle erste Haarschnitt statt. Bis zu diesem Zeitpunkt werden die Haare nie geschnitten, da sie als Relikt aus dem Mutterleib oder gar dem Jenseits gelten. Wir waren einmal in Ulaanbaatar bei solch einem Haarschneideritual. In diesem Falle hatte der Großvater zuerst Segenswünsche an das Kind ausgesprochen und dann das erste Haarbüschel abgeschnitten. Jeder der Anwesenden, außer uns, schnitt dann der Reihe nach eine Locke ab, so daß am Ende nur

zwei Haarbüschel auf dem Kopf des Mädchens stehen blieben, bei einem Buben ist es normalerweise nur ein Büschel. Danach gab es ein kleines Fest, und Geschenke wurden übergeben.

Reden mit den Fischen

Es war Zeit, die Fische auszunehmen. Adler zeigte uns einige Kniffe, wie man schnell und sauber die Innereien abschneidet. Dabei bewunderte er mein sizilianisches Messer so sehr, daß es mich freute, es ihm zu schenken. Mir war aufgefallen, daß er, bevor er seinen Fisch tötete, auf diesen einredete. Er sagte, daß er zwar ein moderner Mann sei, aber dem üblichen Brauch Genüge tue, ein getötetes Tier um Entschuldigung zu bitten, da Töten, auch von Tieren, nach dem buddhistischen Glauben verboten ist.

Es waren ungefähr noch zwanzig Kilometer bis zur Furt, die es zu durchfahren galt. Auf der anderen Seite wollten wir unsere Zelte aufschlagen und essen. Nach über einer Stunde, die wir gegen einen lilafarbenen Sonnenuntergang fuhren, erreichten wir das Wasser. Die Furt war nicht mehr an der alten Stelle, und wir liefen am Ufer entlang, um eine Passage zu finden. Das Wasser war bedenklich reißend, und unser Jeep kam mir plötzlich gar nicht mehr hochbeinig vor. Adler lief zu einer Jurte, die weiter unten am Fluß stand, und kam mit einem Pferd zurück, mit dem er langsam ins Wasser ritt, um die Tiefe zu messen. Das Tier hatte alle Mühe, sich gegen die Wassermassen zu stemmen, es wurde immer tiefer. Kurz vor dem Wegschwimmen kehrten Pferd und Reiter um. Es war kein Hinüberkommen. Es wäre besser, auf dieser Seite zu bleiben und es morgen ganz früh wieder zu versuchen. In ein paar Stunden hätte der Fluß vielleicht weniger Wasser. Die Leute von der Jurte – eine hübsche, lustige Frau mit ihrem viel älteren Mann – luden uns ein, die Nacht bei ihnen zu verbringen. Die Frau trieb gerade die Ziegen und Schafe in einen rindengeflochtenen Pferch und begann mit dem Melken. Sie schaute ungläubig, als ich sie fragte, ob ich helfen könne. Als Adler ihr erklärte, daß meine »Erde« (das Allgäu) ein milchreiches Gebiet in Deutschland sei, lachte sie herzlich und schaute mir zu. Der erste Milchstrahl kam ein bißchen dünn, und ich brauchte doppelt so lange für ein Tier wie meine mongolische Meisterin, aber sie war trotzdem mit mir zufrieden.

Wir boten unseren Gastgebern zwei unserer Fische an, die sie jedoch mit der Begründung ablehnten, sie würden keinen Fisch essen, aber wir dürften gerne ihr Herdfeuer benutzen. Jetzt kam wieder der Verlust unseres Öls schmerzlich zum Tragen. Auch in der Jurte gab es keines. Als ich auf den prall mit Butter gefüllten Yakmagen deutete, der am Scherengitter hing, schauten mich alle ungläubig an. Butter und Fisch, das geht doch nicht. Cathleen und ich überzeugten Adler und den Chef und aßen später den besten Fisch unseres Lebens. Wir saßen noch lange ums Herdfeuer und hörten Adler zu, der Geschichten erzählte, die wir nicht verstanden. Unsere Gastgeber waren wahrscheinlich ziemlich arme Leute, denn sie hatten nur zwei Pferde, eine kleine Schaf- und Ziegenherde und ein paar Yaks. Obwohl sie offensichtlich nur das Allernötigste besaßen, boten sie uns ununterbrochen Milchtee und Aarul an, Stutenmilch gab es nicht. Ganzorigs Augen leuchteten, als wir dem Hausherrn eine Flasche Wodka schenkten, die wir gemeinsam lehrten. Als ich mich später

anschickte, eine zweite Flasche zu holen, hielt mich Adler davon ab. Ich solle einen gewissen Vorrat für die Schamanin aufheben, deren Hilfsgeister einen großen Durst hätten.
In dieser Nacht hatte ich große Lust, im Freien zu schlafen. Der Himmel war sternenklar, und der »Große Bär« strahlte hell am Firmament. Ich schlug mein Nachtlager beim Pferch auf. Nachts kam eine Yak-Kuh vorbei, um ihr Junges zu besuchen, und im Morgengrauen weckten mich zwei Ziegen, die an der Pferchwand Männchen machten und zu mir herunterschauten. Noch vor Sonnenaufgang ging ich zum Fluß und nahm ein Bad. Nach einem Milchtee-Frühstück wollten wir unsere Reise fortsetzen.
Der Wasserstand im Fluß war der gleiche, aber jetzt bei Tageslicht konnten wir die Lage besser einschätzen. Der Chef war zu allem entschlossen und montierte schon den Keilriemen ab (um den Ventilator außer Funktion zu setzen, damit er während der Überfahrt kein Wasser auf den Motorblock spritzte). Dann versuchten wir überzusetzen. In der Flußmitte drehten die Räder durch, pflügten dann aber doch weiter. Alle saßen schon mit hochgezogenen Beinen da, als das Wasser bei Türen und Spalten und Löchern hereinschoß. In diesem Augenblick der höchsten Not fing Adler an, tibetische Stoßgebete zu singen, woraufhin der Chef in schallendes Gelächter ausbrach, nochmal gezielt Gas gab und die Uferböschung hinaufschlidderte. Wir setzten uns alle in der Hocke ins Gras und rauchten. Ich wollte wissen, warum der Chef in dieser todernsten Lage so fröhlich gewesen war. Adler sagte, er hätte nicht tibetische Mantras gesungen, sondern die Namen aller Frauen angerufen, die er kannte, und er war froh, daß er so viele Bekanntschaften hatte, sonst hätten wir das andere Ufer nie erreicht. Es war typisch für unsere kleine Reisegesellschaft, daß man nach einem überwundenen Hin-

dernis oder einer schwierigen Wegstrecke ausstieg und sich kurz zusammen ins Gras setzte.

Ankunft in Cagaan nuur – der »Weiße See«

Unser Weg führte immer bergauf, durch lichte Nadelwälder, über Flüßchen und um Seen (der Chef erzählte stolz, daß es hier über dreihundert Seen und etwa neunzig Flüsse und Flüßchen gibt), und nach einigen Stunden lag glitzernd Cagaan nuur, der »Weiße See« vor uns, an seinen Ufern das gleichnamige Dörfchen mit Kreisstadtfunktion. Wie in Rinčinlchumbe war fast niemand zu sehen. Alle waren »in den Beeren« oder auf der Jagd.

Wir fuhren zu Žamsran, dem Bruder vom Chef, der wiederum Chef des hiesigen Grenzschutzes war und über einen guten Draht zu den russischen Kollegen auf der anderen Seite verfügte. Wie andere Mongolen in Jurtenverbänden leben, so lebten viele Einwohner von Cagaan nuur in Blockhüttengemeinschaften, die jeweils von einem hohen Bretterzaun umgeben waren. Žamsran wollte unbedingt auf die Jagd gehen, und unsere Reisebegleiter waren begeistert. Sie wollten noch diesen Abend losziehen und erst am nächsten Morgen zurückkommen. Der Chef hatte plötzlich kein Zeitproblem mehr, zu der Schamanin würden sie uns morgen führen.

Wir bauten unser Zelt im Hof zwischen den Holzhäusern auf. Auf die Jagd wollten wir nicht mitgehen, und es schien auch nicht erwünscht. Das kleine Museum des Ortes war geschlossen. Schade, solche Museen bieten immer einen Überblick über die Tier- und Pflanzenwelt der Umgebung.

Im hiesigen Museum sind außerdem Schamanengewänder ausgestellt.
Cathleen fühlte sich elend, seit der Gobi hatte sie immer wieder Magenprobleme. Žamsran machte Wermuttee für sie und bettete sie auf eine Liege in der Sonne. Ich wanderte mit Adler zu einem Örgöl-Altar, ein Owoo, der hier jedes Jahr erneuert wird. Man sucht ihn auf, um Schutz und Glück für die Familie zu erbitten oder eine gute Jagd. Von hier aus hatte man einen schönen Blick auf den »Weißen See« und die Berge. Adler zeigte auf ein weißgetünchtes Gebäude mit einem hohen Kamin. Das kleine quadratische Gebäude war bis vor drei Jahren eine Fischfabrik. Mangels Aufträgen, vor allem aus Rußland, habe man sie schließen müssen. Aber der See sei auch überfischt worden, und die ursprünglich großen »weißen Fische«, die ein einmalig zartes Fleisch haben, sind immer kleiner und weniger geworden. Deshalb hätten die Sum-Chefs einige Jahre Schonzeit verordnet. Adler fragte, ob ich nicht Kontakt zur deutschen Handelsmission herstellen könnte, um Gelder für die Reaktivierung dieses Betriebs zu erhalten und um über Absatzmärkte zu verhandeln. Im Grunde hat die Fischindustrie in der Mongolei selbst kaum Zukunft, da Fisch traditionell nur von armen Leuten und im äußersten Notfall gegessen wird. Hier im Norden haben wir allerdings einige Leute Fisch essen sehen.
Irgendwann im Laufe des Nachmittags verschwand Adler. Als er zurückkam, drängte er zum Aufbruch. Er hatte gehört, daß die junge Schamanin diese Nacht vielleicht »tanzen« würde, wie er sagte. Er hatte Pferde mitgebracht, und wir packten unsere Sachen und ritten los. Ganzorig, der als Dolmetscher immer mehr ausfiel und manchmal ausfällig wurde, blieb zurück. Der Chef ging mit seinem Bruder jagen. Es war ein gemütlicher Ritt, eine schöne Art, die Landschaft zu erleben.

Dauernd huschten allerhand Pelztiere herum. Im Wald sahen wir Wiesel und Streifenhörnchen, die in Baumhöhlen leben. Wir galoppierten kaum; diesmal hatte ich einen russischen Militärsattel, der viel länger ist und weich gepolstert, aber mir lagen die kleinen mongolischen Sättel mehr. Sie waren viel besser geeignet für lange Ritte, bei denen man mehr steht als sitzt. Adler war ein großer Erzähler. Er hatte auf jede Frage eine Geschichte parat, und während wir langsam durch die Wälder ritten, wollte ich etwas über eine allgegenwärtige Tradition erfahren.

Wie man ein Geschenk entgegennimmt

Wenn man in der Mongolei etwas gereicht bekommt oder entgegennimmt, darf man das nie mit unbedecktem Unterarm tun. Manchmal sitzt man da, den Arm ausgestreckt, um etwas zu übergeben. In diesem Augenblick beginnt der andere erst einmal mit der Prozedur, seinen überlangen Ärmel (nudraga) herunterzustülpen. Adler erzählt: Es war einmal ein Chan, der im Kampf gegen die Kitan schwer verletzt worden war und eine große Narbe am Unterarm hatte. Eines Tages reichte ihm seine junge Dienerin eine Schale Tee, als sie plötzlich der Narbe des Chans gewahr wurde. Da ließ sie vor Schreck die Schale fallen und rannte hinaus. Der Chan war darüber so erzürnt, daß er sie sofort köpfen ließ. Als seine Frau dies hörte, war sie außer sich vor Zorn, denn das junge Mädchen war ihre Lieblingsdienerin gewesen, und sie wollte sich in ihrem Schmerz das Leben nehmen. Der Chan, der seine Frau sehr liebte, sah, was er angerichtet hatte, und um sich bei seiner Frau zu entschuldigen, erließ er das Gesetz, daß in Zukunft jeder seinen Unterarm bedecken müsse, wenn er etwas gereicht bekam oder reichte. (Dank dieser Verordnung muß heutzutage niemand mehr seinen Kopf verlieren, wenn er einmal erschrickt.)

Und warum haben mongolische Deels überlange Ärmel? Trotz aller Legenden, die sich um die »nudraga« ranken, haben sie wahrscheinlich einfach eine praktische Funktion. Sie sind Handschuhersatz. Mit der nudraga werden auch heute noch symbolische Handlungen vollzogen. Wenn jemand in ein Ail (Verband mehrerer Jurten) kommt, stülpt er sofort seine Ärmel hoch, um anzuzeigen, daß er in guter Absicht kommt, also weder Waffen noch Gift im Ärmel hat. Wenn zwei Männer miteinander raufen, sagt man: »Sie haben die nudraga gekreuzt.« Wenn der Vater sein Kind strafen möchte, schlägt er es symbolisch mit seinem überlangen Ärmel.

Und warum legen die Mongolen ihre linke Hand an den rechten Ellenbogen, wenn sie etwas entgegennehmen? Ursprünglich wohl, damit der Ärmel niemand anderem in die Suppe hängt!

Mit der Schamanin reisen

Unter uns lag ein lichtes grünes Tal mit mehreren kleinen Seen, die eher nach einer Überschwemmung aussahen, das Flüßchen trat wohl oft über die Ufer. Überall standen einzelne Jurten; Adler deutete auf eine, in der die Schamanin Bajra wohnte.

Wir traten ein. Bajra war eine runde, rotbackige Frau von

etwa fünfunddreißig. Nichts Mystisches oder gar Beängstigendes haftete ihr an. Sie beobachtete uns zuerst nur aus den Augenwinkeln, lächelte uns dann aber freundlich an. Sie könne nicht versprechen, daß heute nacht eine Séance stattfindet. Dafür müsse sie erst bei Dämmerung ihre Hilfsgeister befragen, aber es sei ein Ehepaar gekommen, das um sein krankes Kind bangt und um eine Zeremonie bittet. Cathleen hatte Bajras Kindern Luftballons geschenkt, mit denen jetzt wild gespielt wurde. Jeder zerplatzte Ballon wurde mit Gelächter kommentiert; soviel Spaß es den Kindern machte, mit ihnen herumzutollen, so wenig schien ihr Verlust sie zu bedrücken.
Ich ließ Adler sachte anfragen, ob Bajra mir ein paar Fragen beantworten würde. Wir hockten uns auf der Nordseite der Jurte auf den Boden. Bajra war in der sechsten Generation Schamanin. Demdyn Ceren, ein großer Schamane, der 1975 verstorben ist, war ihr Großvater mütterlicherseits. Ihre Mutter Süren, ihre Meisterin, war vor einem Jahr verstorben. Das deutete Bajra nur ganz kurz an. Ihre Berufung hatte schon der Großvater vorausgesagt. Während der Pubertät hatte sie manchmal Ohnmachts- und Tranceanfälle, aber die richtige Berufung hatte sie erst vor einigen Jahren während einer Schwangerschaft gefühlt, während der sie oft von Ohnmachtsanfällen heimgesucht wurde. Ihre Mutter weihte damals eine Maultrommel für sie, und Bajra entschloß sich, ihre Berufung zur Schamanin anzunehmen, worauf die Anfälle aufhörten. Bajra sagte, daß man sich gegen die Berufung nicht wehren kann und darf, obwohl sie oft mit schmerzlichen Erlebnissen verbunden ist. Erst seit letztem Jahr arbeitet sie öffentlich. Früher war die Arbeit des Schamanen verboten, und viele wurden deshalb verfolgt und getötet. Warum man das getan habe, wisse sie nicht. Sie erinnerte sich noch

gut, daß ihre Mutter aus Angst vor Entdeckung ihre Onggons versteckt hatte (das sind die Schutzgeister selbst, aber auch angefertigte Figuren der Schutzgeister, die ans Jurtendach gehängt oder vom Schamanen auf Reisen, zum Beispiel zu einem Kranken, mitgenommen werden).

Bajra sagte, daß ungefähr tausend Leute im Monat zu ihr kämen. Das scheint sehr unwahrscheinlich, und ich denke, daß »tausend« einfach »viel« ausdrücken soll. Cathleen fragte, ob auch Kommunisten zu ihr kommen dürften, worauf Bajra antwortete, daß alle Menschen zu ihr kommen dürften – was Kommunisten sind, wisse sie nicht. Ihre Zeremonien hält Bajra am dritten, fünften, siebten und dreizehnten Tag des Mondkalenders. Bajras Mann kam herein, holte die große Trommel von der Nordseite der Jurte und stellte sie in die Nähe des Herdes.

Wir verließen die Schamanin, um bei Einfall der Dämmerung wiederzukommen.

Adler schlug vor, zu seiner alten Mutter zu reiten, die in der Familie seiner Schwester lebte. Peitschenschwingend rasten wir im Galopp zu der Jurte, die ein paar Kilometer weiter unten im Tal stand. Die Schwägerin erwartete uns bereits mit einem Festmahl – woher sie wußte, daß wir gekommen waren, war uns schleierhaft. Adlers Mutter war siebzig, aber sie wirkte viel älter. Sie konnte kaum mehr gehen und hatte gehofft, daß Ganzorig mit uns gekommen wäre, um sie zu untersuchen. Adler war sehr schweigsam, er saß einfach da und sprach weder mit der Mutter noch mit seiner Schwägerin Erdene. Ich saß später mit ihr, umringt von Kindern, den Nachmittag über beim Pferch, in dem zwei Yak-Babys auf ihre Mütter warteten. Erdene war eine ausgesprochen lustige und temperamentvolle Frau, und wir konnten nicht mehr aufhören, über unsere mühsam vermittelten Geschichtchen zu lachen. Sie erzählte, daß ihre Großeltern – ursprünglich Rentier-Nomaden – unter den ersten Familien waren, die die fünf Tierarten gehalten hatten. Der Großvater habe dies später bereut, da es nicht der Tradition seines Volkes und der hiesigen Natur entspräche.

Zum abschließenden Sofortbild legten sie und ihre Mutter den schönsten Deel an. Die Mutter wollte unbedingt mit ihrem Yak fotografiert werden.

Als wir abends wieder zu Bajras Jurte zurückkehren, lagert die ganze Familie um den Herd, auch Nachbarskinder und das ratsuchende Ehepaar waren da. Bajra sitzt mit ausgestreckten Beinen am Boden, weit über ihre Würfel aus Schafsknochen gebeugt, die sie immer wieder wirft. Ab und zu spielt sie auf der Maultrommel, dann wieder plaudert sie mit ihrem Mann und scherzt mit den Kindern. Wir bekommen Milchtee, werden aber sonst kaum beachtet. Bajra ist immer noch unschlüssig. Sie hat über zwanzig Hilfsgeister (Onggons), ihr eigener ist die Elster. Jetzt ist die Sonne untergegangen, und sie scheint bereit, die Séance abzuhalten. Ihr Mann, der sehr groß und schlank ist, beginnt ihr Schamanengewand zu beleben, indem er es über dem Feuer schwenkt und schüttelt. Auf seiner Reise in transzendente Welten ist der Schamane vielen Gefahren ausgesetzt. Diesen Weg tritt er nicht ohne Waffen an. Deshalb ist sein Mantel mit den verkleinerten Nachbildungen von Pfeil und Bogen und Pfeilspitzen behangen.

Bajras Mann ist voll bunter Schnüre, Stoffstreifen und Stoffwürste, auf Brustlatz und Rückenteil sind Rasselringe und Metallteile aufgenäht, die wie kleine Ruder aussehen. Halsausschnitt und Ärmel sind fellbesetzt. Die Schamanin verfügt auf ihrer Reise zwischen den Welten über die Kraft all der Tiere, deren Fell, Haut oder Federn auf dem Mantel appliziert

sind. So kann sie auf ihrem schwierigen Weg etwa fliegen, schwimmen und rennen.
Bajra nimmt immer wieder ihre Trommel und belebt auch sie über dem Herd. Ihr Mann hilft beim Anziehen. Die Kleidungsstücke müssen unbedingt in einer bestimmten Reihenfolge angezogen werden. Zuerst kommen die Stiefel, dann der Mantel und danach der Kopfschmuck – die Krone –, die aus Leder, Schnüren und hochaufstehenden Adlerfedern besteht. Federn haben eine wichtige symbolische Bedeutung. Sie stammen von Tieren, die durch ihre Fähigkeit, in den Himmel zu fliegen, den Schamanen unterstützen, mit den überirdischen Mächten in Verbindung zu treten.
Bevor Bajra ihre Stiefel anzieht, spricht sie in die Schäfte hinein. Als sie angekleidet ist, ergreift sie die lederbespannte Trommel und den Schlegel und beginnt sich singend zu bewegen, ihr Gesicht meistens hinter der Trommel verborgen. In ihren Gesängen ruft sie die Hilfsgeister herbei, lobpreist sie und trägt ihr Anliegen vor. Ihre Bewegungen werden immer konvulsiver, sie dreht sich heftig im Kreis, fällt fast gegen die Jurtenwand, aber ihr Mann steht immer hinter ihr, um sie aufzufangen. Bei ihren Gesängen ist immer wieder ein heftiges »ikra, ikra« zu hören. Schnalzende, pfeifende Töne in galoppartigem Rhythmus lassen ahnen, daß sie sich zu Pferd auf der Reise befindet. Die Trommel symbolisiert das Reittier, der Schlegel, mit dem sie heftig darauf einschlägt, ist die Peitsche. Bajra ist »ins Feuer gegangen«, sie fällt in Trance. Das Ehepaar muß vortreten und seine Fragen stellen. Der Geist antwortet durch die Schamanin, die nach stakkatoartigem Stampfen schweratmend und wie erstickt singend zu Boden fällt. Sie schlägt ihr Kleid heftig auf die Erde, singt und wirft den Kopf hin und her. Langsam kommt sie aus der Trance zurück. Ihr Mann hält sie, kühlt ihr Gesicht mit Wasser

und hilft ihr auf die Beine. Eine alte Frau bringt schnell ein Milchopfer dar, indem sie mit dem Opferlöffel (einem langen Holzlöffel mit neun Vertiefungen) Milch in die vier Himmelsrichtungen spritzt. Dann hilft der Mann wieder beim Auskleiden, zuerst der Mantel, dann die Stiefel und der Kopfschmuck.

Bajra, die sich sofort ein Kopftuch umbindet, setzt sich an den Herd und betet für unsere Reise. Danach bringt sie ein Milchopfer an den Herdseiten und spielt die Maultrommel, mit der sie ab und zu im Wacholder rührt, der auf der Herdplatte glimmt. Er soll unseren Reiseweg reinigen.

Das Ehepaar hatte einen Rat erhalten. Er sollte seinen Kindern auf keinen Fall mehr geschenkte Kleidung anziehen, wie es das bisher wohl getan hatte. Außerdem sollte es den Schimmel, den es geschenkt bekommen hatte, wieder zurückgeben.

Bajras Kinder hatten die Zeremonie mit großen Augen verfolgt, danach gingen sie ehrfürchtig zu ihrer Mutter hin, fingen aber gleich mit ihr zu balgen an. Die Schamanin nahm sie zärtlich in die Arme und lachte laut und glücklich. Cathleen wollte ein Foto nur von ihr und ihrem Mann aufnehmen, was nicht möglich war, denn Bajra wollte unbedingt ihr kleinstes Kind mitaufgenommen haben. Sie schien ein Foto ohne eines ihrer Kinder für sinnlos zu halten.

Wir wurden reich bewirtet und saßen noch bis spät in die Nacht um den Herd. Der Mond hatte einen Hof, das Wetter würde sich ändern. Wir schlüpften in unser Zelt. Die Nacht war sehr kalt und Cathleens Schlafsack ein bißchen dünn. Wind kam auf und zerrte an den Zeltschnüren, die Plane flatterte die ganze Nacht. Dieses Zelt war schrecklich.

Ein Hundewetter zu Pferde

Am nächsten Morgen hingen schwere Regenwolken über dem Tal. Wir ritten zurück nach Cagaan nuur, wo der Chef Pferde organisiert hatte, um nach Tingis zu den Caatan zu reiten. Mit dem Jeep würden wir nicht mehr weiterkommen, und das Boot, das manchmal den Šišchid hinunterfuhr, war nicht da. Wir beluden die Tiere und setzten uns zu einer Mahlzeit bei Žamsran zusammen. Zum Abschied kreiste der Milchschnaps. Žamsran sagte, daß es ein sehr beschwerlicher Ritt würde, ob wir nicht doch lieber hierbleiben wollten. Es fing leicht zu regnen an.

Wir saßen eingemummt auf unseren Pferden, Cathleen, Adler, Cewegdorž und ich. Cewegdorž war ein junger Caatan, der mit einer Darchad-Frau in Cagaan nuur seßhaft geworden war. Wie er wollen viele junge Caatan nicht mehr das entbehrungsreiche Leben eines Rentiernomaden führen. Es regnete jetzt stärker. Der Ritt war sehr beschwerlich und führte durch sumpfiges Gelände mit Bächen, durch die die Pferde nur ungern gingen. Wir trafen auf eine Familie, die mit ihren Rentieren hinunter ins Tal zog. Bei ihnen war ein riesiger Chainak, eine Kreuzung aus einer normalen Kuh und einem Yakbullen (oder umgekehrt). Das sind besonders starke und kräftige Tiere, die zum Befördern der Lasten und als Arbeitstiere dienen. Rechts und links an seinen Flanken hingen warm eingemummt in Rentierfelltaschen zwei kleine Kinder. Wir rauchten in der Hocke sitzend eine Zigarette. Der Mann baute aus Holzstangen eine Art Dreifuß, an dem er den Kessel über das Feuer hängte. Der heiße Tee, in den wir Mehl rührten, brachte wieder Leben in unsere steifgefrorenen Körper. Der Mann sagte, wir sollten umkehren, da es weiter oben

schon schneien würde. Wir ritten aber weiter, jetzt immer bergan. In den wasserdichten Stiefeln stand das Wasser bis zum Knöchel. Nach etwa fünf Stunden – mir tat das Kreuz weh und meine Hände konnten kaum mehr die Zügel halten – kam starker Wind auf, und es begann, in dicken Flocken zu schneien. Wir bauten unsere Zelte auf, wechselten die Kleider und kochten Trockenfleisch in einer Brühe mit Reis, wozu wir wilde Zwiebeln und Mecheerwurzeln aßen. Diese Wurzel jagt der Mensch der Meecher-Maus ab, die sie sammelt und in ihren unterirdischen Bau bringt. Die Menschen in der Taiga klopfen mit einem Stock den Boden ab und spüren so die Hohlräume des Mäusespeichers auf. Meecher ist auch ein Heilmittel gegen Magenbeschwerden.
Es sah schlecht aus, denn wir hatten in einem Tag höchstens ein Drittel des Weges geschafft. Ich träumte in dieser Nacht, daß ich in einem Pferch inmitten von sanftäugigen Rentieren mit ihren Samtschnauzen schlief, warm angeschmiegt an die braunweißen Bäuche.
Am nächsten Morgen lagen zwanzig Zentimeter Schnee. Wir kehrten um. Den ganzen Rückweg herrschte dichtes Schneetreiben. In der Dämmerung ritten wir wieder in Caagan nuur ein. Die Nacht blieben wir in Žamsrans kuscheliger Holzhütte.

»Am Brunnen vor dem Tore«

Am nächsten Morgen drängte der Chef zum Aufbruch. Wir rutschten die Strecke bis Rinčinlchumbe mehr oder weniger im Schrittempo. Den Fluß schafften wir mit Mühe. An der großen Schleife warfen wir trotz des Regens wieder unsere

Angeln aus und konnten gute Beute mit ins Gästehaus bringen. Auch die beiden Köchinnen aßen diesmal gerne mit. Der Chef schlug vor, bald nach Mörön zu fahren, da die Wetterlage ein Überqueren der Flüsse bald unmöglich machen würde. Am Tag der Abfahrt fuhr er mit Frau, Tochter und Enkel im Jeep vor. Damit waren wir mit Cathleen, Adler, Ganzorig und mir acht Leute im Jeep. Wir saßen schon im Auto, als ein junger Mann auf mich zurannte. Er stellte sich als Bacuu, Musiklehrer von Rinčinlchumbe, vor. Er sei vorzeitig aus seiner Sommerjurte zurückgekehrt, da er von unserem Aufenthalt hier gehört hatte. Eindringlich bat er mich, ihm ein paar deutsche Volkslieder vorzusingen, die er aufschreiben wollte. Er habe hier als Musiklehrer keine Noten und wolle doch so gerne den Musikunterricht mit ausländischen Liedern »würzen«. Wir gingen in die Schule hinüber, wo ein altes Klavier stand und eine wunderschön verzierte russische Ziehharmonika namens »Birklein«. Sie war sehr schwer, und ich wuchtete sie auf die Schultern und versuchte »Am Brunnen vor dem Tore« zu spielen; es klang ein bißchen gepreßt, aber Bacuu hatte die Melodie sofort erfaßt, und wir spielten im Duo. Bacuu notierte jede Note, über die ich dann den deutschen Text in kyrillischen Buchstaben schrieb.

Beim Abschied war er sehr unglücklich, da er in der Eile kein Geschenk mitgebracht hatte. Dann hob er aber einen schönen Stein vom Boden auf, gab ihn mir und sagte, dies sei zur Erinnerung an seine Schule. Es bedeute, daß ich wiederkommen werde.

Preispoker mit dem Chef

Es würde nicht nur wegen der Wegverhältnisse eine harte Fahrt werden, sondern auch weil der Jeep so überfüllt war, obwohl Chefs Tochter und Enkel hinten auf dem Gepäck saßen. Als wir Rinčinlchumbe schon eine Weile hinter uns gelassen hatten, sagte der Chef lächelnd, daß der Fahrpreis sich erhöht habe. Ich witterte nichts Gutes und fragte, ob der Preis um so höher wäre, je mehr Gäste mitführen, eigentlich müßte er dann doch niedriger sein. Wir machten ein Gegenangebot. Dann sagten wir, daß es besser sei, ins Dorf zurückzufahren, um eine andere Lösung zu finden. Ganzorig, der Angst hatte, hier festzusitzen, schrie, wir seien verrückt, wir müßten auf die krumme Tour des Fahrzeugbesitzers eingehen. Der Chef meinte, wenn wir nicht mitkämen, würde er uns hier in der Steppe herauslassen, er führe nicht ins Dorf zurück. Cathleen und ich berieten uns kurz und pokerten hoch, indem wir ihn aufforderten, unser Gepäck auszuladen, wir würden es schon irgendwie schaffen. Dann plötzlich lachte der Chef, gab mir seine Hand und ging auf den niedrigeren Preis ein. Er bat zugleich um einen Umweg zur Jurte seiner Eltern, um ein paar Sofortbilder von ihnen zu machen. Obwohl wir in der Frühe losgefahren waren, machten wir uns endgültig erst gegen fünf Uhr nachmittags auf den Weg. Die Ebene lag glutrot in der sinkenden Sonne, die gefältelten Schneegipfel ragten rosa in den Himmel. Unsere Fahrt ging durch die Flüsse und Bäche des Darchad-Tals. Bei morastigen Stellen mußten wir schieben. Chefs Familie blieb dabei immer im Auto sitzen. Das Wetter hatte sich wieder gefangen, und die Sonne schien so mild wie vorher.

Am Fluß Baktak wurden die Angeln ausgeworfen. Er war so ungewöhnlich warm, daß ich Lust auf ein Bad bekam. Wir wanderten ein paar Kilometer barfuß flußaufwärts und ließen uns dann in der angenehmen Strömung wieder zurücktreiben – ein herrliches Gefühl in so einem lauen Gebirgsfluß.

Spät nachts kamen wir in Ulaan uul (Roter Berg) an. Benzin erhielten wir bei einem Freund vom Chef, der uns anbot, bei ihm zu übernachten. Sein Holzhaus war richtig luxuriös, der Boden mit bunten Teppichen ausgelegt, Da wir todmüde waren, wären wir am liebsten gleich schlafen gegangen, aber das ging natürlich nicht. Die Hausfrau stellte sich sofort an den Herd und schnitt Trockenfleisch in eine Wasserbrühe. Tee wurde gereicht, und bald machte Wodka die Runde. Ganzorig untersuchte eines der Kinder, das ein stark verkrümmtes Rückgrat hatte, aber er konnte leider nichts für das Kind tun.

Schon bald wurde eine Errungenschaft der Technik zum Diktator des Abends. In diesem Haushalt gab es einen Fernseher mit Videogerät. Männer und Kinder setzten sich davor und spielten Videospiele. Jeder rührte den »joystick« und schoß Menschen und Tiere ab. Die Frauen saßen still auf einem Diwan. Wir bauten unser Zelt im Garten auf und gingen bald schlafen. Da es auch in Ulaan uul, wie in Caagan nuur und Rinčinlchumbe, seit Wochen keinen Strom gab, speiste der Hausherr sein Fernsehgerät über einen Yamaha-Generator, dessen Lärm uns nicht einschlafen ließ. Wahrscheinlich waren es die Dieselabgase, die uns dann doch noch ins Reich der Träume befördert haben.

Der nächste Tag begann mit einem Wodka-Frühstück. Cathleen und ich brachen auf, um die Ortschaft zu besichtigen. Auch hier Holzhütten mit hohen Zäunen. Yaks grasten auf dem Hauptplatz, den ein sozialistisches Monument zierte. In einem Ail in der Nähe von Ulaan uul gab es einen Darchad-Mann, der noch die Kunst des Silberschmiedens verstand, ein anderer war Stiefelmacher. Um einen traditionellen Lederstiefel mit Filzinnenschuh herzustellen, braucht er über vier Wochen.

Viele Weg führen nach Mörön

Am Nachmittag fuhren wir nach Mörön ab. Der Jeep schaffte den steilen Weg auf den »Öl-Paß« nicht. Der Motor lief heiß, und wir wanderten schon voraus bis zu den dreizehn Owoos, die sich auf dem Paß befinden, dem einzigen Ein- und Ausgang zum Darchad-Tal, der »Wächter des Tales« genannt wird. Rechts und links der Piste sind Owoos errichtet wie Zelte aus angelehnten Bäumchen und Ästen. Daran hängen Stoffstreifen, Geldscheine und Tierschädel, Tierhaare, Geweihe, Töpfe und russische Wimpel. Das zentrale Heiligtum dieser Owoos ist fast zehn Meter hoch, in sein Inneres kann man wie in ein Zelt eintreten. In der Mitte befindet sich ein Felsen, der wie ein Opferblock anmutet, dahinter lehnt eine Steinplatte mit tibetischer Gravur, und ein Buch. Wir brachten unser kleines Opfer und liefen dann in den Wald zum Beerenpflücken und Pilzesuchen. Zwischen den Bäumen kam uns plötzlich ein gesatteltes Pferd wie die märchenhafte Erscheinung des Einhorns entgegen. Spä-

Owoo-Baum mit Gebetsfahnen

ter begegnete uns auch seine Reiterin mit Körben voller Beeren.
Die Fahrt ging durchs Chöjen-Tal. Der Jeep mußte abkühlen. Später öffnete sich das Tal, und wir entdeckten immer wieder Heldengräber-Rondelle bis zu dreißig Meter Durchmesser, die mit großen Steinen bedeckt waren, die die Trauergäste von einst eigenhändig angeschleppt hatten. Manches der Rondelle waren mit einem Steinkreis eingefaßt. Der Chef sagte, daß jeder Krieger einen Stein zum Grab eines gefallenen oder verstorbenen Führers bringen mußte.
Wir begegneten einem Lastwagen und einem Jeep, von dem Männer Benzin in eine große Milchkanne abzapften. Auch das ist ein häufiger Anblick in der Mongolei. Man hilft sich mit Benzin aus, sei es auch nur mit einem Liter. Ein kurzer Schwatz und eine Zigarette begleiten den Vorgang.
Vereinzelt kamen Jurten in Sicht. Es ging durch eine bizarre Felslandschaft steil hinunter ins Tal von Mörön. Die kleinen Gewässer, die es zu passieren galt, waren tückisch, aber noch tückischer wirkten zerfallende Brückchen, die der Chef grundsätzlich mied. Die Frauen sangen melancholische Lieder.

Nur ein Weg führt aus Mörön heraus

Im Gästehaus von Mörön bekamen wir ein riesiges Zimmer. Die Badewanne war randvoll mit Wasser, woraus wir zunächst nicht den Schluß zogen, daß kein Wasser aus der Leitung kommt. Auch Strom gab es nicht. Jetzt machte sich bemerkbar, daß die Haushalte hier keine offenen Feuerstellen mehr hatten. Man ist vom Strom abhängig, der nur selten vorhanden ist. Was sollten wir nun mit unserem Fisch und unserem großen Hunger machen? Ganzorig, der ebenfalls in unserem Gästehaus nächtigte, hatte den Fisch ausgenommen und an die Rezeption gebracht für den Fall, daß noch »Saft« käme. Wir gingen einige Häuser weiter in einen Kaufladen mit Bar und ließen uns ein Bier namens Tiger schmecken. Auch dort gab es keinen Ofen mehr, sonst hätten wir den Fisch gerne dort braten können. Wir bummelten durch das Kreisstädtchen zum Museum, dem auch ein kleiner Zoo angegliedert ist. Als ich über den hohen Zaun schaute, sprang ein Wildschwein verschreckt ins Gebüsch.

Wir vertagten die Besichtigung von Mörön auf den nächsten Morgen und wollten gerade in die Federn schlüpfen, als es an der Tür klopfte. Ein fremder Mann stand draußen und lud uns in seine Wohnung ein, damit wir unseren Fisch braten könnten – er besaß einen Ofen. Er würde sich freuen, wenn wir kämen, da seine Frau Deutsch lernte und sich gerne mit uns unterhalten würde. So verbrachten wir einen angenehmen Abend mit dem jungen Ehepaar, das beabsichtigte, später ein kleines Touristenbüro zu eröffnen. Ihre Wohnung in einem mehrstöckigen Plattenbau wirkte sehr russisch. Das fiel bei allen auf, die offensichtlich wohlhabender waren.

Wir wollten so bald wie möglich Mörön verlassen und versuchten am nächsten Morgen Flugtickets zu bekommen. Obwohl die Bank, in der die Fluggesellschaft einen Schalter betreibt, geöffnet war, war keine Menschenseele da, um Flugscheine zu verkaufen oder eine Auskunft zu geben. Im Kaufladen sagte jemand, daß die Sommerferien zu Ende seien und viele Schüler aus den Ferien zurück nach Ulaanbaatar reisen würden, deshalb seien alle Flüge für mindestens eine Woche ausgebucht. Wir beschlossen, unser Glück ohne Hilfe zu versuchen, und fuhren auf der Ladefläche eines Lastwagens zum Flughafen, aber auch dort war der Schalter geschlossen. Unbehelligt gelangten wir in den Tower, wo wir dem Ingenieur unser Anliegen vortrugen. Er meinte, wir sollten am nächsten Tag wiederkommen, da das Flugzeug aus Ulaangom eventuell zwischenlanden würde.

Wir verbrachten den ganzen Tag am Delger-Mörön-Fluß und badeten inmitten einer Kinderschar und einem Mückenmeer. Am Abend feierten wir draußen vor der Ortschaft in einer Jurte Abschied von Adler, dem Chef, seiner Frau und der Tochter. Mir fiel plötzlich auf, daß der Chef während der Fahrt kein einziges Mal mit seiner Frau gesprochen hatte.

Wir schafften es, eine »Mitreitgelegenheit« zum Flughafen zu bekommen – das Gepäck hatten wir auf dem Rücken –, falls es wider Erwarten klappen sollte, Plätze im Flugzeug zu bekommen. Im Schatten der Doppeldecker am Rand des Flugfeldes ließen wir uns nieder und warteten. Ein kleiner Junge kam vorbei und bat uns, ihm zu schreiben, damit er Englisch üben könne, englische Schulbücher gebe es nicht.

Der Tower hatte Bescheid bekommen, daß das Flugzeug zum Tanken zwischenlanden würde. Als es aufsetzte, rannten wir sofort zum Cockpit. Die Mannschaft schaute uns abweisend an und ging wortlos ins Flughafengebäude. Wir waren ziemlich verzweifelt, bis unser Mann vom Tower kam und uns zunickte: Aber bitte unauffällig! Das Flugzeug war bis zum letzten Platz voll, so daß uns nur das Cockpit blieb. Dort rückten alle zusammen, und nachdem wir abgehoben hatten, rief der Kapitän »Hurra«, und alle steckten sich eine Zigarette an. In Ulaanbaatar angekommen, lernten wir die Hintertürchen des Flughafens kennen. Die Gepflogenheit, für Familienmitglieder, Freunde oder zahlende Gäste Zusatzplätze im Cockpit zu schaffen, ist heutzutage streng verboten.

V

Reise 3:
Nach Westen ins Altai-Gebiet

Dieses Mal hatten wir Glück gehabt mit unseren mongolischen Journalistenausweisen, wir durften die Billetts in Landeswährung kaufen, und alles war erstaunlich glatt gegangen.
Der fünfstündige Flug nach Chovd wurde zum Auftanken in Mörön unterbrochen. Alle Fluggäste stiegen aus, viele begaben sich in die Steppe oder das Häuschen am Rande der Start- und Landebahn, um »nach den Pferden zu schauen«. Cathleen und ich wurden vom Flughafenpersonal wie alte Bekannte begrüßt. Wir gingen zum Teetrinken in den Tower. Dort gab es ein großes Hallo beim Wiedersehen mit dem Crash-Piloten von Rinčinlchumbe. Das Flugzeug sei repariert und es fliege wieder die alte Route. Mörön lag rosig im herbstlichen Morgendunst. Würde man den Ort nicht kennen, könnte man ihn für ein verwunschenes Städtchen halten.

Ankunft in Chovd

Im Flugzeug sprach uns ein schwäbisches Ehepaar an. Die Frau erzählte, daß beide für eine Woche in die Mongolei gekommen seien, damit ihr Mann sich den Traum erfüllen könne, im Altai-Gebirge einen Steinbock zu schießen. Ein deutschsprechender Dolmetscher, zugleich Jagdführer, war

von Ulaanbaatar aus mitgekommen. So ein Luxus-Jagd-Paket kostet eine Menge Dollars. Je seltener die Tiere, desto teurer der Abschuß. Organisiert werden diese Pirschreisen hauptsächlich vom staatlichen Reisebüro, so daß rare Devisen in die Staatskasse fließen. Allerdings versuchen jetzt auch andere mongolische Reisebüros, mit Jagdreisen Geld zu machen. Die Argumente der ausländischen Jäger sind meistens drollig. Am schlimmsten seien sowieso die Einheimischen, die völlig unkontrolliert auch aussterbende Tiere abschössen (was nicht stimmt). Da sei es doch besser, daß der Staat den Abschuß seltener Tiere generell verböte und einigen wenigen Ausländern eine Ausnahmegenehmigung erteile.
Alte wie junge Passagiere trugen ihren traditionellen Deel. Viele Kinder waren an Bord, die meisten saßen im Mittelgang und spielten. Es war auffällig, daß Passagiere, die zum Heck des Flugzeugs durchgehen wollten, nie über ein Kind hinwegstiegen. Jedes einzelne wurde immer wieder liebevoll hochgehoben, um den Weg freizumachen, wohl ebenfalls eines der mongolischen Gesetze, daß man nicht über Menschen, Hüte oder Speisen steigt.
Die Wolkendecke riß kurz vor unserer Ankunft auf und gab einen wunderbaren Blick auf die Salztümpel und die knochentrockene Dünenlandschaft östlich des »Schwarzen Sees« (Char nuur) und auf den höchsten Berg im Südosten von Chovd, den Žargalant Chairchan uul, frei, der schon eine Schneekappe trug. Mein mongolischer Nachbar erzählte von einem schweren Flugzeugabsturz an diesem Berg, und er tat es so lebhaft und bunt, daß ich lachen mußte, als er sagte, daß das Unglück schon dreißig Jahre her sei. Wir überflogen den »Schwarz-Wasser-See« (Char Us nuur) und schwenkten über Tafelberge in die halbwüstenhafte Ebene von Chovd ein.

Der Chovd-Aimak hat trotz seines trockenen Klimas dank seiner Gebirge erstaunlich viel Wasser. Zahlreiche Flüsse verwandeln sich nach der Schneeschmelze in wilde Gewässer, die in die großen Süßwasserseen fließen und von dort in die abflußlosen Salzseen gelangen. Auf die großen Salzmarschen und die weißen Salzkrusten um die Salzseen, von denen kleinere auch völlig austrocknen können, weist der oft verwendete Name cagaan (weiß) hin. Hier findet man zahlreiche salzliebende Pflanzen, vom Queller (Salicornia europaea) und Salzkraut (Salsola) bis zu den fleischigen Sträuchern der Gattung Kalidium.

Die große Senke im Westen der Mongolei vom Uvs nuur im Norden über den Chjargas nuur bis zum Dörgön nuur und Sargyn Cagaan nuur im Süden (Senke der großen Seen) hat keine Verbindung zu den Weltmeeren. Soweit der Einfluß des Grundwassers reicht, ist das Land von grünem Weiderasen bedeckt, der sich stellenweise wie mit dem Lineal gezogen gegen die oft nur wenig höherliegenden Halbwüsten abgrenzt. Oft sind die Rasen stark überweidet, und anstelle der nahrhaften Gräser und Kräuter kann man Meere wunderschöner blauvioletter Schwertlilien (Iris lactea) sehen, die vom Vieh gemieden werden. Erst nach dem Sommerauftrieb der Tiere ins Gebirge kann sich der Rasen erholen. Myriaden von Mücken bevölkern diese Flächen in der Nähe von feuchten Stellen in Fluß- oder Seenähe, wo sie ihre Brutstätten haben.

Im Chovd-Aimak leben etwa 1,3 Millionen Herdentiere, die die Lebensgrundlage von 86 000 Einwohnern bilden. Die Seen dieses Bezirks sind wahre Vogelparadiese, und in den Gebirgen leben viele Wildtiere, auch Steinböcke (Capra sibirica) und Argali-Schafe (Ovis ammon ammon) mit ihren mächtigen Hörnern, außerdem Bartgeier (Gypaetus barbatus), Kuttengeier (Aegypius monachus) und Gänsegeier (Gyps fulvus), Adler und viele andere Greifvögel. Der Schneeleopard wurde leider in den letzten Jahrzehnten immer mehr Opfer von internationalen Trophäenrittern, weswegen nur noch einige wenige dieser schönen Tiere in den Bergen leben. Südlich des Altai-Gebirges gibt es noch kleinere Gruppen wilder Esel (Equus hemionus), auf mongolisch »Chulan« genannt, auch von wilden Kamelen (Chawtgai, Camelus ferus) und dem Gobibären (Masaalai, Ursus arctos pruinosus) ist die Rede.

Am Flughafen waren eine ganze Menge Jeeps zu sehen. Man sagte uns, daß sic auf Abruf herumstanden, um Ärzte und Sum-Chefs in den Bulgan-Sum südlich der Altai-Gebirgskette zu bringen, wo die Pest erneut ausgebrochen war. Dort und in den südlich angrenzenden Gebieten, die zu China gehören, leben die Torguut, einer der Stämme, die wir gerne aufgesucht hätten. Das war nun allerdings nicht mehr möglich, da das Gebirge die Quarantänegrenze darstellte. Deshalb konnte unser südlichstes Ziel höchstens die Gegend von Mönchchairchan sein, das am Nordostfuß des Altai-Gebirges liegt.

Problematisch würde es sein, einen Jeep zu bekommen, da alle Privatwagen durch ihren eventuellen »Pest-Einsatz« belegt waren. Ein junger Mongole nahm uns mit in die Ortschaft, wo wir im angeblich schlechteren der beiden Gästehäuser, dem »Chovd Hotel«, unterkamen, einem weißen gemauerten Haus mit großen Zimmern und Gängen. Wir hatten in unserer Zimmerflucht Dusche und separate Toilette, einen Luxus, den wir wegen mangelnden Wassers in den Leitungen nicht ausnutzen konnten, so daß wir morgens erst einmal den Bujant gol aufsuchten, um ein kühles Bad zu nehmen. Daß Strom sehr selten verfügbar war, erkannten

wir an dem ehemals gefrorenen Fleischstück, das den Kühlschrank in unserem Raum langsam in einen kleinen Blutsee verwandelte.
Am Nachmittag lief uns ein Mann über den Weg, der uns auf russisch ansprach. Tangad ist ein Volkskundler aus Ulaanbaatar, der jedes Jahr mehrere Monate in diesen Aimak kommt, um die zehn verschiedenen Stämme zu studieren, die hier noch leben. Die Existenz dieser Stämme war neben den Naturschönheiten der Grund gewesen, warum wir Chovd für unsere dritte Reise gewählt hatten. Im Nordwesten des Bezirks, im Erdene-Buren Sum, lebten einer der ältesten Stämme, die Ööld, und auch einige Kasachen-Familien, deren Hauptgebiet eigentlich in Bajan-Ölgij, dem nordwestlichsten Aimak der Mongolei, liegt. In den Sumons Dod und Mönchchairchan leben die Urjanchaj, in Ujenc und Manchan die Zachcin, die Mjangad im gleichnamigen Kreis Mjangad. Das Gebiet der Dörbet liegt im Kreis Dörgön, das der Tuwiner und der Cantuu im und rund ums Aimakzentrum. Die im südlichen Bulgan-Sum lebenden Torguut sind im Chovd-Aimak mit ungefähr 11 000 Angehörigen der zweitgrößte Stamm nach den Chalcha, die hier hauptsächlich in den Sumons Möst und Ceceg leben und mit 62 000 der dominierende Stamm sind.
Wie Tangad uns erzählte, sprechen diese westmongolischen Stämme, hierzu zählen nicht die Kasachen und Tuwiner, das Altmongolische des 14./15. Jahrhunderts in unterschiedlichen Dialekten. Im 15./16. Jahrhundert war eine eigene Schrift, »tod«, entwickelt worden, die nach der Okkupation durch die Mandschu wieder verlorengegangen ist.
Der ethnische Unterschied zwischen diesen Stämmen ist heute nicht mehr augenfällig. In Kleidung und Tradition sind sie zumeist »chalchaisiert«, ihre gemeinsame Religion ist der

Buddhismus, wobei jeder Stamm seine eigenen Gottheiten verehrt.

Die turkstämmigen Kasachen sind sunnitische Muslime und bilden in der Mongolei in vieler Hinsicht eine Ausnahme. Sie sprechen ihre eigene Sprache, obwohl im Chovd-Aimak, vor allem von den jüngeren Leuten, auch Mongolisch gesprochen wird. In »ihrem« Aimak, Bajan Ölgij, ist die offizielle Geschäftssprache jedoch Kasachisch. Wenn man die Jurten in Chovd genauer betrachtet, kann man die kasachischen sofort herauskennen. Sie haben steilere, längere Dächer, die sich in Höhe der Scherengitter leicht runden. Die Stäbe, die bei den Chalcha üblicherweise gerade sind, werden bei den Kasachen auf einer Seite gebogen, damit Regenwasser und Schnee über die sanfte Rundung besser abfließen kann.

Die Köchin im Gästehaus servierte uns die köstlichste Suppe, die jemals in der Mongolei gekocht wurde. Wonach wir uns lange verzehrt hatten, Chovd hielt es für uns bereit: Gemüse! Weiße Rüben, Kürbisse, Zwiebeln, Tomaten. In Chovd wird nämlich in Bewässerungskultur traditionell Gemüse angebaut; berühmt ist es für seine Melonen, die auf dem sandigen Boden ein besonders feines Aroma entwickeln.

Das Städtchen Chovd, ungefähr 1200 Kilometer Luftlinie von Ulaanbaatar entfernt, ist eine der ältesten festen Siedlungen der Mongolei. Schon seit Beginn der Mandschu-Herrschaft über die Äußere Mongolei befand sich hier der Sitz des chinesischen Gouverneurs und einer Garnison chinesischer Soldaten. Von der chinesischen Festung (Sangijn Cherem) sind heute nur noch die Grundmauern und Einfriedungen zu sehen. In den Revolutionsjahren 1911/12 wurden die verhaßten Chinesen aus dem Land getrieben oder umgebracht, ihre Häuser zerstört. Ebenso erging es den russischen Weißgardisten, die sich bis hierher vor den »Roten« zurückgezogen

hatten. Chovd war früher ein wichtiges Handelszentrum an der Seidenstraße, die in der Nähe des »Schwarzwasser«-Sees vorbeiführte.
Heute ist Chovd ein eher verschlafenes Städtchen, das mich ein wenig an einen mexikanischen Pueblo erinnert. Vollkommen unmongolisch mutet die von alten und mächtigen Pappeln gesäumte Hauptstraße an. Acker-, Gemüsebau und die Bäume von Chovd sind alles Relikte aus der Mandschu-Zeit, aber auch die hier lebenden Kasachen sind mit dem Gartenbau vertraut. Die Mongolen sahen eine andere Arbeit als die Viehwirtschaft als unehrenhaft an. Diese Ansicht wurde gestützt durch die vom Lamaismus verbreitete Lehre, daß es Sünde sei, den Boden zu bebauen.

China-Phobie

Wir bummelten durch das Städtchen. Die Straßen waren jetzt am frühen Nachmittag wie ausgestorben. Die Sonne brannte wie im Hochsommer herunter. Am nördlichen Ende von Chovd lagen die Überreste der »Chinesenstadt«. Außer den meterdicken Lehmwänden der Umfassungsmauer war wirklich nichts übriggeblieben. Am südlichen Eingang lagerten Ziegen unter den großen alten Pappeln, bewacht von zwei kleinen Mädchen. Als wir den Boden näher betrachteten, wurde uns bewußt, daß wir uns auf einem Meer von Scherben chinesischen Porzellans bewegten. Die bunten Muster und Schriftzeichen waren klar zu erkennen. Zwischen den Scherben fanden wir auch ein paar Münzen. Beim Rausschmiß der verhaßten Okkupanten, an dem der mongolische

Volksheld Chatan Baatar Magsaržav maßgeblich beteiligt war, hatte es keine Gnade gegeben.
Wir stellten in der Mongolei immer wieder eine tiefsitzende Aversion gegen alles Chinesische fest, eine Angst vor schleichender Vergiftung und Wiederbesetzung. Ein Mitarbeiter der Börse in Ulaanbaatar äußerte seine Bedenken gegen Grunderwerb durch Ausländer folgendermaßen: Wenn jeder Chinese nur einen Quadratmeter mongolischen Bodens erwürbe, würde das Land im Handumdrehen wieder China gehören. Die Angst, durch Lebensmittel aus China vergiftet zu werden, konnten wir folgendermaßen erleben: Einmal hatten wir mit Müh und Not einen chinesischen Wodka erstanden, den unsere mongolischen Bekannten aber wider jede Gewohnheit partout nicht anrühren wollten. Tangad erklärte, daß einer seiner Freunde an chinesischem Schnaps gestorben sei, und er war sich sicher, daß nicht die genossene Menge zum Tode geführt hatte. Auf unseren spöttisch-zweifelnden Blick hin räumte er ein, daß chinesischer Schnaps ja vielleicht grundsätzlich in Ordnung sein könne, Mongolen ihn aber einfach nicht vertrügen. Das später einmal von uns angebotene chinesische Bier trank der gebildete Volkskundler erst, als wir selbst eine Flasche unbeschadet genossen hatten.
Allerdings hegen auch die Chinesen althergebrachte Vorurteile gegen die »Hirtenkrieger« im Norden. In früheren Zeiten zumindest wurden diese von den Han-Chinesen, die sich als Kulturträger verstanden, als Barbaren, menschenfressende Dämonen und Wilde bezeichnet. Normalerweise gelang es den sich nach Norden ausbreitenden chinesischen Ackerbauern, die in den Grenzgebieten lebenden Stämme zu »garen« (zivilisieren), dies galt selbst für Eroberer, die vorübergehend Teile des Landes beherrschten. Nur bei den

Mongolen gelang das »Garen« nicht, sie waren die einzigen, die am Ende ihrer Herrschaft in China (1368) wieder »unsinisiert« in ihre Steppen zurückkehrten.
In alten chinesischen Schriften taucht immer wieder das Vorurteil auf, daß die Mongolen mehr oder weniger herrenlose Umherziehende sind, ohne festen Wohnsitz, die keinen Ackerbau betreiben, mit ihren Herden nur dem Wasser und dem Gras folgend. Tatsächlich hatten die Mongolen eine strenge hierarchische Ordnung und ihre im großen Stil betriebene Viehzucht verlangte lange, vorgeplante Wanderungen mit der Herde von einer Weide zur anderen mit jeweils ausreichend Wasserstellen. Dieses Organisieren und großräumige Planen machte die Errichtung des mongolischen Weltreichs erst möglich, zusammen mit der strengen militärischen Ordnung, die Čingis Chan begründete. Mit der Jassa schuf er das erste mongolische Gesetzbuch, das sowohl das zivile als auch das militärische Leben regelte. Und was die unterstellte Herrenlosigkeit anging, waren charismatische Führer und Gruppengefühl die wichtigsten Faktoren für die militärischen Erfolge.

Der kleine Unterschied – in einer kasachischen Jurte

Als wir die Mandschu-Ruinen verließen, luden uns zwei Kasachenbuben in die Jurte ihrer Eltern ein. Von weitem konnte man schon die leicht bauchige Jurte erkennen, die an den Ufern des Bujant stand. Es waren nur Frauen und Kinder zu Hause, die sich in bester Stimmung befanden. Was sofort

Kasachin in Chovd

auffiel, war die umgekehrte Jurtenaufteilung. Hier war der Frauenteil links vom Jurteneingang, der wiederum nach Osten zeigte. Ein mongolischer Jurteneingang geht immer Richtung Süden, wenn die Wetterlage es irgendwie erlaubt. Die Jurte wirkte exotisch, der Boden war an manchen Stellen mit mehreren Lagen bunter Filzteppiche ausgelegt. Während mongolische Teppiche immer aus weißem Filz gefertigt sind, lieben die Kasachen Farben. Farbig waren auch die Schilfmatten, die rundherum am Wandgitter befestigt waren. Jedes einzelne Schilfrohr war mit bunten Fäden dicht umwickelt. Tangad schüttelte belustigt den Kopf und wies mich darauf hin, daß der Rauchabzug nicht wie üblich aus dem Jurtenkranz ragte, sondern nach Westen zeigte. Außerdem fehlten die beiden Pfosten (bagana) in der Mitte, die in mongolischen Jurten den Dachring abstützen. Tangad erklärte, daß sie nicht nur Stützfunktion haben, sondern Relikte von Schamanenbräuchen sind. Wurde früher ein Schamane »eingeweiht«, so führte man einen Birkenstamm (zumindest in baumreichen Gegenden) durch den Dachring ins Freie. Die Birke stellte so eine Brücke dar, über die der Schamane in die überirdischen Welten gelangen konnte. Außerdem wurde die Birke als heiliger Baum verehrt, weil sie den Blitz abhielt. Tangad meinte lachend, daß die Kasachen eben alles anders machten und überhaupt anders seien als die Mongolen. Eine alte Chovderin drückte die Spannungen, die zwischen Chalcha und Kasachen anscheinend herrschen, einmal so aus: Die Kasachen seien einfach ungebeten ins Land gekommen, beuteten die Natur aus, indem sie nach Herzenslust jagten, fällten und pflückten, und arbeiten würden nur die Frauen. Mir erschienen sie schlau, geschäftstüchtig, fröhlich und sehr stolz.

Die junge Frau und ihre Mutter nähten am Boden sitzend an einem speziellen Filzstück, das man bei schlechtem Wetter über den Dachring zieht. Dabei warfen sie stets ein Auge auf das Baby, das neben ihnen in einem kleinen Holzbettchen lag. Es war fest in Tücher gewickelt und durch zwei bunte Stoffstreifen ans Bett »gefesselt«. Über einer längs angenagelten Holzstange hing locker eine Decke, unter der das

Kind wie in einer Höhle lag. Das Stoffpüppchen in Form eines Fuchses am Kopfende war wahrscheinlich Spielzeug und Amulett. Der Fuchs gilt als schlau und soll die Dämonen überlisten. Die Frauen stellten uns neugierig Fragen, schauten uns offen an und bewunderten dies und das an unserer Kleidung. Es gab natürlich Tee und schneeweißen, fetten Airag aus Kamelmilch.

Als wir uns verabschiedeten, sank die Sonne hinter die scharfgratigen roten Berge, die Chovd umgeben, der vielbesungene Bujant schlängelte sich nachtblau durchs Tal. Ich bemerkte Tangad gegenüber, daß diese Frauen so selbstbewußt und unabhängig gewirkt hätten, was auch ihm aufgefallen war, aber er schien dies eher bedauerlich zu finden. Das entfachte eine Diskussion, in der der Zwiespalt eines mongolischen Mannes offenbar wurde, dessen achtzehnjährige Tochter in Europa studierte und der alles tat, um seinen drei Töchtern eine gute Ausbildung zu geben, und trotzdem hoffte, daß sie später ein traditionelles Leben mit mongolischen Männern führen würden.

Totenkult

Am nächsten Morgen wanderte ich durch einen Sair, ein Trockental, zu den Bergen im Osten. Viele Jurten an meinem Weg waren hinter Lehmwällen verborgen, wahrscheinlich Teile der chinesischen Festung. Meine Wanderung wurde eine Weile unterbrochen von einer riesigen Herde von Schafen, Ziegen und Pferden, die, bewacht von fünf Reitern, zum Bujant zog.

Ich ging langsam hinauf zu den Gräbern auf der Südseite der Hügel unterhalb der gezackten roten Berge. Die kasachischen Grabstätten waren von Wällen umgeben, mit Namen versehen und gekrönt vom Halbmond, während die der Chalcha kaum sichtbare, flache Erhebungen ohne Namen und Begrenzung waren. Nur bei ein paar lag an den vier Ecken jeweils ein Stein. Einige waren mit flachen Glasscherben-Hügeln bedeckt, die weithin in der Sonne blinkten.
Im Schatten eines Strauches, aus dem unzählige Vögel aufflogen, überdachte ich, was Tangad mir über den Tod und damit verbundene Rituale erzählt hatte. Erdbestattungen waren in der Mongolei bis zum 14. Jahrhundert üblich, danach wurden sie erst wieder in den vergangenen Jahrzehnten mit der Begründung, daß sie zivilisierter seien, staatlich verordnet. Bestattungen sind Familienangelegenheiten, bei denen höchstens die besten Freunde oder die Bewohner der Nachbarjurten teilnehmen. Fremde werden kaum die Gelegenheit haben, einer derartigen Zeremonie beizuwohnen.
Tangad war der erste Mongole, der über dieses Thema offen sprach, und er hat uns viele Fragen beantwortet. Er erzählte, daß man bei Erwachsenen dreierlei Formen des Sterbens unterscheidet: der natürliche Tod im Alter, der durch Unfall oder Katastrophen und der Selbstmord.
Alte Menschen in der Mongolei leben mit dem Gedanken an den Tod und scheren sich die Haupthaare zum Zeichen dafür, daß sie in einen neuen Lebensabschnitt getreten sind, noch dem Diesseits verhaftet, aber schon auf dem Weg ins Jenseits. Sie nennen ihrer Familie die Menschen, die bei ihrer Bestattung dabeisein sollen, und den Ort, wohin man sie nach ihrem Ableben bringen soll. Am meisten gewünscht sind Plätze in südlicher Himmelsrichtung auf einem Berg oder einer Anhöhe in der Nähe des Geburtsortes.

Ein Mensch, der plötzlich durch Unfall oder eine Katastrophe aus dem Leben scheidet, wird von allen sehr bedauert, da er nicht das Glück gehabt hatte, seine letzten Wünsche zu äußern.

Selbstmörder und deren Familien werden von der nomadischen Gesellschaft geächtet, und jemand, der den Tod im Wasser suchte, zieht sich den ganzen Haß seiner Umgebung zu, da das Wasser eines der kostbarsten Güter und Wohnstatt der Wassergeister ist.

Auf dem Land haben einige buddhistische Bestattungsrituale überlebt. Da man das Jenseits als das umgekehrte Abbild des Diesseits ansieht, stehen alle Handlungen der Hinterbliebenen unter dem Aspekt, diese Umkehrung einzuleiten. Stirbt jemand, so bleibt der gewöhnlich tagsüber geöffnete Rauchring geschlossen, das Seil über dem Jurtendach wird nach der anderen Seite verschnürt, der Leichnam eines Mannes wird in den Jurtenteil der Frauen gebracht und umgekehrt. Dort verbleibt er im Sommer drei, im Winter fünf Tage. An seinem Lager werden eine Kerze, Weihrauch, eine Schale Milch und Süßigkeiten bereitgestellt für den Geist des Toten, der erst nach drei oder fünf Tagen den Körper verläßt. Während dieser Zeit besuchen Lamas den Toten, beten für ihn und befragen die Erd- und Berggeister am Bestattungsplatz. Nach Ablauf dieser Tage bringt man den Leichnam durch das seitlich hochgehobene Scherengitter mit dem Kopf voraus ins Freie. Ein Toter wird nie durch die Tür getragen, damit er »den Weg zurück nicht mehr findet«. Mongolen achten streng darauf, niemals mit dem Kopf in Richtung Ausgang zu schlafen, da nur Tote mit dem Kopf voraus hinausgetragen werden. Ein Tier der Gattung, die beim Weiterziehen immer die Jurte trägt, bringt den Toten – begleitet nur von Männern – zu seiner letzten irdischen Wohnstatt. Der Lama bedeckt das Gesicht des Leichnams mit einem Chadak (glückbringender Schal), legt neben Kopf und Füße jeweils einen großen Stein als Schutzwall gegen Dämonen und spricht Gebete, während die übrigen Anwesenden dem Verstorbenen in Gedanken eine baldige Wiedergeburt wünschen. Danach reiten alle in vollem Galopp zurück, ohne sich noch einmal umzusehen. Daß wilde Tiere oder Vögel sich den Leichnam einverleiben, wird als eine letzte gute Tat angesehen, die der Mensch mit seinem Körper vollbringt. Die Tiere gelten als Helfer für einen schnelleren Eintritt ins Jenseits, besonders Vögel, die in den Himmel fliegen können.

Nachdem die Jurte des Toten verrückt oder an einer anderen Stelle wieder aufgebaut wurde, veranstaltet die Familie ein Festmahl, bei dem weiterhin »verkehrt herum« verfahren wird. Es gibt nur Milchspeisen, Alkohol wird nicht getrunken; gegessen und getrunken wird im Gegensatz zu sonst mit der linken Hand. Die Schale füllt man nur halb und stellt sie auf den Kopf, wenn sie ausgetrunken ist. Anders als gewöhnlich ißt man wenig und beklagt sich, daß es nicht schmeckt und man nicht satt geworden sei. Nach dem Essen werden Geschenke verteilt, wobei es, zumindest früher, üblich war, daß der Sattel des Verstorbenen an den Lama ging.

Wenn ein Kind stirbt, ehe es das dritte Lebensjahr vollendet hat, es sich somit noch im Stadium zwischen den Welten befindet, so legt der Vater den kleinen Leichnam zusammen mit Kleidern, Fleisch und Milchprodukten in einen Beutel aus Stoff und reitet ohne ein Wort von der Jurte fort. Unterwegs »verliert« er scheinbar unbemerkt sein Bündel, das demjenigen, der hineinschaut, Glück bringen wird. Ist es ein junges Ehepaar, so bedeutet es baldigen Kindersegen.

Die Hinterbliebenen sind stets bemüht, ein Zeichen aufzufinden, das von der Wiedergeburt des Verstorbenen Kunde gibt. Aus diesem Grund wird mit Ruß ein Zeichen auf den Leichnam gemalt. Wird dann in der Nachbarschaft ein Kind geboren, so kommen alle, um genau zu betrachten, ob sich solch eine Art Zeichen auf seinem Körper befindet. Tangad sagte, daß sein Vater bereits in seinem Sohn wiedergeboren sei und dieser ein eindeutiges Mal auf seinem Bein trüge. Dann erzählte er folgende wahre Geschichte, von der wir uns später selbst überzeugen konnten.

In Chovd lebte einmal eine Familie, deren Kinder alle nach kurzer Zeit gestorben waren. Als die Eltern das vierte Kind verloren hatten, ritt der Vater in unsäglicher Trauer zum Bujant gol und starrte ins Wasser, außer sich vor Schmerz. Er nahm kaum wahr, daß die Sandbank, auf der er stand, voll von gestrandeten Fischen war, die der Fluß an Land gespült hatte. Obwohl er in seinem Elend ganz stumpf geworden war, bückte sich der Mann und warf unbewußt einen Fisch nach dem anderen zurück in die Fluten. Nach neun Monaten gebar seine Frau ein rundes, gesundes Kind, auf dessen Schulter sich das Mal eines Fisches befand. Das Paar bekam noch sechs weitere Kinder, die sich bis heute bester Gesundheit erfreuen.

Dank Tangads Erklärungen verstanden wir nun auch ein Erlebnis, das wir in der Gobi hatten. Eines Tages waren wir zu einer Jurte gekommen, in die wir wie üblich eintraten. Es befand sich eine Menge Kinder darin, die offensichtlich einen Festschmaus verzehrten. Mit von der Partie waren zwei dürre Hunde, die ebenfalls im Inneren der Jurte ein schönes Stück Fleisch verschlangen. Da wir bis dahin Hunde immer nur im Freien erlebten, selbst bei tagelangem Regen, waren wir sehr erstaunt gewesen, sie am warmen Ofen liegen zu sehen. Tangad meinte, das sei eine Zeremonie gewesen, die

Eltern manchmal noch abhielten, wenn ihnen immer wieder Kinder wegsterben. Durch das großzügige Bewirten aller Nachbarskinder soll den überirdischen Mächten eindringlich gezeigt werden, daß Kinder in dieser Familie sehr geachtet und willkommen sind. Da Menschen auch in einem Hund wiedergeboren werden können, ja sogar mindestens einmal als Hund leben sollten, spielten jene beiden Vierbeiner ebenfalls eine wichtige Rolle beim Kinderfest in der Jurte.

Mongolen lieben und respektieren für gewöhnlich ihre Hunde, und manch einer bekommt eine eigene Bestattung. Dabei wird ihm als Wegzehrung der Fettschwanz eines Schafes ins Maul gelegt. Sein eigener Schwanz wird abgeschnitten, um damit seine Wiedergeburt als Mensch zu erleichtern.

Ich hatte die Zeit ganz vergessen. Es war Sonntag, der Tag, an dem in Chovd Markt ist. Chovd ist bekannt für Lederwaren und handgemachte Stiefel (die Chinesen waren ausgezeichnete Gerber und Lederverarbeiter), und wir wollten uns ein Paar erwerben. Als ich atemlos und viel zu spät beim Gästehaus eintraf, meinte Tangad, ich sei zumindest in meinem Zeitgefühl schon mongolisiert. Der Markt erinnerte leider nicht an das Handelszentrum, das Chovd einmal gewesen war. Außer ein paar Melonen und Karotten boten Privatleute nur ihre wenigen Habseligkeiten wie Schulhefte, Bleistifte, Westkaugummis und Plastikschuhe an. Lederstiefel gebe es schon seit Jahren nicht mehr, da kein Leder mehr aus den Kombinaten geliefert würde und außerdem die Kunst des Schuhemachens nicht mehr beherrscht werde. Drei, vier Schafe und Ziegen fanden einen neuen Besitzer, jemand verkaufte Salz von einem Karren herunter und heiße, fettige Chuušuur.

Gleich beim Markt sahen wir einen uralten Jeep stehen, dessen Rostlöcher malerisch mit türkiser Farbe zugestrichen waren. Sein Besitzer war nach einer Weile bereit, uns das Auto für einen Tag zu leihen, nicht ohne uns vor den Eigenarten des vierzig Jahre alten Fahrzeugs zu warnen. Ich sah im Rückspiegel, wie er uns verblüfft hinterherschaute, da er nicht damit gerechnet hatte, daß ich das Auto steuern könnte. Tangad besaß gar keinen Führerschein. Schon die erste steile Anhöhe stellte ein Problem dar, aber seit unserer Jeepfahrt mit Adler im Chövsgöl-Aimak hatten wir uns angewöhnt, angesichts schwieriger Wegstrecken spontane Bittgesänge anzustimmen. Auch wenn es nicht immer zum Erfolg führte, so half es doch, die Ausgrabungs-, Anschieb- oder Kurbelarbeiten in gehobener Stimmung zu verrichten. Nach zwei Stunden standen wir auf einer Anhöhe über dem tiefblauen Char-Us nuur mit seinen verschilften Südausläufern, aus denen riesige Vogelschwärme aufflogen. Es gibt hier eine starke Möwenpopulation, vor allem die Lachmöwe (Larus ridibun-dus) und die Silbermöwe (Larus argentarus mongolicus).
Wir ließen unseren Jeep in den Hügeln stehen, um zum See zu wandern, dabei erhielten wir eine Lektion über die Tücken von Luftspiegelungen. Denn wir wanderten und wanderten zwischen den trockenen Gräserbüscheln und befanden uns nach zwei Stunden immer noch weit weg vom See. Gegen unsere sonstige Gewohnheit hatten wir kein Wasser mitgenommen, und die Sonne prügelte auf uns herunter. Irgendwann kreuzte eine breite zugewachsene Trasse unseren Weg, und ich hob eine Handvoll Steinchen auf, um ein wenig Seidenstraße mit nach Hause zu nehmen. Die an

der Westseite des Char-Us nuur verlaufende Route ist ein nördlicher Zweig der großen Seidenstraße.
Nach vier Stunden erreichten wir den See, und Tangad begann plötzlich trotz der Entkräftung, die uns alle erfaßt hatte, aufs Ufer zuzurennen. Ich dachte schon, daß er befürchtete, der See hätte nicht genügend Wasser, um unser aller Durst zu stillen, als er auf eine Gruppe Menschen deutete, die im Begriff war, am See eine Jurte aufzustellen. Wir sollten uns beeilen, da es Glück bringe, bei einem Jurtenaufbau zu helfen. Wir verkniffen uns mit Mühe das Trinken im See und beeilten uns sehr, da Mongolen solch ein Zelthaus im Handumdrehen aufbauen.
Bisher hatten wir immer nur den Abbau einer Jurte beobachtet, jetzt konnten wir sehen, wie sie aufgebaut wurde. Einer der beiden jungen Männer hielt den schweren Dachring (toono) über dem Kopf, der zweite stellte vorsichtig die beiden Jurtenstützen (bagana) darunter. Zuvor waren die Scherengitter-Wandteile (chana) auseinandergezogen, im Kreis aufgestellt und miteinander verschnürt worden, dazwischen wurde die Tür eingepaßt.
Unsere Aufgabe war es, bei der Errichtung des Daches zu helfen. Wir mußten die Stangen oben in die Löcher des hölzernen Dachrings stecken und unten auf das oberste »V« des Scherengitters legen, wobei man über das Lattenende eine lederne Schlaufe zieht, die an jeder Dachstange angebracht ist. Nachdem ein paar Stangen ausgetauscht und die Rundung der Seitenwände leicht korrigiert worden war, stand das hölzerne Gerippe der Jurte solide am Ufer des Sees. Später würden noch die Filzmatten aufgelegt und verschnürt werden und darüber eine Baumwollplane gelegt, die den Filz vor Nässe schützt und der Jurte ihr schönes weißes Aussehen verleiht, da sie im Gegensatz zum Filz gewaschen wer-

Teezubereitung

den kann. Der Abend war sehr heiß, und es wurde vorerst nur die Baumwollplane als Mückenschutz übergezogen. Der Aufbau hatte höchstens eine halbe Stunde gedauert.
Die Großmutter der beiden Männer hatte während des Aufbaus den Ofen im Freien angeschürt, und wir alle bekamen Milchtee, den wir auf Filzteppichen sitzend am Ufer einnahmen. Unsere angebotenen Zigaretten wurden gerne geraucht, die Frauen steckten sie allerdings ungeraucht weg, wahrscheinlich um sie später ihren Männern zu schenken. Die nächsten Tage würde die übrige Familie mit den Herden aus den Bergen herunterkommen zu dieser Stelle am See, die seit Jahrzehnten das Winterlager der Sippe ist. Um sich mit frischem Fisch zu versorgen, schlägt man im Winter Löcher ins bis zu einem Meter dicke Eis.
Entenschwärme erhoben sich in die Lüfte, als ich mich, durch den Röhricht kämpfend, in die dunklen Fluten des Schwarzwasser-Sees stürzte. Auf der Wasseroberfläche trieben in großen Herden die Schwimmblätter der gelbblühenden Seekanne (Nymphoides peltata). Tangad wollte nicht schwimmen, da die Lamas aus seinen astrologischen Koordinaten

herausgelesen hatten, daß er sich dieses Jahr vor Gewässern hüten sollte. Ich fragte ihn, was er dann machen würde, wenn er zwangsläufig einen Fluß überqueren müsse. Er sagte, daß er dann mehrmals aufs Wasser schlage, um eventuell negativ gesonnenen Geistern zu suggerieren, daß er der Meister sei.
Es dämmerte schon fast, und wir hatten das Problem, zu unserem Jeep zurückzufinden. Die Jurtenleute boten an, uns mit den Pferden dorthin zu bringen. Ich schielte zu den Kamelen, die den Umzug vollzogen hatten, aber Tangad winkte ab, weil sie viel zu langsam seien. Der lange Fußmarsch hatte uns unsicher gemacht über den Standort unseres Jeeps, aber unsere Begleiter brachten uns zielsicher zurück. Sie hatten unser Kommen beobachtet und wußten die Richtung genau.

Reiterspiele in Dörgön

An diesem Abend beschlossen wir, mit Tangad nach Norden zu fahren. Er wollte in den Dörgön-Sum, wo vor allem der Stamm der Dörbet lebt. In den nächsten Tagen sollte ein großes Fest gefeiert werden, das natürlich von den »Drei männlichen Spielen« begleitet sein würde. Tangad erklärte, daß die Dörbet einer der ältesten Stämme des Chovd-Aimaks seien. Der Name komme von dem Wort Dörv, was vier bedeutet, da dieser Stamm von den vier Kindern eines Mannes namens Dovu gegründet worden war.
Zurück im Aimak-Zentrum, sprach uns auf der Straße ein Mann an, dessen Jeep wegen Altersschwäche für einen öffentlichen Einsatz ausgemustert worden war. So ergab es

sich, daß Cogt (die Glut), Tangad, Cathleen und ich eine überaus fröhliche und vielschichtige Reisegemeinschaft bildeten. Schon am nächsten Morgen machten wir uns auf den Weg nach Nordosten. Die Straße bis zur Brücke über den Chovd gol war asphaltiert, danach schwenkten wir in östliche Richtung in die Nordausläufer des Char Us nuur. Als Orientierung dienten die Strommasten, an denen die Piste meistens entlanglief. Die sanfte Hügellandschaft lag unter dem milchig-grünen Schleier der »Chamchuul«-Pflanze. Als wir eine Rast machten, lief ich zu einer Ansammlung von Schilfhalmen hinunter, die wie goldene Haare aus der Sumpflandschaft herausragten. Von der Nähe besehen war es ein etwa zwei Meter hoher Windschutz für Tiere, der kunstvoll aus Schilf gefertigt war. Je feuchter es wurde, desto mehr Mücken umschwirrten mich. Sie stachen wie wild durch die Kleider, setzten sich in Nase und Ohren, so daß ich, halberstickt und verfolgt von den winzigen Biestern, panikartig die Anhöhe hinauffloh. Tausende von riesigen Libellen schwirrten durch die Mückenschwärme und ließen es sich schmecken. Jetzt verstand ich, warum die Viehherden erst im Herbst von den Bergen herunterkamen.
Die Piste war angenehm zu fahren, und Cogt beschleunigte mindestens auf vierzig Stundenkilometer. Unser Weg wurde gesäumt von spitzhütigen Hügelchen aus lindgrün-grasigem Sand, die seltsam aus der sonst flachen Senke ragten. Die etwa ein Meter hohen Berge waren kleine Sanddünen, unter denen sich der Nitraria-Strauch (auf mongolisch Charmag) verbarg. In dieser Pflanze, die meistens auf salzhaltigen Böden wächst, verfängt sich der Sand so lange, bis er sie schließlich ganz zudeckt.
Im Süden zu unserer Rechten lag metallig-blaugrün der See, der hier allmählich verlandete und nur noch in Flußbreite in

den kleinen See »Daiaj« floß. Kurz vor Dörgön lief der Motor so heiß, daß Cogt sich gezwungen sah, die Zylinderkopfdichtung zu erneuern. Aus den Zündkerzenöffnungen sprudelte Wasser heraus, als wir die Handkurbel betätigten.

Dörgön lag einige Kilometer weiter bereits in der Abendsonne, auf einem Steg beim Dorf ging es hoch her. Musik und lautes Gelächter schallten zu uns herüber. Man konnte die Silhouetten von Pferden sehen, die durchs Wasser zogen, Schafherden drängten sich blökend am Ufer, und vom Steg sprangen Kinder in die Fluten. Da es der Vorabend der Feierlichkeiten war, jagten immer wieder Reitergruppen an uns vorbei – die letzten Trainingsläufe vor dem morgigen Wettrennen. Ein Motorradfahrer, der ein lebendes Schaf vor sich auf dem Benzintank mitführte, hinter sich Frau und Kind, bot uns Airag an und beglückwünschte uns zum morgigen Fest. Nach zwei Stunden konnten wir die letzten Meter bis zur Ortschaft weiterfahren. Die ursprünglich türkisfarbene Motorhaube war innen und außen nahtlos schwarz von Mücken besetzt.
Cogt hatte in Dörgön einen Freund, der, obwohl nicht mehr der Jüngste, einer der besten Ringer der Gegend war. Er wollte am nächsten Tag in Bestform sein, und wir verabschiedeten uns schon bald nach dem kleinen Nachtmahl. Nachbarn hatten uns Pferde geliehen. So ritten wir mit Tangad und einigen Einheimischen durch die laue Nacht. Von überallher kamen uns Reiter entgegen, die am nächsten Tag dabeisein wollten. Diese Nacht verbrachten wir in einer feuchten Edel-Jurte aus Beton, dem Gästehaus von Dörgön, wo die Bettgestelle und Tische geschnitzt und bemalt waren. Die Ortstoilette befand sich ziemlich weit weg, und der Gang dorthin war eine kleine Nachtwanderung im Mondlicht.

Am nächsten Morgen ritten wir schon im Morgengrauen in die Hügel zum Zielplatz der Pferderennen, wo die Reiterschar uns freundlich und interessiert umringte. Kinder tobten ausgelassen ohne Sattel und Steigbügel mit ihren Pferden umher und ritten immer wieder in kurzen Spurts in die Sandsteppe. Die Jeeps des Festkomitees und die roten Fahnen hoben sich scharf vom dunkelblauen See im Hintergrund ab. Wenn man auf das Dorf mit seinen weißgekalkten Häusern hinunterschaute, fühlte man sich bei diesem braungoldenen Morgenlicht fast auf eine griechische Insel versetzt.
Ein Mann – der Schulleiter – redete auf russisch auf mich ein und fütterte mich mit ein paar statistischen Daten – es gebe hier sechzehn Lehrer und dreihundertvierzig Schüler, außerdem kämen ziemlich viele Touristen, drei im letzten Jahr. Er lud uns ins Stadion auf die Festtribüne ein, wo er als Mundschenk fungierte. Wir wurden mit allen Anwesenden bekanntgemacht, die ihre festlichen Deels trugen mit sämtlichen Orden auf der Brust. Mein Ehrenplatz war neben dem Lama des Ortes, einem sehr alten Herrn, der ein paar Wörter Deutsch für mich ausgrub. In den vierziger Jahren war er auf eine Friedenskonferenz nach Ost-Berlin gereist und hatte dort Egon Erwin Kisch kennengelernt. Während wir den Ringern zusahen, die sich wie zwei Jungstiere umkreisten, wuppten, drückten und zogen, sich ineinander verhakelten, hochlupften und auf die Schenkel schlugen, unterhielten wir uns lebhaft auf der Tribüne. Der Lehrer versorgte uns dabei mit Airag und Schmalzgebäck. Der Nachbar zu meiner Linken war ein alter Viehzüchter, der eine besondere Einladung erhalten hatte, weil er eine Herde von tausend weißen Ziegen besaß. Sein Schnupftabak, den er mir anbot, roch ganz besonders fein nach Sandelholz und Zimt.
Das Stadion war voll besetzt und einige junge Männer waren

gar nicht erst von ihren Pferden abgestiegen. Auf den Tieren sitzend schauten sie über die Mauer in die Arena.
Am Nachmittag brachen wir zu Pferde zu einer Dörbet-Familie auf, die weiter östlich am See lebte. Cogt blieb bei seinem Ringerfreund, um dessen Sieg ausgiebig zu feiern. Die meisten Ails waren wie ausgestorben, da alle beim Fest waren. In der Jurte, die wir aufsuchten, waren nur eine ältere Frau und zwei ihrer Schwiegertöchter. Sie melkten gerade die Kühe, die auf Nahrungssuche weit von den Jurten weggelaufen und tagelang nicht zurückgekommen waren. Das hatte die Kälbchen unruhig und sehr hungrig gemacht. Ich brachte die Kälber nacheinander zu ihren Müttern und band sie danach wieder an einem langen Seil fest, an dem alle Jungtiere gewöhnlich angebunden sind. Die Kälbchen sträubten sich sehr, als sie wieder von ihren Müttern weg mußten, und mir fiel das Märchen vom Tigerjungen und dem Stierkalb ein.

Das Märchen vom Tigerjungen und dem Stierkalb

Es war einmal in alter Zeit ein reicher Mann namens Paludai. Als dieser reiche Mann mit seiner Herde auf die Sommerweide ging, hatte ein verwaistes, abgemagertes, braunes Kalb einer braunen Kuh, die in der Sommerdürre umgekommen war, den vertrockneten Weideplatz verlassen und zu wandern begonnen. Mit Hilfe der dahinstreichenden Zeit und Unterstützung der verschiedenen dort wachsenden Gräser wuchs das Kalb, kam wieder zu Kräften und war guten Mutes.
Eines Tages, als es ausgezogen war, um die saftigsten der

Gräser auszuwählen und klares Trinkwasser zu suchen, stieß es auf eine Tigerin, die auf der Sonnenseite eines Felsens ihr Junges säugte. Nachdem es dies gesehen, dachte das verwaiste Kalb voller Sehnsucht an seine liebevolle Mutter; Herz und Leber schmerzten ihm. Es war untröstlich. Es sehnte sich nach der reinen Milch seiner guten Mutter. Da es nun so fest und stark Milch zu finden und zu saugen wünschte, schlich es sich ganz heimlich und leise an, schüttelte seinen knochigen Hals. Ganz sachte und leise ging es heran, bis es die Tigerin von rückwärts umgangen hatte. Als es dann aus einer der Zitzen der eingeschlafenen Tigerin einmal saugte, erschrak diese und schaute auf. »Was für ein Tier aus welchem Lande stiehlt mit schwarzen Gedanken meinem lieben Kindchen die Nahrung?« sagte sie und zeigte ihre kräftigen Krallen. Das verwaiste Kalb ängstigte sich so sehr, wie es nur Angst haben konnte.

»Wo ich geboren und aufgewachsen bin, ist die Heimat an der südlichen Quelle. Die Sanftmütigen, die Kühe man nennt, sind meine Vorfahren. Da wir uns vor des Herrn Paludai Tür von Generation zu Generation sehr schwer taten, ging ich – zur schwachen Waise geworden – davon und gab meine schlechte Heimat auf. Für mich Kindchen gibt es keine Stütze, der ich mich anvertrauen kann. Kein Schirm und Schutz ist für mich alleinstehende Waise. Mütterchen, ich bitte Dich, willst Du außer Deinem Jungen kein anderes? Erbarme Dich und liebe mich, ich bitte Dich!«

Während es die Tigerin so heftig anflehte und bat, kam das Tigerjunge nach vorne und sagte: »Das ist ein liebes, armseliges Kind, das soll mein Gefährte sein beim Spiel und beim Herumtollen. Mütterchen, erbarme Dich und rette es ohne Zögern!« Als die alte Tigerin diese Worte hörte, dachte sie bei sich: »Wenn ich jetzt meine weiße Milch, die ich für mein

Junges habe, teile, so hat mein geliebtes Tigerlein in späteren Tagen einen Freund!« Ihr Mitleid rührte sich, und sie streichelte dem Kälbchen mit ihren schweren Tatzen behutsam den Kopf: »Ihr beiden sollt von diesem Tage an in Frieden aufs beste miteinander befreundet sein, sollt Vertrauen und Kraft miteinander vereinen, sollt noch mehr befreundet sein als von Geburt! Überwindet Unglück und Leid gemeinsam und teilt angenehme Freuden ohne Neid!« Nachdem sie diese guten Lehren gesagt hatte, ließ sie die beiden ihre weiße Milch zu gleichen Teilen saugen.

Indessen so Tag und Nächte einander abwechselten, verging ein Monat. Indessen Monat und Monat sich häuften, wurde es ein Jahr, und wie diese unaufhörlich verstrichen, waren es viele Jahre geworden. Des gefleckten Tigerjungen Kraft wuchs, die Schneiden seiner vier Reißzähne wurden scharf. Es sprang auf die Felsenvorsprünge, und seine heldische Kraft zum Zuschlagen und Angreifen wurde immer schärfer. Es verlor seinen Namen Tigerchen und wurde nun Tiger genannt.

Auch das verwaiste braune Kälbchen war nicht mehr dem früheren ähnlich. Auf seinen vier kräftigen Beinen stand es nun voller Kraft. Seine zwei gegabelten Hörner wurden scharf. Der dünne, knorpelige Hals rundete sich, das Fell der Brust füllte sich und das Fleisch wurde fett. Es verlor seinen Namen Kälbchen und wurde nun zu den Stieren gezählt.

Die beiden aber vertrugen sich. Sie trafen sich im hellen Licht des Mittags und erst in der Kühle des Abends ging jeder zu seinem Schlafplatz. Plötzlich eines Tages, als das braune Stierkalb an einem kühlen, schattigen Platz im Dickicht geruhsam fraß, kam vorsichtig, indem er Fuß vor Fuß setzte, ein Fuchs heran: »An der Gewalt Deiner breiten Brust hatte ich meine Freude, die Stärke und Majestät Deiner spitzen scharfen Hörner bewunderte ich«, sagte er, »ich erkannte, daß Ehrlichkeit und Aufrichtigkeit die höchsten Deiner Tugenden sind. Lange Tage habe ich Dich beobachtet; und da jemand in Wahrheit wünscht, für immer Dein Freund zu sein, so komme ich zu Dir!« Und er verwirrte dem Stier den Verstand so, daß der Sohn einer Kuh in seiner ehrlichen Wesensart ohne jeden Grund sehr glücklich war.

So bot er diesem einen Gruß und sagte, daß er wahrlich beglückt warte, daß sie ihren Freundschaftsbund schlössen, daß sie Freunde würden in himmlischer Unschuld und nur aus den Beweggründen erhabenster Absichten. Dann bat er den betrügerischen Fuchs, ihm zu folgen, damit er ihn mit seinem älteren Bruder, dem Tiger, zusammenbringe. Daraufhin gelobten alle drei, daß sie von Anfang an den Wunsch hätten, zueinander wie Brüder zu sein und Glück und Leid miteinander zu teilen. Von nun an begann es, daß das Dasein dieser drei noch mehr Freude erhielt. Jedesmal, wenn sie sich mittags trafen, trieb der Fuchs lustige Späße und tanzte auf solche Weise herum und trieb es so, daß er seine beiden älteren Brüder erfreute. So kam es, daß sie nicht nur das taten, sondern auch dem Bruder Stier das beste Wasser und die besten Gräser wiesen und dieser wiederum wie ein richtiges Raubtier in den Bergen seinem Bruder Tiger folgte. Mit jedem Tag wurden sie auf diese Weise kräftiger. Die beiden älteren ungleichen Brüder liebten einander sehr. Weil die Zeit unvergleichbar rasch verstrich, so dauerte es nicht lang, und es wurde Herbst. Eines Tages kostete das braune Stierkalb hoch auf einem gelblichen Gipfel die Spitzen des Grases. Wie es so im pfeifenden Herbstwind zufrieden seine Nahrung suchte, kam der Fuchs herbeigetrabt, und mit traurigem Gesicht und weinerlicher Stimme sagte er: »Ach, mein Bruder«, sagte er, indem er den Stier lauernd von der Seite anschaute, »es ist schrecklich! Das ist eine Sache, die ich gar nicht aus dem Munde herausbekomme!« Bei diesem Gehaben dachte das Stierkalb, das ganz unvorbereitet war, an seinen Bruder Tiger, und das Herz im Leibe erzitterte ihm. »Ist dem älteren Bruder etwas Schreckliches widerfahren?« fragte es. »Was sollte diesem wohl geschehen?« entgegnete der Fuchs. »Im Norden der Berge versuchte er vergeblich zu jagen. Was auch immer für Tiere es sind, sie ziehen in die entferntesten Gebiete. Außer daß auf diese Weise dem Tiger die Nahrung entgeht und er Hungerqualen leidet, rückt auch noch der Winter heran. Da ist es nun sehr nötig, daß er tötet und Fleisch bekommt!« Und so wie er es früher getan hatte, verdrehte er dem Stierkalb den Sinn und jammerte, indem er es von der Seite ansah. »Will er daher Dein Fleisch essen?« fragte ganz erstaunt das Stierkalb. »Aber nein, aber nein denn, Brüderchen! Wenn man mich in den Mund steckt, füll ich nicht das Maul. Er hat vielmehr den Gedanken, daß Dein Fleisch, Bruder, wohlschmeckend und fett ist, und verlangt danach!« sagte er.

Unvorbereitet, wie es war, wurde des Stierkalbes ganzer Leib wie von einer Krankheit befallen und es wurde ihm übel. Nachdem es eine ganze Weile so gestanden hatte, erkundigte es sich genau nach dem Grund des Ganzen. »Als der Tiger nach den Nordbergen ging, um zu jagen, bin ich ihm gefolgt«, sagte der Fuchs. »Plötzlich hörte ich ihn sagen: Neben dem, daß die Nahrung selten geworden ist, gibt es einfach nichts Besseres als Rinderfleisch, wenn die Winterszeit näherkommt. Wenn das Stierkalb ausgewachsen und so richtig saftig geworden ist, dann werde ich dieses … Ist das nicht schändlich?« weinte er.

Auf diese giftige Andeutung hin blieb der Jungstier zunächst stehen. Es verschlug ihm die Rede. Dann erst sagte er: »Nein!

Das Bündnis vertrauter Geschwister haben wir für Jahre geschworen. Es hat sich noch nichts gezeigt, um es zu zerstören. Wir zwei saugen weiterhin die weiße Milch der Mutter gemeinsam. Du hast etwas Falsches gehört und hast Verschiedenes falsch verstanden!«

»Was das Teilen der Muttermilch anbetrifft, sind deine Gedanken richtig. Aber haben da nicht zwei Gefühle begonnen, seit ich Euch getroffen habe? Habe ich Dir nicht von jeher solchen Unterschied bekanntgemacht?« sagte der Fuchs. Dann flennte er mit voller Gewalt und fuhr fort zu berichten: »Wenn ich über den älteren Bruder so schlecht wie über einen Kastraten sprach, folgte ich nur dem Zwang zur Aufrichtigkeit. Du wirst selbst beim Wasser zu Mittag erkennen, was wahr und was falsch ist. Was auch immer ich erzählt habe, was ich gesagt habe, stimmt! Wenn Du nun mit der nötigen Vorsicht gehst, wird es schon für Dein Leben von Nutzen sein!« Dies sagte der Fuchs, und indem er sich ein trauriges Aussehen gab, rannte er davon.

Dann ging der Fuchs zum Tiger. Auch hier benützte er den gleichen Trick, und indem er aufschluchzte, sagte er: »Der Sinn des Stierkalbes hat sich zum Bösen gewendet. Aber Dich, Bruder Tiger, kann das unmöglich bedrohen!« Diese schmutzige und unerhörte Rede brachte den Sinn des Tigers durcheinander. Er dachte aber ein wenig nach, dann sagte er: »Unsere brüderliche Liebe ist doch seit Anfang gewachsen!« Als er nun daranging, dieses von Anbeginn zu erzählen, entgegnete der Fuchs: »Ich habe das nicht von anderer Seite gehört, ich vernahm es aus seinem eigenen Mund. Als es ruhend dalag, sagte es selbstsüchtig dies: ›Das Quellwasser verschmutzt er mir, unterdrückt meinen, des Kalbes Namen. Wäre das nichts, daß ich nicht den Vorteil gewänne, wenn ich ihm nicht die Gedärme zerrisse!‹ Daß es dieses so nörgelnd gesagt hat, habe ich wirklich vernommen. Wie die Sache steht, wirst Du wissen, wenn Du es heute beim Wasser triffst!« sagte der Fuchs.

Die Gedanken der beiden Vertrauensvollen waren nun zu erstickendem Haß geworden. Sie dachten, daß ihre friedfertigen schönen Leiber nun einander feindlich gesonnen waren. Sie faßten alle ihre besten Kräfte zusammen, und während sie ihre Hörner und Krallen schärften, schlugen sie den Weg zum Wasser ein.

Als der Tiger des Stierkalbs ansichtig wurde, warf er Steine und Felsen um, und indem er seine starke Brust erdröhnen ließ, griff er von vorne an. Als das Stierkalb den Tiger sah, bearbeitete es Sandhügel, die vor ihm lagen, so mit den Hörnern, daß Sand und Erde hochwirbelten, und indem er ganze Brocken in die Luft stieß, griff auch er von vorne an. Wie sie sich so Leib für Leib gesehen, hielten sie das, was der Fuchs erzählt hatte, für wahr. Wut und Zorn flammten auf, Haß und Ärger überwältigten sie. Mit kalter Stimme sagten sie nur: »Heh, Tiger! Stierkalb!« Der lauernd daliegende Tiger sprang wie ein Pfeil, um zu töten. Dem herankommenden wilden Feind stellte sich das Stierkalb ohne Zögern entgegen. Es griff mit Todesstärke direkt an. Es stieg dicker, grauer Staub hoch, verdunkelte die Luft, dann stürzten die beiden großen Kadaver auf die Erde nieder.

Indessen der Fuchs, der geduckt hinter dem Gestrüpp gelegen hatte: »Da hat doch meine perfide List diese beiden überwältigt!« sagte er, sprang herbei, setzte sich auf den Schädel des Tigers und trat nach den Hörnern des Stierkalbs. »Liebe, Eure tiefe Kameradschaft war Euer Verderben bis zum Ende, Euer friedlich schönes Leben führte zum Tode, Eure schönen Berge und Wässer, Ihr Lieben, habe ich jetzt. Heute verwirkliche ich einen lange gehegten Wunsch! Ich werde Euer wohlschmek-

kendes Fleisch Mundvoll für Mundvoll essen!« sagte er. Und während er seinen buschigen Schwanz wedelte und den knochigen Hals bewegte, richtete sich der nur bewußtlos hingefallene Tiger ein wenig auf und verstand die ganze Sache. Es erfaßte ihn große Wut.

»Böses, tückisches Vieh«, sagte er, »so ist das ganze Übel von Dir!« Er umfaßte den Fuchs mit seinen mächtigen Tatzen, und ihn peinvoll beißend und mit den Zähnen festhaltend, riß er dem verhaßten Feind vor dem Leichnam des geliebten Freundes Hals und Brust auseinander.

Eingedenk des weisen Wortes, das da sagt: »Geschmeidig der Fuß zur Zeit, da er in die beißende Falle geraten, geschmeidig die Zunge des Feindes, um den Menschen zu verderben«, meinte er: »Ich erkenne, daß das alles des verhaßten Feindes List und Tücke gewesen ist. Es ist wirklich nötig, auf der höchsten Hut zu sein!« Er dachte an diese wichtige Lehre und mit Tränen in seinen mehrfarbigen Augen setzte er sich hin und wachte über dem Leichnam seines lieben Freundes.

Im Kreise einer Dörbet-Familie

Die alte Frau war die Vorsteherin der Jurte, da ihr Mann schon vor längerer Zeit gestorben war. Zwei ihrer Söhne und eine Tochter waren noch unverheiratet, und ihre Aufgaben waren nicht nur auf Haushalt, Erziehung und Milchwirtschaft beschränkt, sondern sie redete auch in der Männerdomäne, der Viehzucht, mit. Sie meinte, ihr Hauptproblem sei es, für die Söhne die richtigen Frauen zu finden. Ihr verstorbener Mann habe, wie es sich für einen guten Vater gehörte, jedem seiner Kinder einen Teil der Herden zugesprochen (die Herden werden deswegen aber nicht auseinandergerissen, sondern weiterhin gemeinsam gehütet und betreut). Der Älteste und der Jüngste bekommen in einer traditionellen Nomadenfamilie einen größeren Anteil, da ersterer am längsten für die Familie arbeitet und der Jüngste sich einmal um die Eltern kümmern wird.

Während unserer Gespräche fertigte Dude, das war der Name der Frau, nebenbei ein Seil. Die Stricke, die Kälber und Kühe ständig um den Hals tragen, müssen, um nicht einzuschneiden, besonders weich sein. Deshalb werden sie aus der Wolle gemacht, die Kamelen wie weicher Filz am Hals hängt. Dude zupfte die Wolle und drehte sie zu kleinen Ballen, aus denen sie oben einen Zipfel herauszog und ihn mit Spucke verzwirbelte. Den Zipfel nahm sie in den Mund und zog, strich und verdrehte den Ballen mit weichen Handbewegungen flink zum Faden. Eine andere Art, einen Faden zu machen, erfolgt mit einem Ur-Prototyp von Spinnrad, das mit unseren pedalbetriebenen europäischen nicht im geringsten etwas zu tun hat. Es war ein einfacher, unten angespitzter Stecken, durch dessen oberes Ende ein Holzknebel führte, darunter saß eine Art Gummireifen (kann auch aus Holz sein). Über diese beiden letzteren lief der Faden, den man durch Drehung des Holzsteckens produzierte. Der Stecken wurde allerdings nicht wie ein Kreisel am Boden aufgesetzt, sondern in der Luft, am Faden hängend gedreht.

Für unterschiedliche Seilstärken werden unterschiedlich viele Wollfäden miteinander verdreht. Um ganz dicke Seile oder Wollbordüren zu bekommen, näht man bis zu vier mittelstarke Stricke mit einer Art Schlingstich zusammen. Vor allem auf den breiten Filzbändern, die im Winter als zusätzliche

Isolierung unten um die Jurtenwand geschlungen werden, bringt man solche breiten Seilbordüren an.
Dude ließ sich gerne fotografieren und zeigte uns ihren schön geschnitzten Libationslöffel (zazal) für Milchopfer. Er hatte drei mal drei Mulden, die – wie ich verstand – jeweils einen Himmel symbolisierten. In den langen schmalen Griff des Löffels waren die Zeichen des Feuers, das »Sojombo« – eines der ältesten Symbole der Mongolei für das Wohlergehen von Familie und Staat – und zwei Fische, die Mann und Frau bedeuten, eingeschnitzt. Nur einmal, als Dude den Topf vom Feuer genommen hatte und Cathleen ihr flammenbeschienenes Gesicht aufnehmen wollte, gebot sie erschrocken Einhalt und sagte, daß die Feuermutter es sehr übelnehmen würde, wenn man das heilige Feuer fotografierte.
Gegen Abend kamen die übrigen Familienmitglieder zurück, und die Männer machten sich daran, den Festschmaus vorzubereiten. Aus der Schafherde, die aus dem Hinterland heruntergetrieben worden war, wurde ein besonders stattlicher Hammel ausgewählt, dessen letzte Stunde unverzüglich geschlagen hatte. Er mußte nicht – wie ich es oft in anderen Ländern beobachtet hatte – ewig lang festgebunden und elend nach seiner Herde schreiend auf seine Schlachtung warten. In unglaublicher Schnelligkeit und Gewandtheit ereilt der »weiße Tod« ein mongolisches Schaf. Zwei Männer warfen es auf den Rücken und hielten es an den Füßen fest. Einer der beiden machte sogleich einen kurzen Schnitt am oberen Bauch durchs Zwerchfell hindurch, griff in den Brustraum, drückte die Hauptschlagader ab und durchtrennte sie dann mit der Hand. Das Tier war sofort tot und das Blut wurde im Torso aufgefangen. Kein Tropfen darf verschwendet werden. Die Frauen brachten die Eingeweide zum See, wo sie sauber ausgewaschen wurden, um später beim Wurst-

machen (mit den Innereien) zu dienen. Der Magen wird zum Behälter für Fleisch oder Butter, die sich darin besonders gut halten. Manchen Organen, wie Herz, Leber oder Hoden, werden magische Kräfte zugeschrieben. Hirn wird kaum gegessen. Tangad erzählte, daß Kinder grundsätzlich kein Knochenmark essen dürfen, da es sie »dumm« mache. Das Aufbrechen des Markknochens, um an das Mark zu kommen, wird gleichgesetzt mit dem Aufbrechen der Hirnschale.

Im Nu war das Tier enthäutet und zerlegt. Endlich konnten wir erleben, wie man »chorchoge« zubereitet. Die Fleischstücke wurden in eine große Milchkanne geschichtet, dazwischen legte man Steine, die vorher im Feuer erhitzt worden waren. Nachdem etwas Wasser dazugegossen wurde, verschloß man die Kanne, indem man eine Drahtschlinge über dem Deckel immer enger drehte. Dann wurde die Kanne, die wie ein Dampfkochtopf zu zischen begann, hin und her gerollt, dabei die Drahtschlinge sachte wieder etwas gelokkert, um Dampf abzulassen. Nach einer dreiviertel Stunde gab es köstlichstes, saftiges Fleisch. Eine Variante dieser Art von Garung mit heißen Steinen heißt »boodog«. Dabei wird zumeist eine Ziege nur durch die Halsöffnung ausgenommen, selbst die Knochen werden so entfernt. Der so entstehende Fleischsack wird mit heißen Steinen und Gewürzen gefüllt und samt dem Fell über dem Feuer gedreht, so daß die Haare abgesengt werden.

Wir verbrachten eine fröhliche, gesangsfreudige und dichterische Nacht mit Dudes Familie. Die Stutenmilch war hier besonders gut. Tangad sagte, daß man es schmecken würde, ob eine Familie fleißig sei, denn je mehr man den Airag stampft, desto besser schmecke er. Und in der Tat beobachtete ich, daß zumeist die Kinder immer wieder an den Sack aus Ziegenleder gingen und ausgiebig und kräftig stößelten.

Erst im Morgengrauen krochen wir in unsere »rote Jurte«, wie unser Kuppelzelt immer wieder scherzhaft genannt wurde, und am nächsten Morgen hatten wir einen Kater, der uns erst gegen Mittag aufstehen ließ. Beim Abschied überreichte Dude jedem von uns ein mehrere Meter langes weiches Seil – das war ein außerordentlich wertvolles Geschenk. Unsere Pferde waren wieder an dem Anbindebalken festgebunden, der sich gewöhnlich vor jeder Jurte befindet. Gestern hatten sie als »Selbstversorger« natürlich ausgiebig gegrast und im See getrunken. Obwohl die Pferde hier auch bei längeren Wartezeiten gesattelt bleiben, hatten wir die Sättel abgenommen.

Der Ritt Richtung Osten ging immer in der Nähe des »Wolfssprung-Flusses« (Čono Charajch gol) entlang. Unsere schweren Köpfe baumelten im Rhythmus unserer guten Tiere, Cathleen auf einem Fuchs, Tangad auf einem Grauen und ich auf einem kleinen struppigen Falben, dessen Schwanz auf der Erde nachschleifte. Nach einem stundenlangen Ritt durch die flache, sandige Gegend, ohne auch nur einem einzigen Menschen begegnet zu sein, hörten wir das jämmerliche Schreien eines Kamelfohlens, das sich nach seiner Mutter verzehrte. Es war in der Nähe einer kleinen Jurte angebunden, neben sich ein Aschenbecken, aus dem Rauch aufstieg, um die Mücken zu vertreiben. Die Bewohner kamen sogleich heraus, um uns zu begrüßen. Erstaunlicherweise waren außer einer alten Frau nur zwei Männer zu Hause – ein ehrwürdiger, spitzbärtiger und spitzbübischer Patriarch und sein Schwiegersohn, der erklärte, daß seine Frau mit den Kindern in Dörgön beim Naadam-Fest sei. Diese Nachricht amüsierte Tangad aufs höchste, da es – wie er mir zuflüsterte – sehr unmongolisch sei, daß die Männer das Feuer hüteten und die Frauen ausgingen. Den Schwieger-

Traditionelle Herstellung von Weizenmehl

sohn, dessen sanftes Gemüt in krassem Gegensatz zu seinem robusten Äußeren stand, schien es mehr zu freuen denn ehrenrührig zu sein.

Die Frau des Patriarchen war erst zweiundsechzig, aber das harte Leben hatte seine Zeichen hinterlassen. Ihr kleines sonnengegerbtes Gesicht war zerfurcht, und ihr Körper wirkte gebrechlich. Trotzdem arbeitete sie im Haushalt mit; im Augenblick war sie am Getreidemahlen, was die urwüchsige Atmosphäre dieser Jurte noch steigerte, denn sie tat es mit einem Mahlstein von etwa dreißig Zentimetern Durchmesser, den sie mit Hilfe eines Holzsteckens auf einem zweiten Stein kreisen ließ. Quer durch den Jurtenraum war ein Seil gespannt, dessen verdrehte Mitte die vertikale Führung des Stabes darstellte. Das Mehl wurde auf einem Lederstück aufgefangen. Als die Frau mit dem Mahlen fertig war, entfachte sie mit getrocknetem Dung ein Feuer und bereitete Tee. Die Jurte unserer Gastgeber war sehr klein, so daß das Dach sich selbst trug und die beiden Stützen nicht nötig waren. Da es warm war, waren die Filzmatten rundherum hochgeklappt, und man konnte durch die Scherengitter, an denen schmale Fleischstücke zum Trocknen hingen, ins Freie schauen. Der Patriarch erzählte, daß der Ort, an dem wir uns befanden, Šandas (Stärke) hieße und der Ortsgeist vor allem armen Leuten Glück und langes Leben beschere.

Mir schien, daß der Ortsgeist diese Jurtenbewohner besonders gern haben mußte, denn obwohl die Behausung das Ärmlichste war, das wir bis dahin gesehen hatten, herrschte eine Atmosphäre großer Zufriedenheit und ausgelassener Heiterkeit.

Der Patriarch zeigte uns stolz ein hölzernes Schachspiel, das von Generation zu Generation weitervererbt wurde. Tangad bat ihn, uns mit Hilfe seiner Würfel einige Fragen zu beantworten. Er willigte ein, legte seine Hände zum Gebet an Kopf, Hals und Herz und schüttete dann einen Haufen blanker Schafsknöchelchen (Sprungbein) auf ein Ziegenfell. Dann begann er nach einem geheimen System zu zählen und schaute jedem von uns intensiv in die Augen. Ja, Tangads Tochter würde schon bald eine Fahrkarte nach Polen erhalten, und die Reise zu meiner neuen Liebe würde sehr glücklich enden (tatsächlich begann sie tragisch, endete jedoch wie prophezeit). Cathleen bekam die Empfehlung, auf ihr Verdauungssystem zu achten.

Die alte Frau begann, vor der Jurte Felle zu bearbeiten. Beim Stamm der Dörbet ist Gerben Frauensache, während bei den Chalcha-Mongolen die Männer diese Arbeit tun. In der Mongolei spielt selbst bei der Gerberei ein Milchprodukt eine wichtige Rolle. Die von Fleischresten gereinigte Haut wird mit Kefir eingerieben, mit Salz bestreut und eine Woche zusammengerollt liegengelassen. Danach wird sie fleißig mit

den Fingern massiert und geknetet, um sie weich und geschmeidig zu bekommen.
Am Spätnachmittag ritten wir ein paar Kilometer weiter, um auf einem Plateau über einem schnellen Flüßchen unser Nachtlager zu errichten. Die ganze Gegend leuchtete smaragdgrün in der Abendsonne; unsere drei Pferde standen beisammen und versuchten sich nickend und schwanzschwingend die Mücken vom Leib zu halten. Wir drei saßen auf Tangads Filzteppich, kauten Aruul und erzählten uns Geschichten. In dieser Stimmung hätte ich die inzwischen so geliebte Kamelmilch sogar mit einer Flasche Rotwein vertauscht. Die Mücken gebärdeten sich ausnehmend bösartig; doch dann vertrieb sie der stärker werdende Wind, der auch uns immer mehr zu schaffen machte, so daß an Schlaf nicht zu denken war. Wir beschwerten unser Zelt mit großen Steinbrocken, um nicht über die steile Uferböschung geweht zu werden. Unsere »rote Jurte« war den extremen mongolischen Wetterbedingungen nicht gewachsen und verdiente es nicht, den Namen ihrer stabilen großen weißen Schwester zu tragen.
Am nächsten Morgen ritten wir bei steifem Rückenwind zur Jurte zurück, wo der sanfte Riese unseren Reis zubereiten wollte. Aus dem großen Topf auf dem Ofen starrte uns eine Masse zähen Breis entgegen, und der gutmütige Koch schaute uns betreten an, da dieses klebrige Etwas alle unsere Reisvorräte beansprucht hatte. Obwohl die Jurte allein stand, war sie diesen Morgen voller Kinder, und wir verstanden plötzlich, daß der gütige Geist, der diesen Ort beseelte, allen armen Leuten eine schöne Portion Reis bescheren wollte. Und so aßen wir auf unseren Ziegenfellen inmitten zufrieden kauender Kinder, die die klumpige Masse weniger kritisch beurteilten als wir.

Cogt hatte all die Tage in Dörgön auf uns gewartet. Unsere Reisegemeinschaft war schon so eingeschworen, daß wir ihn richtig vermißt hatten. Als wir nach einem strammen Tagesritt gegen den Wind wieder todmüde in Dörgön eintrafen, erwartete er uns schon am Ortseingang, im Schatten seines Jeeps sitzend. Auch die Pferdebesitzer hatten von unserer Rückkehr erfahren und ritten uns entgegen. Jetzt wurden wir zu einem Festmahl eingeladen, das uns zu Ehren gegeben werden sollte, und das eigens geschlachtete Schaf überstieg bei weitem die kleine Summe, die wir für das Leihen der Pferde bezahlt hatten.
Unsere Müdigkeit verflog gänzlich, als Cogts Freund, der Ringer, sich auch als hervorragender Sänger präsentierte. Zum ersten Mal auf unserer Reise wurden auch wir aufgefordert, die »Herrinnen der Flasche« zu sein, uns wurde die Archi-Flasche überreicht, um damit allen Anwesenden nacheinander eine Schale zu füllen. Das war eine große Ehre, die wir uns vielleicht auch dadurch erworben hatten, daß wir inzwischen recht zähe Reiterinnen geworden waren.
Beim Abschied am nächsten Morgen umstand eine stattliche Menschenmenge unseren Jeep. Ich ging noch einmal zu meinem kleinen Falben, um mit ihm zu schmusen, was die mongolischen Männer zum Schmunzeln brachte, denn obwohl sie ihre Pferde sehr lieben und als ihre Gefährten ansehen, verhalten sie sich ihnen gegenüber nie sichtbar zärtlich. Mongolische Pferde besitzen auch keine Namen wie bei uns. Man nennt sie einfach nach ihrer Farbe, etwa den Schwarzen, Grauen oder den Scheckigen. Cogt drängte zum Aufbruch, da unsere Reise noch bis ins Altai-Gebirge gehen sollte und

das Septemberwetter schon problematisch sein kann. So beschleunigte er unseren Jeep manchmal auf fünfzig Kilometer Höchstgeschwindigkeit und ratterte auf dem Weg, den wir gekommen waren, zurück in Richtung Chovd. In der Nähe des Ortes Mjangad in den Auen des Chovd gol kehrten wir bei einer jungen Mjangad-Familie ein. Tangad stellte Fragen nach Besonderheiten ihres Stammes, erhielt aber nur einsilbige Antworten, die vermittelten, daß diese Familie schon nicht mehr mit den Traditionen ihres Stammes vertraut war. Alle drei Kinder waren ungewohnt lethargisch, und ihre gelbliche Gesichtsfarbe ließ sie krank und ausgezehrt erscheinen. Das erste Mal, daß uns Kinder nicht fröhlich umringten oder neugierig begutachteten. Wir nahmen einen Jungen aus der Nachbarschaft ein Stück Weg zu seiner Familie mit, die Melonen anbaute und uns fürs Mitnehmen reichlich mit kleinen köstlichen Früchten belohnte. Unser Mitfahrer hatte im Befehlston einen etwa achtjährigen Bruder angewiesen, die Melonen für uns zu sammeln. Der Kleinere gehorchte zwar aufs Wort, aber er reagierte auf das herrische Gebaren seines Bruders mit ebenso stolzer Miene und ließ sich zuerst einmal eine Zigarette geben, mit der er dann erhobenen Hauptes über die Felder spazierte. Während der Fahrt hatte unser junger Mitfahrer immer wieder mit glänzenden Augen meine Schirmmütze betrachtet. Ich wollte sie ihm zum Geschenk machen, da ich sie ohnehin kaum trug. Seine Freude war fast mit Schrecken gepaart, wahrscheinlich, weil der Hut ein so wichtiges Bekleidungsstück ist, von dem man sich nicht so einfach trennt.

Zurück im Aimak-Zentrum, mußte der Jeep erst einmal überholt werden, was für Cogt kein Problem war, da er eine Zeitlang in Sibirien als Automechaniker gearbeitet hatte, weshalb ihm Improvisation und eigene Herstellung von Ersatzteilen geläufig waren. Das Geld für das Auto hatte er sich bei Arbeiten in Korea und China verdient. Cogt lebte in der Ortschaft Chovd in einer auf einem Holzboden fest installierten Jurte mit Telefon und Fernseher. Letzterer war natürlich stromabhängig und deshalb selten in Betrieb. Da wir uns längst an den Rhythmus von Sonne und Mond hielten, ging uns der Strom gar nicht ab.

Die Filzmacher

Am nächsten Morgen fuhren wir Richtung Altai-Gebirge. Der Weg führte zunächst wieder zum Char Us nuur, der dunkelblau im herbstlichen Morgenlicht lag. An der Seidenstraße machten wir unsere erste Pause. Die Atmosphäre war wie an einem frühen Sommermorgen, der einen heißen Tag versprach mit einer glasklaren kühlen Luft, die sich langsam aufwärmte. Aus der Halbwüste, die sonst erfüllt war vom Schnarren der Heuschrecken, kam kein Laut, es war still.

Die Halbwüsten, die wegen der dort wachsenden Gräser auch als Wüstensteppen bezeichnet werden, nehmen in der Senke der großen Seen weite Flächen ein. Sie werden vielfach unter Beteiligung eines kleinen borstig wachsenden Federgrases (Stipa glareosa) vom Baglur (Anabasis brevifolia), einem niedrigen Gänsefußgewächs, beherrscht. Während die Halbwüsten der Südmongolei und im Gebiet südlich des Changaj häufig großflächig mit Lauchpflanzen (Allium polyrrhizum, Allium mongolicum) bedeckt sind, geben im Chovder-Gebiet eher dornige Sträucher und Halbsträucher den Ton an, so Beifuß-(Artemisia-)Arten, gelbblühende gin-

Kasachischer Filzteppich

sterartige Caragana-Arten, eine Wildmandel (Amygdalus pedunculata) und der dornpolstrige Spitzkiel (Oxytropis aciphylla).

Wir streckten uns am Boden aus und hingen unseren Gedanken nach, bis ein Lastwagen aus der Gegenrichtung kam und die Leute zum Plaudern ausstiegen. Es wurden Bonbons, harter Käse und neugierige Blicke ausgetauscht.

Die Fahrt nach Manchan führte immer durch die goldgelbe Wüstenebene, die sich im Laufe des Vormittags mehr und mehr aufheizte. Kamelherden lagerten widerkäuend neben der Piste, manche flohen in großen, weichen Bewegungen vor unserem Jeep. An einem Owoo bat uns ein Mann, der seit Stunden in der schattenlosen Ebene gestanden hatte, um Mitfahrgelegenheit. Wir fingen in unserem kleinen Jeep, als dessen Rückbank unsere Rucksäcke dienten, langsam zu schwitzen an und empfanden den Ausblick auf die schneebedeckten Berge und Gletscher des Altai im Süden und Westen und auf die Gebirgskette der Churemtijn nuuru im Südosten um so extremer. Kurz vor Manchan, das mit seinen weißen Häusern weithin leuchtete, bogen wir zu einer Ansammlung von Jurten ab, die am Fluß Chojt Cencher standen. Die Bewohner waren gerade dabei, Filz zu machen, und wir hatten das Glück, sie dabei beobachten zu können, natürlich nicht ohne vorher Milchtee angeboten zu bekommen.

Die Frauen des Ails hatten »Mutterfilz« auf der Erde ausgelegt (ein schon früher gefertigter Filz aus dem langen Jahreshaar der Schafe), auf den sie nun zwei Lagen unterschiedlicher Wollarten legten. Wichtig ist es, die vorher gelockerte Wolle gleichmäßig auf dem Mutterfilz auszulegen. Die erste Lage besteht aus kurzer, die zweite aus mittellanger Sommerwolle. Mädchen hatten Wasser vom Fluß geholt, mit dem sie nun die etwa drei mal zwei Meter großen Teile befeuchteten. Eine alte Frau brachte ein Milchopfer in alle vier Himmelsrichtungen und über die Matten, die zum Schluß mit Gras bestreut wurden (um ein Verkleben zu vermeiden). Nun begann die Arbeit der Männer, die die Matten über einen dünnen Baumstamm einrollten und die nun entstandene Wollwurst eng mit einer Pferdehaut umwickelten und mit Lederbändern verschnürten. Durch die Lederlaschen an beiden Enden des Baumstammes wurden Seile geführt und an ein aufgeschirrtes Kamel gebunden, das diese Wollwalze nun mehrere Stunden durch die Lande ziehen mußte.

Mehrere junge Frauen saßen beieinander und stellten Filz für einen Teppich her. Dabei wässerten sie eine vielleicht achtzig Zentimeter breite Schilfmatte, auf die sie eine Lage aus feiner Herbstwolle breiteten, mit Wasser benetzten und mit den Händen fest auf die Schilfmatte preßten. Dann folgten eine Lage Frühjahrswolle und wiederum Herbstwolle. Die Frauen rollten die Schilfmatte dann samt der Wolle zusammen und walkten den zukünftigen Teppich mit den Unterarmen stetig vor und zurück. Später wurde die Schilfmatte entfernt und die noch lockere Filzschicht wieder zur Wurst gerollt, die zwei Frauen zwischen sich hin- und herzogen und damit den Kamelen Arbeit ersparten. Die schwere Arbeit wurde fröhlich und ohne Hast getan. In einer der Jurten bereiteten die ganz alten Frauen eine kräftige Brühe für alle, die wir aus dickwandigen, wulstigen Holzschalen tranken. Die Einrichtung dieser Jurte war ein Juwel urtümlicher Handwerkskunst. Alle Haushaltsgeräte waren noch selbstgefertigt und mit Ornamenten und Schnitzereien verziert. Besonders faszinierte mich ein eckiger Holzrahmen, über den kreuzweise Lederriemen gespannt waren – ein Sieb. Man lud uns ein, die Nacht in diesem Ail zu verbringen, was wir gerne annahmen. Zuvor aber wollten wir in die Ortschaft, um einen Freund Tangads zu suchen, der uns zur Höhle Chojt Cencherijn aguj führen sollte, eine große Kalksteinhöhle, deren Zeichnungen aus der Altsteinzeit stammen. Wir trafen Damdinsüren, der sich bereit erklärte, uns früh am nächsten Morgen zu der etwa fünfundzwanzig Kilometer entfernten Höhle zu bringen.

Das älteste Lama-Triumvirat der Mongolei

Das Kreisörtchen Manchan, in dem überwiegend Angehörige des Zachčin-Stammes leben, bestand aus niedrigen weißen Häusern mit einer durchaus italienisch anmutenden »Piazza«, mit breitkronigen, schattenspendenden Bäumen, in denen Tausende von Vögeln hin und her flogen. Darüber kreisten Greifvögel mit einer guten Chance auf eine Mahlzeit. Was wir fast schon vergessen hatten, es drängte sich an diesem Spätnachmittag im vom warmen Wüstenwind durchwehten Manchan auf: der Gang ins zentrale Kaffeehaus, von dessen Veranda man geruhsam die örtliche Szenerie bei einem oder zwei Glas Rotwein beobachten konnte. In Ermangelung dessen suchten wir den Tempel des Ortes auf, der 1936 bis auf die Grundmauern zerstört worden war. Allerdings waren mehrere kleinere Gebäude stehengelassen und zu Winterställen umfunktioniert worden. Es sollen früher etwa 1900 Mönche hier und in kleineren Anwesen in der Umgebung gelebt haben. Ein Drittel von ihnen wurde ermordet. Auf dem ehemaligen Tempelgelände, das uns als phantastisch schön geschildert wurde, hatten der vierundachtzigjährige Lama Donrov, der achtzigjährige Ješe und der vierundsiebzigjährige Sanče den vorläufigen Tempel in einer ganz gewöhnlichen Jurte errichtet. Der Altar mit einer vergoldeten Buddhastatue war auf der Nordseite gegenüber der Jurtentür erstellt, davor standen Silberschalen mit Butter- und Rauchopfern. Rechts vom Eingang befand sich die neue Lamaschule, im linken Teil saßen die drei Meister und baten uns, näher zu kommen und von uns zu erzählen, aber möglichst laut, da der jüngste von ihnen schlecht höre. Die drei waren unglaublich witzig und zogen sich selbst und uns mit feinem Humor auf. Sie seien wahrscheinlich das älteste Lama-Triumvirat der Mongolei, das den Wiederaufbau eines Klosters wagte. Da wollten wir natürlich auch das Unsrige dazugeben. Einer der Nachwuchsmönche nahm das Geld entgegen und quittierte es. Ješe erzählte, daß nun täglich wieder Familien kämen, die einen ihrer Söhne in die Mönchsschule schicken wollten.

Früher wurde meistens der intelligenteste Sohn mit etwa sieben Jahren einem Kloster übergeben, wo er im Singen und Beten tibetischer und mongolischer Gebete unterwiesen wurde, deren Sinn zunächst oftmals unverständlich war. Am Ende des Unterrichts standen mündliche Prüfungen in Form von Diskussionen. Junge Mönche, die sich mit besonders guten Leistungen hervortaten, durften nach einigen Jahren Spezialfächer wie Astrologie, Medizin, Mathematik oder Logik studieren. Die jungen Lamas mußten die älteren bedienen. Sie bereiteten den Tee, waren für die Küche und die Tiere zuständig. Allerdings war das Leben eines jungen Mönchs auch von der Stellung seiner Familie abhängig. Kam er aus einer armen Familie, so hatte er auch im Kloster eine untergeordnetere Stellung als ein junger Mann aus einem reichen Elternhaus. Eine höhere Hierarchiestufe zu erklimmen gelang nur denjenigen, die besonders klug oder geschickt oder besserer Herkunft waren. Burschen aus armen Verhältnissen mußten oft sogar das Kloster verlassen, um ihre Familien zu unterstützen. Die öffentlichen Spenden reichten häufig nicht für alle Insassen eines Klosters. Viele begaben sich deshalb auf Wanderschaft, wo sie für religiöse Zeremonien etwas Geld oder Lebensmittel erhielten. Manche zogen als Heiler und Spezialisten für Heilkräuter durch die Lande. Höchstes Ansehen genoß die mönchische Erziehung in Tibet. Mongolische Lamas mit diesem Privileg konnten sich enormes medizinisches Wissen oder etwa tantrische Formeln und Praktiken aneignen und kehrten hochgeachtet in ihr Heimatland zurück.

Nach unserem Besuch im Jurtentempel kehrten wir zum Fluß zurück, um die Nacht in der Jurte eines jungen Ehepaares zu verbringen. Wir bekamen die ehrenvollen Plätze in zwei der drei Bettgestelle zugewiesen. Insgesamt befanden sich diese Nacht sieben Leute im Raum, wir waren der Jugend zugeteilt worden. Schon früh am nächsten Morgen schürte die junge Frau den Ofen an und bereitete köstlich duftenden Milchbrei, während wir noch dösten. Als wir uns aus den Schlafsäcken schälten, gingen die Männer sofort diskret hinaus. Die Betten machten wir, wie wir es den mongolischen Frauen abgeschaut hatten, Decken und Kissen wurden in bunte Bezüge gesteckt und ordentlich auf dem Bettgestell drapiert.
Unsere Gastgeber stellten uns Pferde zur Verfügung, damit wir zur Höhle reiten konnten. Auch der junge Ehemann hatte Lust mitzukommen, so daß wir zu fünft Richtung Westen zu der »Höhle des Nördlichen Blauen Flusses«, was der mongolische Name Chojt Cencherijn aguj bedeutet, aufbrachen. Cogt blieb wie immer bei seinem Auto. Die ewig gleiche Beobachtung: Ein Mongole läßt sein Auto möglichst nicht allein, was immer mit drohendem Diebstahl erklärt wurde. Mir schien es eher wie eine übertragene Angewohnheit, sein Pferd hinter sich herzuführen oder hinter sich zu halten, selbst wenn man in der Steppe saß und tagte.
Cathleen ritt auf einem schönen schwarzen Wallach, der immer wieder umkehren wollte oder stehenblieb, und sie mußte den störrischen Kerl kräftig antreiben, eine neue Erfahrung, da bisher alle Pferde immer so leichtgängig waren. Mein Grauer stammte von einem zehnjährigen Mädchen, war

Petroglyphen: Strichmännchen beim Jagen

niedrig wie ein Pony und trappelte brav vor sich hin. Wir ritten schweigend in der frischen Morgenluft ins Tal des Chojt Cencher gol. Dieser Fluß hat noch zwei ziemlich ausgetrocknete Brüder, den Urd Cencher und den Dund Cencher, die alle im Altaigebirge entspringen und im Norden von Manchan, im Dreiflüssetal – Išgin Tolgoi –, zusammenfließen. Dort in der Nähe befinden sich die Išgin-Tolgoi-Petroglyphen, über einhundertfünfzig Steinzeichnungen von Pferden, Bisons, Hirschen, Elchen, Antilopen, Kamelen, Schlangen und Löwen. Felszeichnungen eines Löwen wurden in der Mongolei bisher nur bei diesen Felsen entdeckt.

»Unser« Cencher schlängelte sich durch Kiesbänke, verästelte sich fast bis zum Versickern und erschwerte dann wieder das Durchreiten durch unerwartete Tiefen und reißendes Wasser. Das Flußbett füllte manchmal fast das ganze Tal aus; riesige Findlinge lagen im saftigen Grün. An die zumeist baumlosen Steppen gewöhnt, freuten wir uns wie Kinder über die Bäume und Büsche, die zwischen Moränenschutt und Rollsteinen wuchsen. Das Tal verengte sich, je tiefer wir in die Ausläufer des Altai ritten. Damdinsüren zeigte auf eine dunkle Stelle in den steil ansteigenden Hügeln. Wir waren nach vier Stunden bei der Höhle angekommen, und mein Sitzfleisch sagte mir, daß es höchste Zeit geworden war. Den Pferden banden wir die Füße zusammen, so daß sie grasen, aber nicht weglaufen konnten, und stiegen nach einer kurzen Pause zu der Höhle hinauf, die mit ihren Malereien eines der ältesten Denkmäler bildender Kunst darstellt. Das riesige Gewölbe aus rosafarbenen und weißen Kalksteinschichten war leicht zugänglich, und als wir eintraten, suchten Tausende von Tauben das Weite. Der Boden unter uns schwankte wie ein Moor. Jahrhundertealte Vogeldungschichten ließen bei jedem Schritt Staubwolken aufwirbeln, die uns asthmatisch husten ließen und meine Kontaktlinsen zu Reibeisen machten. Damdinsüren meinte, die Wandmalereien seien in der Höhle, die unterhalb des Eingangsgewölbes lag. Wir packten unsere Lampen und Fototaschen und begannen, in einen Kamin hinabzuklettern. Als der darunterliegende Gang, in dem kleine Eisknubbel wie Muscheln wuchsen, sich zu verzweigen begann, warteten wir auf Damdinsüren, um uns nicht im Labyrinth zu verirren. Unser Führer kam aber nicht. Ich kletterte wieder hoch und sah die Silhouetten unserer drei Begleiter gegen die gleißende Sonne, die zum Eingang hereinschien. Tangad meinte betreten, daß unser Führer nicht mitkommen wolle, da in den Höhlen Schlangen mit gelben Köpfen lebten. Ohne Führer und Plan hinunterzuklettern wäre selbstmörderisch gewesen, und wir ließen es zähneknirschend bleiben. Warum er uns nicht vorher gesagt habe, daß er uns nur zur und nicht in die Höhle führen wollte? Achselzucken! Während ich noch herumdiskutierte, schaute sich Cathleen die Eingangshöhle genauer an und schrie plötzlich auf; sie hatte in einer der Nischen, die wie Theaterlogen anmuteten, Zeichnungen in braunen und rötlichen Ockertönen entdeckt, die deutlich zu sehen waren: ein zweihöckriges Trampeltier, Wildschafe, Steinböcke, Hirsche, Antilopen, Kühe, Stiere, Menschen, Sonnen und Schlangen. In einem niedrigen Seitenhöhlchen befanden sich an der Decke Elefanten oder Mammuts, Straußenvögel und Bisons. Hier konnte es sich ein Urmensch gemütlich gemacht haben, um in aller Ruhe seine Malereien zu bewundern.

Die Chojt-Cencherijn-Höhle wurde von einem Bauern aus Manchan entdeckt und 1952 von dem mongolischen Geographen O. Namnandorž zum ersten Mal untersucht. Aus der Art der Malerei, etwa durch gemalte Punkte über einzelnen Tieren, eine Aussage über deren Anzahl zu machen, haben Wissenschaftler die Petroglyphen dieser Höhle dem Jungpaläolithikum zugeordnet, ebenso wegen der Darstellung von Mammut und Strauß, die bis vor ungefähr 15 000 Jahren in der alten Mongolei gelebt haben und später ausgestorben sind. Die Malereien weisen Ähnlichkeiten mit denen der westeuropäischen paläolithischen Periode auf. Die Darstellung des zweihöckrigen Wildkamels soll die älteste Kameldarstellung der Welt sein.

Ich kletterte draußen herum, um einen Blick in eine höher gelegene kleinere Höhle zu werfen. Schwärme von Tauben begleiteten meinen Ausflug. Von hier oben sah ich Yak-Herden ziehen, Schafe drängten sich an einer Furt am Fluß, über ihnen kreiste ein Adler. Es war Spätnachmittag, und die Sonne hatte die Berge in einen blau-grau-violetten Schleier mit smaragdgrünen Tupfen gehüllt. Ein so großes Land wie die Mongolei kann man auch in drei Monaten nur ein bißchen kennenlernen. Man muß bestimmte Orte wieder aufsuchen und bleiben. Dieses Tal wollte ich wiedersehen.

Ein Jägersmann – ein Märchen

Einmal in alter Zeit nahm in der Hitze des Sommers ein Jäger seinen Beizvogel und ging zur Jagd. Nachdem der Jäger so den ganzen Tag herumgestrichen war, dürstete es ihn sehr. Wie er in den Bergschrunden herumstieg und nach Wasser suchte, bemerkte er am Fuße des Berges einen Stein, der wie ein Mörser geformt war. Als er sich nun diesen näher besah, war drinnen Wasser, das schillerte rot und grün. Der Jäger sagte, daß er davon trinken wolle. Aber da kam sein Vogel angeflogen und peitschte das Wasser derart mit seinen Schwingen, bis dieses alles verflogen war. Da war der Jäger sehr böse und sagte: »Was ist das nur für ein bösartiges Vogelvieh, das, nachdem ich fast verdurste und vor Durst ganz aufgeschwollen bin und nun endlich etwas Wasser gefunden habe, dieses alles verwüstet?«
Da aber nun wiederum Wasser in das Steingefäß gekommen war, ließ er seinen Beizvogel wieder frei, um selbst das Wasser zu trinken. Der Beizvogel kam aber auch schon wieder angeflogen und peitschte mit seinen Schwingen abermals das Wasser, daß es verspritzte.
Nun wurde der Jäger sehr böse und rief: »Dieses böse, schlechte Vogelvieh! Es weiß mir aber schon gar keine Dankbarkeit! Wo ich dich doch gepflegt und gehegt habe, gibst du mir nun nur Schlechtes zurück!« Und er erwürgte seinen Vogel.
Aber wie er kurz oberhalb des Steingefäßes noch einmal anhielt, saß da auf der Spitze des Felsens seitlich eine riesige gelbköpfige Schlange, die ihren Speichel in das Steingefäß

träufelte. Nun erkannte der Jäger, daß in dem Steingefäß kein Wasser war, sondern der Geifer einer Schlange. »Wenn ein Mensch davon trinkt, stirbt er daran vergiftet«, sagte er, »davor hat mich mein Vogel zurückgehalten!«, und voller Kummer im Herzen vergoß er bittere Tränen um seinen Beizvogel.

Der Ritt zurück führte über eine kürzere Route mit steilen An- und Abstiegen. Wir kamen trotzdem in die Nacht hinein, aber der Vollmond am glasklaren Himmel leuchtete uns heim ins Ail und beschien die steinernen Monumente, die von Menschen in Urzeiten errichtet worden waren und in dieser Nacht unheimlich aus der Steppe ragten. Ein kalter Wind ließ uns frieren. Tangad hatte schon gewarnt, daß eine Art Düsenwirkung Manchan häufig eine sehr steife Brise bescherte, was erklärte, daß viele hier in festen Häusern lebten.

Bei Minustemperaturen nach Mönchchairchan

Am nächsten Morgen fuhren wir mit Cogt und Tangad nach Mönchchairchan, das etwa vierzig Kilometer südwestlich von Manchan gelegen ist. Von dort aus wollte Cogt uns zur Familie seiner Schwiegermutter bringen, die sich noch im Herbstlager auf über dreitausend Metern befand, wo sie Yak-, Schaf- und Ziegenzucht betrieb. Nachdem wir die Ebene von Manchan hinter uns gelassen hatten, ging es über Graspisten stetig steil bergan. Ständig begegneten uns unbeaufsichtigte Gruppen von Yaks, die friedlich vor sich hingrunzend die schon vertrockneten braunen Gräser kauten.

Seitdem wir der Séance der Schamanin beigewohnt hatten, bezeichneten wir die Yaks scherzhaft als Schamanen, denn mit ihrem langen, herunterhängenden Bauchfell, den buschigen, weitausschwingenden Schwänzen und dem oft mehrfarbigen Fell – einem zusammengenähten Fleckerlteppich ähnlich – erinnerten sie uns an die federn- und fellgeschmückte Schamanin, die sich in ihrem reichbehängten Gewand im Tanze wiegte. Die herbstlich braune Gegend wurde immer karger, Sträucher und Bäume wuchsen hier nicht mehr. Die schneebedeckten Gipfel des Altai rückten von allen Seiten an uns heran und trieben einen eisigen Wind in die Täler. Nach mühsamer Fahrt erreichten wir das wunderbare enge Churaj-Cencher-Tal, das von weißen Kalkwänden umschlossen ist. Jetzt ging es nur noch im Schrittempo weiter. An einer besonders schwierigen Passage kam uns ein motorradfahrender Jäger entgegen, vor sich auf dem Benzintank den fünfjährigen Sohn. Als Augenschutz trug er eine Taucherbrille. Wir halfen die »Java« über herabgefallene Gesteinsmassen zu befördern und schoben dem kleinen Sozius Bonbons ins gefrorene Mäulchen. Am Paßübergang vor Mönchchairchan, wo wir ein Steinopfer am Owoo darbrachten, hatte Tangad die Idee, die besondere Zähigkeit eines mongolischen Mannes unter Beweis zu stellen. Die beiden Männer zogen trotz der Minustemperaturen ihre Hemden aus, um sich im Angesicht der mächtigen weißen Gipfel als wahrhaftige Nachkommen Čingis Chans ablichten zu lassen. Danach rutschten wir in engen Kurven zu Tale und waren endlich in Mönchchairchan, das windgeschützt von Bergen eingekesselt am »Blauen Fluß« lag.

Wie in Manchan auch hier Steinhäuser und Jurten hinter Bretterwänden; wir bezogen ein Zimmer im Gästehaus, wo schon bald das bekannte Besuchsritual vonstatten ging, nur

daß die Dorfjugend hier, vor allem zur Nacht, beängstigend aufdringlich wurde, so daß wir gezwungen waren, den Gang zur Ortstoilette auf den nächsten Morgen zu verschieben. Obwohl wir die einzigen Gäste waren, hörten wir die ganze Nacht schwere Stiefel durch die Gänge laufen und Fäuste an die Tür klopfen. Cogt und sein Auto waren bei Verwandten untergekommen, und unser zweiter Begleiter lag im Nebenzimmer und hütete sich, bei dieser geballten alkoholisierten Übermacht den Nachkommen Čingis Chans zu spielen. Wir lagen klamm und bang in unseren eisigen Betten und wunderten uns, daß die Belagerer nicht auf die Idee kamen, die Fensterscheiben zu überwinden.
Das örtliche Museum war eine kleine Ansammlung schöner alter Handwerkskunst, die uns ein strenges Mädchen im grauen Kleid gestattete zu betrachten. Obwohl wir mit dem Ortsvorsteher gekommen waren, der wie alle seine Vorsteherkollegen eine dicke Brille trug und alteingesessen wirkte, überwachte sie streng unsere Bewegungen und schien bei jeder Frage, die wir stellten, Haltung anzunehmen. Auch schloß sie zur präzisen Uhrzeit das Haus ab und schob uns mit eisernem Besen zur Tür hinaus. Aus dem grauen Himmel sah ich einen Falken auf ein unsichtbares Opfer herunterstürzen, Raben verdunkelten den bleiernen Himmel. Nicht der Winter mit dreißig Grad minus galt hier als die kalte Jahreszeit, sondern der feuchte Herbst, wo man den Winterdeel trägt. Wir machten einen Abstecher in den örtlichen Kaufladen, wo sich zum Schulanfang Bücher und Hefte stapelten und Mütter mit ihren Kindern Schlangen bildeten. Die stabile Schellackschallplatte, die ich kaufte, wurde später Opfer der schlechten Wege.

Tangad, der uns ein lieber Freund geworden war, verließ uns nun. Bei der Steinbaba vor der Ortschaft verabschiedeten wir uns und versprachen uns ein Wiedersehen. Unsere Kommunikation war ab jetzt eingeschränkt, da Cogt nur ein paar Brocken Russisch sprach. Es hatte sich ein anderer Mitfahrer eingefunden: der frühere Kreisvorsteher, der seinen Sohn und die Schwiegertochter aufsuchen wollte, um den neugeborenen Enkel kennenzulernen. Er war alt und ehrwürdig, mit einem dünnen Chinesenbärtchen, so daß ich dachte, daß er mit den alten Traditionen vertraut sei und eine Menge Geschichten und Märchen erzählen könnte, aber das einzige, was er nach langem Nachsinnen ausgrub, war die Anekdote von einem Dummkopf, der es trotz seiner Dummheit doch noch schaffte, ein reicher Mann zu werden. Auf meine Frage nach der früheren Politik des Ortes meinte er, daß vielleicht nicht alles richtig war, aber er schwärmte von den damals so stilvollen Ortspolitikertreffen, bei denen die Sumonchefs schon beim Owoo am Ulaan-Gov-Paß von einer Abordnung empfangen worden waren. Unser Mitfahrer hatte eine selbstgeschmiedete Falle dabei, mit der er irgendwelche Erdhörnchen fangen wollte und deren trickreichen Mechanismus er uns geduldig vorführte.

Wir überquerten den »Blauen Fluß« und gelangten über den engen, felsenreichen Weg langsam ins Hochgebirge. Rechts und links säumten »Drachenfelsen« unseren Weg, deren gezackte Rücken an die schlummernden Ungetüme erinnerten. Bald nach der Durchquerung eines wahren »Tierparks« bizarrer Felsbrocken in Form von Gürteltieren, Riesenschildkröten und Krebsen erreichten wir das Ziel unseres Mitfahrers. Nur die Schwiegertochter war zu Hause, und beim Anblick des Schwiegervaters warf sie unverzüglich ihren besten Deel über, um ihn erst dann förmlich zu begrüßen. Das Neugeborene lag wie eine Mumie verschnürt auf dem Bettgestell im Frauenteil und schaute mit großen Augen zu uns herunter. Erst nach reichlicher Bewirtung mit Fleisch und Wildzwiebeln durften wir weiterziehen. Da ich meine Begeisterung für das wunderschöne Messer des Alten nicht verhehlen konnte, versprach er mir, eines für mich schmieden zu lassen, das auf mich warten würde, auch wenn ich erst in einigen Jahren wiederkäme. Beim überaus herzlichen Abschied versicherte uns der Alte, daß wir nun wie Töchter für ihn seien.

Die Wolkendecke war einem gleißendblauen Himmel gewichen, als wir einen letzten Paß überwunden hatten und in ein sich weitendes steiniges Hochtal einrumpelten. Die höchsten Berge der Mongolei waren zum Greifen nahe, im Osten die »Chagijn Nuuru«-Kette und im Westen der »Mönchchairchan«, der mit 4362 Metern der zweithöchste Berg der Mongolei ist. Damit steht er in harter Konkurrenz zum 4374 Meter hohen »Tavanbogd« im Bajan-Ölgij-Aimak am Dreiländereck zu Sibirien und China. Der Mönchchairchan ist von der Nordseite her relativ leicht zu besteigen (Eispickel, Steigeisen und Seile sind aber trotzdem unerläßlich), während der Tavanbogd wegen Kletterpassagen und ausgedehnter Gletscher wesentlich schwieriger zu erklimmen ist. Wer in der Mongolei bergsteigen will, muß sich eigentlich in Ulaanbaatar eine Genehmigung einholen, die ziemlich kostspielig ist.

Es ging jetzt an einem kleinen Bergsee vorbei, an dem eine Menge Enten lagerten. Endlich sahen wir die zwei Jurten von Cogts Familie, die dem Stamm der Urjanchaij angehören, liegen, zwei weiße Kuppeln mitten in einer Öde aus weißen Steinen und Geröll. Hier verbrachten wir mehr als eine Woche, integriert in den Nomadenalltag. Wir halfen bei der Frauenarbeit in der Küche, beim Melken der Schafe, Ziegen und Yak-Kühe und bei der unterschiedlichen Verarbeitung der Milch, aber wir ritten auch mit den Männern hinauf in die Berge, um die Herden zum Ail zurückzutreiben oder die Yaks von zu ausgedehnten Freßzügen heimzuholen. Das Bergaufreiten durch das steinige Gebirge war ganz anders als auf dem gewohnten weichen Steppenboden und strengte sehr an. Außerdem lagen die Jurten von Iluurchan auf über dreitausend Metern in einem steinernen Meer über einem eisiggrünen See, in dessen Wasser die Yaks oft stundenlang standen, ohne daß die Kälte ihnen etwas auszumachen schien.

Die Arbeit in der Jurte war im Augenblick ganz aufs Einwintern, die Haltbarmachung der Milchprodukte und des Fleisches ausgerichtet. Riesige Mengen von Öröm-Fladen wurden wieder eingeschmolzen, um Tos, »gelbe Butter«, zu erhalten, die wir noch flüssig in Yak-Mägen schöpften. Cogts Schwiegermutter erklärte, daß man Tos nach einem Jahr Lagerung noch einmal einschmelzen könne, um es für ein weiteres Jahr haltbar zu machen. Die Familie verdiente sich einiges Geld durch den Verkauf von Yak-Butter auf dem Markt. Im September 1993 zahlte man auf dem Markt von Ulaanbaatar 500 Tugrik für ein Kilogramm Yak-Butter, während dieselbe Menge in Chovd nur die Hälfte kostete. Wir halfen auch beim Pulverisieren der Fleischstreifen, wie wir sie immer wieder unter Bettgestellen und an Jurtenwänden hängen gesehen hatten. Das Fleischpulver kann man wie Trockensuppe mit heißem Wasser übergießen, die getrockneten Streifen dienen als Suppeneinlage. Beides nennt sich auf mongolisch »borc« und ist wahrscheinlich diese geheimnisumwitterte Viktualie, die die mongolischen Krieger auf ihren Ritten in Ledersäckchen am Sattel hängend mitführten. Nicht sie selbst haben das Fleisch unter dem Sattel weich oder trocken geritten, sondern schon damals hat diese Aufgabe der Wind erledigt. Cathleen und ich mußten uns erst an die Kälte hier oben gewöhnen. Auch tagsüber herrschten schon Minusgrade, so daß wir unser Zelt im Sack ließen und in einer der beiden Jurten schliefen. Nun hatten wir es zwar warm, aber tiefer Schlaf wollte sich oft nicht einstellen wegen der vielfältigen Geräusche vieler Schläfer, die in Bettgestellen und auf Bodenfellen die Nacht verbrachten. Ich stand immer früh auf, um meine Lieblingsyakkuh zu melken. Sie war ein enorm großes, sanftes, weißfelliges Tier mit schwarzeingerahmten weichen Augen und langen spitzen Hörnern. Da ihr Junges bei der Jurte angebunden war, hielt auch sie sich meistens in der Nähe auf. Sie schaute mir entgegen, als ob sie schon auf mich warten würde, was mich besonders freute. Die Kraft in meinen Händen hatte inzwischen zugenommen und ein Euter war schnell gemolken. Die Euter mongolischer Tiere sind im Verhältnis zu denen europäischer Kühe sehr klein. Eine etwas größere Menge Milch erhält man durch häufiges Melken; so werden Stuten gewöhnlich alle zwei Stunden gemolken, um den großen Airag-Durst der Jurtenbewohner stillen zu können.

Einmal führte Cogt uns zu einem Wasserfall. Auf dem Rückweg entdeckten wir eine kleine Jurte, die völlig hinter einem großen Findlingsfelsen versteckt lag. Da wir Durst hatten, traten wir ein und fanden zwei junge Frauen und einen kleinen Jungen vor. Cogt sprach ein paar Worte, erhielt aber keine Antwort. Die etwa Fünfundzwanzigjährige, die ältere der beiden Frauen, war schwanger. Sie machte sich schweigend ans Teekochen und reichte uns die Schalen ohne ein Wort oder Lächeln. Alle drei strahlten eine große Traurigkeit aus, vor allem der Bub. Cathleen gelang es schließlich, ihn mit einem Luftballon und einem Schulheft samt Malstiften aus der Reserve zu locken, er wagte ein kleines Lächeln. In dieser Jurte fehlte jeglicher Schmuck. Selbst die übliche Ahnengalerie oder der Hausaltar waren nicht vorhanden. Wir boten an, ein Polaroid-Bild zu machen, worauf die jüngere Frau strahlte und sich einen schönen grünen Deel überzog. Die ältere Schwester wollte nicht aufs Bild. Irgendwie drängte sich die Frage auf, wo die Männer dieser Jurtengemeinschaft abgeblieben waren. Wir konnten uns immer wieder von der Tüchtigkeit und dem Wissen mongolischer Nomadenfrauen überzeugen, aber hier oben in der eisigen Bergwüste kamen mir die drei ausgeliefert vor ohne die zusätzliche Tatkraft eines Mannes. Später erfuhren wir, daß der Ehemann den Sohn und die schwangere Frau verlassen hatte und zu einer anderen Frau gezogen war. Die drei lebten nur von ein paar Schafen und Ziegen, Pferde besaßen sie nicht. Bevor wir wieder zurückritten, machte sich Cogt einen Spaß daraus, uns ein totes Murmeltier, das hinter der Jurte hing, entgegenzuschleudern. Er kannte unsere Bedenken wegen des Pestflohs und freute sich diebisch über unser Gezeter.

Am Abend saßen wir, von Yaks umringt, hinter der Jurte und peitschten frisch geschorene Wolle. Aus den Bergen kamen die Kinder mit den Schafen heim, von denen sich einer von Cogts Schwagern ein Tier herausgriff und sofort tötete. Die Schwiegermutter sagte, daß es am nächsten Tag schneien würde und sie deshalb morgen langsam ins Winterlager hinunterzögen. Zwei Buben, die die Schafe gehütet hatten, flüsterten mit ihrer Großmutter, und Cogt schaute uns plötzlich ganz seltsam an und erklärte dann mit Händen, Füßen und mittels eines toten Murmeltiers, das hinten draußen hing, daß die Pest jetzt angeblich auch nördlich des Altai ausgebrochen sei und die Quarantänegrenze über den Ulaan-Gov-Paß verlegt werden sollte. Er wollte sofort aufbrechen, um der Schließung des Sumons eventuell zuvorzukommen. So packten wir eilig alles zusammen, auch die Familie begann ihre Sachen in den Truhen und Kisten zu verstauen und auf mehrere Karren zu verladen, die von den stärksten Yaks und einem Chainak am nächsten Tag zu Tale gezogen werden würden. Das Zusammenpacken der Jurte würde die letzte und schnellste Arbeit sein. Als Abschiedsgeschenk überreichte uns die Familie zwei weiche weiße Lammfelle, aus denen Winterdeels und Fäustlinge gemacht werden. Als sich unser Jeep langsam entfernte, schaute ich noch einmal zurück auf die weißen Jurten, auf die in diesem Augenblick gegen die sinkende Sonne der erste Schnee fiel. Meine weiße Yakkuh mit den schwarzen Augen schaute uns nach. Kurz bevor wir den Paß hinauffuhren, entdeckten wir eine Steinbaba, die schwarz aus dem Boden ragte. Während wir die Baba betrachteten, sprengte plötzlich ein Reiter aus dem Nichts heran. Er hatte Motorengeräusche gehört und wollte uns einen Brief an seinen Sohn in Chovd mitgeben, die Post arbeite schon lange nicht mehr seit der Demokratisierung. Als Lohn für unsere Postillondienste mußten wir eine Kanne Yak-Kefir annehmen, was wir nicht ungern taten. Cogt, der sich eine Weile mit dem Mann unterhielt, interessierte sich für dessen ausnehmend schönen Rappen und ging auf ihn zu, um ihn näher zu betrachten. Dieses Vorhaben verging ihm gründlich, denn das Roß war so wild, daß es wütend schnaubend auf ihn losging. Es schien auch, als wolle es seinen Herrn beschützen, denn sobald man diesem zu nahe kam, nahm der schwarzglänzende Wildling sogleich eine drohende Haltung an.

Der Weg auf den Paß war so steil, daß das wenige Benzin im vorderen Tank nicht mehr hochgepumpt wurde. Mitten am Berg mußten wir den Rest aus dem hinteren Tank in eine Kanne ablassen und in den vorderen einfüllen. Der Motor bremste unsere Flucht vor der Pest durch mehrmaliges Heißlaufen. Bei jedem erneuten Start mußten wir schieben, und als wir endlich überm Berg waren, setzten wir uns in der Hocke kurz ins eisige Schneetreiben und kippten einen Schluck chinesischen Wodka, der unsere eiserne Reserve war. Cogt hatte sich ein Schaf schlachten lassen, dessen blutige Teile sich bei der Fahrt aus ihrem Sack gerüttelt hatten und jetzt im ganzen Jeep herumlagen. Darauf tranken wir noch einen Schluck und sammelten die Gebeine wieder zusammen.

Als wir dann den »steinernen Zoo« gen Tal schlitterten, hätten wir beinahe ein Motorrad übersehen, das ohne Licht durch die dichten Flocken rollte. Seine Besatzung, zwei schlotternde Männer im Sommerdeel, winkte, damit wir anhielten, denn sie hatten kein Benzin mehr und rollten deshalb im

Leerlauf hinunter. Wir konnten auch nicht aushelfen; Cogt schlug vor, daß sie in unserem Lichtkegel vorausfahren sollten, so daß wir Zeuge ihrer instabilen Fahrt wurden, denn eigentlich hätte man in derart schwierigem Gelände ab und zu kräftig Gas geben müssen. Die Schwankungen der beiden waren allerdings nicht nur bodenabhängig, denn so leer ihr Benzintank war, so voll waren sie selbst bis zum Kragen.

Nachtmarsch durchs Cencher-Tal

In Mönchchairchan erhielten wir den deprimierenden Bescheid, daß der Weg nach Süden wegen eines wahrscheinlichen Pestfalls in diesem Kreis abgeschnitten war, fatal für uns, da das Flugzeug nach Ulaanbaatar in ein paar Tagen ging und wir kein Geld mehr für einen neues Billett hatten. Cogt besorgte sich Benzin bei seinen Verwandten, wo wir auch etwas zu essen bekamen. Er ging zum Telefonieren und vermittelte uns dann mit Mühe, daß wir gleich zum Paß hochfahren würden, um zu sehen, was man tun könne. Gegen Mitternacht kamen wir an diesem Nadelöhr an und erkannten sofort die Aussichtslosigkeit unseres Unterfangens, denn die Männer von der Miliz waren – mit Recht – leider unerbittlich und auch unbestechlich. Wir wurden aber freundlich zum Tee eingeladen und sahen, wie zwei junge Mongolen immer wieder zur Kontrolle der Umgebung auf die umliegenden Hügel gingen, obwohl man bei diesem Schneetreiben die Hand nicht vor den Augen sehen konnte. Auf dem Weg zurück hielt Cogt plötzlich hinter einer Kurve an und machte uns klar, daß wir von hier aus den Paß zu Fuß umgehen sollten und auf der anderen Seite durchs enge Churaj-Cencher-Tal hinabwandern sollten. Er würde organisieren, daß uns jemand aus Manchan entgegenkäme, ob mit Pferd oder Auto, konnte er nicht sagen, wir sollten uns nur immer am Flüßchen halten und vor allem so lautlos wie möglich sein, da die Menschen hier sehr gute Ohren hätten und ein Mißlingen unseres Unterfangens im Gefängnis enden würde. Das hatten wir schon gelernt, und so wanderten wir mit unseren schweren Rucksäcken weitausholend nach oben. Irgendwann hörten wir Autotüren schlagen, die Wachen schienen sich aufzuwärmen. Uns lief der Schweiß und der geschmolzene Schnee in Strömen über Gesicht und Körper. Cathleen schleppte ihre gesamte Fotoausrüstung, ich Schlafsäcke und Zelt. Als wir endlich auf der anderen Seite angekommen waren, war es zwei Uhr nachts. Das Gepäck kam uns plötzlich leicht vor, da es abwärts ging. Wir waren froh, nun die Taschenlampe benutzen zu können, denn die tiefe Dunkelheit und der Schnee hatten unser Unterfangen noch bedrohlicher erscheinen lassen. Im Gehen kauten wir Aruul und chinesische Bonbons und unterhielten uns leise. Da wir den Weg nicht verfehlen konnten, waren wir jetzt entspannt und zuversichtlich, obwohl unsere Füße in den Schuhen schwammen. Rasten hätte Frieren bedeutet, so daß wir immer weiter wanderten. Gegen vier Uhr kamen wir an einer Jurte vorbei, die mitten im Tal stand, das sich manchmal zur Schlucht verengte. Es war tröstlich, Menschen in der Nähe zu wissen, obwohl sie noch schliefen, nur der Hund strangulierte sich fast vor Eifer. Die ganze Zeit begegneten wir grunzenden Yaks, die einen großen Bogen um uns nächtliche Wanderinnen machten. Als die Sonne aufging und auf dieser Bergseite einen heißen Tag verhieß, war immer noch kein Abholer zu sehen, und wir legten uns todmüde und beunruhigt in unsere Schlafsäcke auf einer trockenen Felsplatte. Ich träumte gerade, Hunderte von Kilometern über die Seidenstraße zu wandern, als Cathleen mich weckte, da sie zwei Reiter auf uns zukommen sah. Wir nannten Cogt einen Organisationshelden und verliehen ihm symbolisch einen Orden. Die mitgeführten Pferde brachten uns wieder zu den Filzmachern am Fluß.

Jagen mit Adlern – alte kasachische Tradition

Auf der Ladefläche eines Lastwagens fuhren wir am folgenden Morgen Richtung Chovd. Der Umzug einer Jurte erfolgte hier per Auto, so daß wir inmitten von Hausrat, Käse, Kohlen und einiger Zicklein und Schäfchen saßen, die zu zart waren, um mit der Herde zu ziehen. Die Sonne brannte herunter und ließ uns vergessen, daß wir uns in der vorigen Nacht schon im Winter befunden hatten.
Es blieb uns plötzlich noch Zeit, uns auf die Suche nach der Kasachenfamilie zu machen, die in Chalzaan Uzuur, einem Tal im Südwesten von Chovd, noch mit Adlern jagte. Ein junger Kasache begleitete uns; ich fuhr den uralten Jeep, mit dem wir schon früher zum Char Us nuur gefahren waren. In den Jurten am Fluß waren nur Frauen zu Hause, die eindeutig auf das Kommando einer winzigen alten Frau mit Schleier hörten. Die Kasachen mit dem Adler seien vor einigen Tagen zu einer geschützten Stelle in den Hügeln ins Winterlager gezogen. Wir wurden mit einer fetten Brühe bewirtet, die wir gierig verschlangen, bis uns übel war. Eine der jungen

Kasache bei der Adlerjagd

Frauen sprach Russisch und erzählte, daß sie Ärztin werden wolle und einige Monate im Jahr in Kasachstan lebe, wo sie kasachische Naturmedizin studiere. In Kasachstan – wo der größte Teil ihres Volkes lebe – sei es schöner als hier, aber es sei schwierig, sich dort eine neue Existenz aufzubauen, da in den letzten Jahren zu viele Kasachen in diese Republik übersiedelten. Wir rauchten alle zusammen, was die Frauen in Gegenwart ihrer Männer wahrscheinlich nicht getan hätten. In dieser Jurte wurde vieles noch handgemacht, die Männer schmiedeten ihre Messer noch selbst, erzählte die Schwester der Ältesten und zeigte mir ein Exemplar, dessen Griff kunstvoll aus Schichten von Plastik, Horn und Metall gefertigt war. Die Genehmigung, es mir zu verkaufen, wurde bei der Ältesten eingeholt. Nachdem ich das Messer gekauft hatte, bekam ich umgehend ein Geschenk, ein aus Yakschwanzhaar gedrehtes, schwarzweißes Seil mit großen Haarquasten an den Enden. Schwarz-Weiß bringt bei den

Mongolen Unglück, bei den Kasachen bewirkt es das Gegenteil.
Bevor wir in die Hügel weiterzogen, durfte Cathleen ein paar Aufnahmen machen, wobei ein verwaistes Zicklein immer wieder jämmerlich meckernd ins Bild lief. Die jungen Frauen wollten sich mit ihren Teppichen und Saiteninstrumenten präsentieren. Dazu erschien die »Ärztin« plötzlich im langen Jeansrock, und statt des bunten Kopftuches trug sie einen weißen Plastikschlapphut, ihre schüchterne, halbwüchsige Schwägerin konnte wegen eines anhaltenden Lachanfalls kaum den Teppich halten.
Wir suchten mit dem Fernglas die Hügel nach der Jurte des Adlerbesitzers ab und wanderten dann in die ungefähr genannte Richtung. Als wir nach einer Stunde schon fast aufgeben wollten, erspähten wir plötzlich den schneeweißen Zipfel einer Jurte. Sie stand an einem sonnenbeschienenen Bächlein hinter großen Felsen windgeschützt versteckt. Als wir eintraten, fanden wir eine alte Frau vor, die von einer Art Schüttellähmung befallen war, und wir wußten nicht recht, wie wir uns verhalten sollten. Sie lächelte aber mit aller Kraft, bat uns, zu bleiben, und ließ durch ihren herbeigeeilten Mann Berge von Käse und Schmalzgebäck auftischen. Als wir zu essen begannen, wiederholte sie immer wieder: »Wer gut ißt und trinkt, ist der liebste Gast.« Sie wollte uns kaum gehen lassen und meinte, wir würden ihr Glück bringen. In dieser Jurte hinterließen wir einen Geldschein. Wie Tangad uns gelehrt hatte, überreichten wir ihn mit beiden Händen als Zeichen, daß er nicht als Bezahlung, sondern als Geschenk gedacht war. Der Mann nahm ihn auch wie ein Geschenk mit beiden Händen entgegen und berührte ihn kurz mit der Stirn. Dann wies er uns den Weg zu der Jurte, die nur ein paar Meter höher an der lieblichsten Stelle

stand, die man sich vorstellen kann, und obwohl es Herbst war, fühlte man sich in diesem sonnigen, grünen Tal mitten in den Frühling versetzt.
Kein Mensch war zu sehen, nur eine Menge gesattelter Pferde stand am Anbindepfosten, am Wasser grasten Yaks und Schafe. Käse trocknete auf Gestellen in der Nachmittagssonne. Auffällig war ein baldachinartiger Vorbau über dem Eingang. Fast stolperten wir über den Steinadler, der angepflockt auf einem aufgeschichteten Grashügel saß und uns starr und, wie ich glauben wollte, traurig anschaute. Wir traten mit unserem Begleiter ein und befanden uns schlagartig mitten in einer Airag-Orgie. Der wichtigste Mann im Raum, ein etwa Fünfundvierzigjähriger, ließ uns sofort kräftig einschenken und erzählte, nachdem er nach unserer Herkunft und unserem Ansinnen gefragt hatte, von der Adlerjagd. Alle Anwesenden (drei Frauen, zwei erwachsene Männer, vier Halbwüchsige und vierzehn Kinder) hingen an seinen Lippen, gaben Kommentare oder lachten laut. Selbst die Frauen wagten ab und zu einen Einwurf, und die Ehefrau rauchte sogar. Ich sah Tangad im Geiste vor mir, wie er sich wand und wunderte. Obwohl die Jurte sehr groß war, hatte sie – wie bei den Kasachen üblich – keine Stützen unter dem Dachring und war mit weißem Segeltuch überzogen, was sie zu einer großen lichten Kuppel machte.
Der Mann erzählte: Um an ein Adlerjunges zu gelangen, wird zur Brutzeit ein bestimmtes Nest, in dem sich gewöhnlich zwei Eier befinden, im Auge behalten. Obwohl ein Elternteil ständig in der Nähe des Nestes kreist, wird ein Junges aus dem Nest geraubt, sobald es einige Zeit flügge ist. Das geht zumeist nicht ohne Kampf mit den Eltern ab. Der junge Adler oder die Adlerin (weibliche Tiere werden wegen ihre Körpergröße bevorzugt,) bekommt für einige Tage eine lederne

Haube über den Kopf gezogen, während dieser Zeit füttert man ihn ausschließlich mit Hasenfleisch. Danach zieht man zusammen mit einem erfahrenen älteren Adler los, der den jungen beim Hasenschlagen anlernt. Vor jeder Jagd setzt man dem Adler die Haube auf.

Der wichtigste Mann in der Jurte wollte uns seinen Adler gerne vorführen, hatte aber – wie er zugab – schon fünfzehn Liter Stutenmilch getrunken und fühlte sich nicht imstande, den großen Vogel auf dem Arm zu halten. Statt seiner schwang sich der Schwager mit ihm aufs Pferd. Immer wieder breitete der Adler seine weiten Schwingen aus, um auf dem kleinen Handschuh im Gleichgewicht zu bleiben.

Als wir vor die Jurte getreten waren, hatten sich alle Kinder, die groß genug waren, um zu stehen, unverzüglich auf ihre Pferde geschwungen und umringten laut schreiend und lachend den Adler und seinen Zuchtmeister. Voll ungezügelten Temperaments war die Atmosphäre, die sich plötzlich mit Aggression auflud, als uns ein etwa Achtzehnjähriger mit dem Adler imponieren wollte. Dem Vogel war wohl der Alkoholdampf zu heftig, und er wollte oder konnte nicht gehorchen und fiel flatternd mit dem Kopf nach unten vom Arm, sich krampfhaft im Handschuh festkrallend.

Auch unserem kasachischen Begleiter schien das Umschlagen der Stimmung aufzufallen, denn er schaute mich unschlüssig an und flüsterte auf russisch, wir sollten uns lieber auf den Weg machen.

Cathleen nahm noch Gruppenbilder von der gesamten Sippe auf und versprach, einige Abzüge zu schicken. Nein, sie solle die Bilder auf keinen Fall Cogt schicken, sondern an ihn persönlich. Das sei eine Frage der Ehre. Im allgemeinen Durcheinander von Yaks, Pferden, Hunden und Menschen,

die sich um die geschenkten Sofortbilder rissen, entfernten wir uns still und wanderten zu unserem Jeep zurück.
In dieser Nacht klopfte es heftig an unsere Zimmertür. Wir vernahmen erfreut Cogts Stimme. Der Paß war wieder aufgemacht worden. Er und seine Familie begleiteten uns am nächsten Tag zum Flughafen, wo ein gestrenger Kontrolleur unsere Tickets für ungültig erklärte, da sie nicht mit Dollars bezahlt worden seien. Immer wieder diese Schrecksekunden! Wir fuchtelten mit unseren mongolischen Ausweisen und durften zumindest an Bord gehen, dort wollte man sich uns noch einmal vorknöpfen. Nachdem die riesigen Argali- und Steinbockgehörne zweier spanischer gehörnter Edelpirscher verladen waren, hoben wir ab und schauten hinunter zum blauen Bujant, zum schwarzen Char Us nuur und zum weißen Altai.

Wir möchten heim

Unmittelbar nach unserer Rückkehr aus Chovd stand der Tag der Abreise bevor, aber bis zum letzten Augenblick schien es, als wolle die Mongolei uns nicht mehr loslassen. Ich war der Meinung, wir sollten so früh wie möglich am Flughafen sein, um genügend Zeit zu haben, falls es Schwierigkeiten gebe. Cathleen hingegen dachte, es wäre klüger, so spät wie möglich zu erscheinen, um eventuellen Problemen erst gar keinen Raum zu geben. So kamen wir rechtzeitig an, zahlten die Sicherheitsgebühr und standen schwatzend mit einem Häufchen von Freunden vor dem schmalen Durchlaß zur Zollabfertigung. Ein Amerikaner, bereit, seine Sicherheitsgebühr zu entrichten, bekam Ärger mit einer mongolischen Dame, die seinen Zehn-Dollar-Schein zu alt fand. Ein Chinese brachte sein schweres Gepäck nicht durch die Tür, und der Zerberus, der dieses Törchen zur Welt bewachte, hatte nicht die Absicht, den zweiten Flügel zu öffnen. Statt dessen beobachtete er uns durch eine schwere, schwarzgeränderte Brille. Das entspannte Abschiedslachen blieb uns plötzlich im Halse stecken, denn der Torhüter im taubenblauen Anzug hatte ohne ein Wort zu sagen die Tür geschlossen und die Jalousie heruntergeknallt. So sehr uns das Grasland in drei Monaten ans Herz gewachsen war, jetzt fühlten wir uns darin eingesperrt, unsere Taschen waren leer und unsere Vorfreude auf einen Tag auf dem Münchner Oktoberfest übermächtig. Cathleen bat einen Milizionär um Hilfe, ich rannte die Treppen hinauf zur Fluggesellschaft. Wir ernteten nur Grinsen und Schulterzucken. Ein einflußreicher mongolischer Freund, Geschäftsmann und ehemaliger Politiker, tauchte plötzlich auf, verschaffte sich kraftvoll Zugang und versprach, uns sofort hineinzubringen. Zusätzlich versuchten wir, den Zerberus mit unseren mongolischen Journalistenausweisen zu beeindrucken, aber erst ein Geldschein ermöglichte mir den Vorstoß in die Vorhalle des Glücks, wo das Zollpersonal gelangweilt seine Fingernägel betrachtete. Der vermeintliche Retter kam kleinlaut auf mich zu und sagte, daß es aussichtslos sei, denn unsere Plätze seien schon unter der Hand weiterverkauft worden. Da ging mir der Gaul durch, und wutschäumend stieß ich bis ins Hauptlager der mongolischen Fluggesellschaft vor. Die Menschen dort schauten mich ganz ruhig an und meinten, es sei überhaupt kein Problem, uns mitzunehmen. Es gebe noch Plätze in der ersten Klasse, die es allerdings auch zu zahlen gelte. Erst als ich daraufhin auf Kontakte auf angeblich so hoher Ebene verwies, daß sie beinahe schon im Jenseits zu sein schienen, wurden zwei Bordkarten ausgestellt, und auch Cathleen und das Gepäck durften herein. Die Flugzeugmotoren liefen bereits auf Hochtouren, aber die Herrscher der Monitore prüften in aller Ruhe unser Gepäck auf Saurier-Eier. So kam es, daß wir die Handvoll Kiesel von der Seidenstraße, die wir als Glücksbringer beim Char Us nuur aufgelesen hatten, in die Hände einer strengen Zollbeamtin legen mußten. Mein Nachbar im Flugzeug war ein Lama, der überglücklich ein Saurier-Ei aus dem Ärmel zog.

Anhang

Zur Aussprache

č tsch (stimmlos) wie in »Tscheche«
š sch (stimmlos) wie in »Schule«
ž sch (stimmhaft) wie im – französisch gesprochenen – »Marge«
c ts, tz (stimmlos) wie in »Zahl«
ż ds (stimmhaft)
ch ch (leicht kehlig) wie in »Machete«

Quellennachweis

S. 55: »Die Legende vom zottigen schwarzen Pferd«;
S. 115: »Wie der Hase zu seiner gespaltenen Oberlippe kam«;
S. 124: »Das Kamel und der Hirsch«;
S. 153: »Wie es kam, daß das Kamel sich in der Asche wälzt«
– alle aus: Owen Lattimore (Hrsg.): *The Legend of Cuckoo Namjil. Folk Tales from Mongolia*, Ulaanbaatar; übersetzt von Viktoria Raith.

S. 85: »Wie die pferdeköpfige Geige entstand«;
S. 243: »Das Tigerjunge und das Stierkalb«;
S. 270: »Ein Jägersmann«
– alle aus: *Mongolische Märchen*, übersetzt und mit einem Nachwort von Walther Heissig, erschienen in der Reihe »Märchen der Weltliteratur« im Eugen Diederichs Verlag, München.

Barthel, H.: *Mongolei – Land zwischen Taiga und Wüste*, Geogr. Bausteine N. R. 8, Gotha 1988
Bild der Völker. Die Brockhaus-Völkerkunde. Band 9, Teil 2: Europa und Sowjetunion, hrsg. v. Caroline Humphrey, Wiesbaden 1974
Bogle, George: *Im Land der lebenden Buddhas*, Stuttgart 1984
Bosshard, Walter: *Kühles Grasland Mongolei*, Frankfurt a. M. 1950
Carpini, Plano: *Geschichte der Mongolen*, Leipzig 1930
Fischer, W.: *Mongolia – Land der Gräser*, Berlin 1986
Forman Werner und Rintschen Bjamba: *Lamaistische Tanzmasken*, Leipzig 1967
Grousset, R.: *Die Steppenvölker. Attila, Dschingis Khan – Tamerlan*, München 1970
Groves, Colin P.: *Horses, Asses and Zebras in the Wild*, Newton Abbot Devon 1974
Haenisch, Erich: *Die Geheime Lehre der Mongolen*, Leipzig 1948
Hamayon, Roberte: *»Mongol Music«*, in: The New Grove. Dictionary of Music and Musicians, London 1980, S. 482–485
Haslund-Christensen, Henning: *Jabonah*, Leipzig
Heissig, Walther und Müller, Claudius C.: *Die Mongolen*, Innsbruck/Frankfurt a. M. 1989
Heissig, Walther: *Dschingis Khan – Ein Weltreich zu Pferde*, Köln 1981
Heissig, Walther: *Die Mongolen. Ein Volk sucht seine Geschichte*, Bindlach 1989
Heissig, Walther: *Mongolische Märchen*, München 1986

Hilbig, Walter: *Pflanzengesellschaften der Mongolei.* Erforsch. biol. Ressourcen MVR 8, Wiss. Beitr. Univ. Halle, 1990/39 (P44), Halle 1990
Huc, Régis Evariste: *Reise durch die Mongolei nach Tibet und China. 1844–1846*, Frankfurt a. M. 1986
Nowgorodowa, Eleonora: *Alte Kunst der Mongolei*, Leipzig 1980
Ottinger, Ulrike: *Taiga*, Berlin 1993
Polo, Marco: *Von Venedig nach China*, Tübingen 1973
Rossabi, Morris: *Khubilai Khan – His Life and Times*, Berkeley 1988
Rubruk, Wilhelm von: *Reisen zum Großkhan der Mongolen*, Stuttgart 1984
Taube, Erika und Manfred: *Schamanen und Rhapsoden*, Leipzig 1983
Thien, Hein: *Geheimnisvolle Tierwelt Chinas*, Graz/Stuttgart 1981
Tschinag, Galsan: *Der blaue Himmel*, Frankfurt 1994
Tschinag, Galsan: *Das Ende des Liedes*, München 1993
Tschinag, Galsan: *Der siebzehnte Tag*, München 1992

Reiseführer

Elstner, Werner/Jung, Monika (Hrsg.): *Mongolei. Reisehandbuch*, Berlin 1993
Storey, Robert: *Mongolia – a travel survival kit*, Hawthorn, Australia/Berkeley, USA/Chiswick, UK 1993

Botschaften

Botschaft der Republik Mongolei
Siebengebirgsblick 4–6
D-53844 Troisdorf-Sieglar
Telefon: (0 22 41) 40 27 27
Telefax: (0 22 41) 4 77 81
Telex: 885 407

Botschaft der Bundesrepublik Deutschland
Embassy of the Federal Republic of Germany
Ulica Obedinjonnych Nacij 7
P.O.B. 708
Ulaanbaatar 210613
Telefon: 2 39 05 + 23 33 25 + 2 29 07
Telex: 244

Reiseveranstalter

Lernidee Reisen GmbH
Dudenstr. 78
D-10965 Berlin
Telefon: 0 30/7 86 50 56
Telefax: 0 30/7 86 55 96
Telex: 303 577 lerni d

Juulchin
Mongolian Tourism Corporation
Rheinsteinstr. 86
D-10318 Berlin-Karlshorst
Telefon: 0 30/5 09 64 53
Telefax: 0 30/5 09 95 53

Nature tour HEAA
Travel & Trade
P.O.B. 49/53
Ulaanbaatar, Mongolia
Büro befindet sich im »Hotel Ulaanbaatar«
Telefon: (0 09 76) 1-31 19 79
Telefax: (0 09 76) 1-32 44 85

Nomads
Sean Hinton
Castle Eaton
Swindon, Wiltshire SN6 6JU
England
Telefon: (00 44) 2 85-81 02 67
Telefax: (00 44) 2 85-81 06 93
Telex: 4 444 102 steppe g

und

P.O.B. 1008
Ulaanbaatar 13
Mongolia
Telefon/Telefax: (0 09 76) 1-32 28 52